本书受到以下资助：

  · 南京农业大学中央高校基本科研业务费人文社会科学研究基金资助（Y0201600206）

  · 江苏高校哲学社会科学重点研究基地重大项目资助（2012JDXM008）

  · 教育部人文社会科学研究规划基金项目资助（14YJA790028）

  · 江苏省社会科学基金重点项目资助（14EYA001）

  · 国家社会科学基金一般项目资助（15BJL031）

林乐芬 顾庆康 王步天
李伟 沈一妮 俞涔曦

著

NONGCUN TUDI LIUZHUANZHONG
NONGCUN TUDI JINRONG CHUANGXIN YANJIU

农村土地流转中农村土地金融创新研究

中国社会科学出版社

图书在版编目（CIP）数据

农村土地流转中农村土地金融创新研究/林乐芬等著.—北京：中国社会
科学出版社，2017.6

ISBN 978 - 7 - 5203 - 0231 - 9

Ⅰ.①农…　Ⅱ.①林…　Ⅲ.①农业用地—土地流转—农村金融—
研究—中国　Ⅳ.①F832.35

中国版本图书馆 CIP 数据核字（2017）第 086597 号

出 版 人　赵剑英
选题策划　刘　艳
责任编辑　刘　艳
责任校对　陈　晨
责任印制　戴　宽

出　　　版　中国社会科学出版社
社　　　址　北京鼓楼西大街甲 158 号
邮　　　编　100720
网　　　址　http://www.csspw.cn
发 行 部　010 - 84083685
门 市 部　010 - 84029450
经　　　销　新华书店及其他书店

印　　　刷　北京明恒达印务有限公司
装　　　订　廊坊市广阳区广增装订厂
版　　　次　2017 年 6 月第 1 版
印　　　次　2017 年 6 月第 1 次印刷

开　　　本　710 × 1000　1/16
印　　　张　16.75
插　　　页　2
字　　　数　286 千字
定　　　价　78.00 元

序　言

　　1978年十一届三中全会之后，全国各地逐渐打破人民公社体制，土地制度改革经过了联产到组、包产到户、包干到户等制度安排即"小段包工联产承包大包干"的过程，最终以"集体土地家庭承包经营"的形式定格。土地家庭承包经营制这一新的生产关系的建立适应了当时农村生产力发展的要求，农业经济得以快速发展。由于当时的土地改革，主要是为了改变人民公社时期农村经济发展迟缓、农民普遍贫穷的状况，缓解农民生存压力，使"耕者有其田"，因此还没有对农村土地金融的迫切需求。然而，农地要素的高度稀缺和传统家庭承包小农经营向现代规模农业变迁等因素，促使农村剩余劳动力的产生。农村劳动力开始以空前的规模和速度向非农产业转移：一是就地转移，即农村乡镇企业和非农产业的发展，为当地农民提供了大量非农就业岗位，产生了一批"离土不离乡"的农民群体；二是异地转移，即城市建设对劳动力的需求，吸纳了大批农村剩余劳动力，使得农民从乡土转移到城市，产生了一批"离土又离乡"的农民群体。尤其在二三产业发达的地区，绝大部分农村劳动力转移，留守务农人力不足，土地利用效率大大降低，促使农村土地经营权的流转，从事农村土地适度规模的种养大户等新型农业经营主体因此诞生。新型农业经营主体通过土地流转从事适度规模的现代化集约化农业生产经营，生产经营资金需求缺口越来越大。对此，农地金融的需求在农地流转进程中逐渐产生并越来越强烈：一方面表现为拥有土地承包经营权作为土地经营权流出方的农户，对保留承包权流出土地经营权变资产、变租金、变股金的需求；另一方面表现为仅拥有土地经营权从事适度规模经营的新型农业经营主体，对土地经营权抵押贷款的资金需求。实践中，满足前者的需求，诞生了农村土地股份合作社等农地直接金融的制度供给；满足后者的需求，诞生了农地经营权抵押贷款等农地间接金融的制度供给。因此农村土地金融主要为通过农村土地租赁、股权投资的农地直接金融形式和农地经营权抵押贷款的农地间接金融形式。

林乐芬教授承担的江苏高校哲学社会科学重点研究基地重大项目"江苏农村土地流转中农地金融创新研究"，从土地金融学角度针对农村土地流转过程中农地直接金融和农地间接金融的创新发展现状与创新进行分析，并结合海内外各地区实践的经验与教训，探索了我国农地金融创新体系机制优化设计。翻阅书稿后，发现该书主要有以下亮点：（1）理论分析了农村土地流转行为的产生原因、农业现代化的客观需求；阐述新型农业经营主体诞生的原因与时代背景以及农地金融创新对建立健全农村土地流转市场的影响力；（2）理论分析农地直接金融的实现途径的方式，说明农村土地股份合作社的金融属性；通过对农村土地股份合作社发展和改革的政策梳理，了解农村土地股份合作社的历史发展进程，总结出农村土地股份合作社在发展过程中的法律与政策障碍；总结现行的农村土地股份合作社实践模式，理清各个农村土地股份合作社之间的区别；通过逻辑回归模型，分析影响社员对农村土地股份合作社评价的因素，找出地区间差异的原因；以未入股农户即潜在社员为研究对象，采用逻辑回归模型实证分析影响其入股决策的主要因素，找到显著变量；（3）从理论上分析农地间接金融的实现途径的方式，并说明承包地经营权抵押的金融属性；通过承包地经营权等农村综合产权发展和改革的政策梳理，了解承包地经营权等农村综合产权抵押的历史发展进程，总结其在发展过程中的法律与政策障碍；总结现行的承包地经营权等农村综合产权抵押贷款模式，理清各个模式之间的差异与优劣势；（4）通过产权理论，论述抵押品的金融属性以及与承包地经营权等农村综合产权的可抵押性；运用信息不对称、契约理论分析农户与银行之间的决策均衡模型；运用利益相关者理论、博弈论等研究异质性农户、银行、政府以及市场抵押贷款的博弈模型，找出三方博弈的均衡解；（5）阐述经济机制设计理论，理清其主要内容以及在农地产权制度改革中的运用，对东海农村综合产权交易所运行机制进行分析，以及对农地抵押贷款运行流程进行分析；阐述农村产权交易市场与农村产权交易所之间的关系；阐述农村产权交易所与农村土地经营权等综合产权抵押贷款之间的关系；（6）采用逻辑回归模型，对不同经营规模农户的农地抵押贷款参与意愿性因素进行实证分析，总结不同经营规模农户对农地抵押贷款参与意愿的差异性；从制度执行方角度对农交所抵押贷款现行制度与运行状况进行评价，挑选贷款办理程序、抵押物、风险控制、贷款产品设计、政策等方面设计相关评价指标，通过层次分析法设计相关指标，进行因子分析及评价量化测算；从经营主体自身、银行和政府三个方面，对新型农业经营主体农地经营权抵押贷款潜在需求的影响因素进行实证分析；（7）整理海内外关于农村土地股份合作社与土地经营权抵押贷款的经验与教训，结合研究结论，提出农村土地经营权抵押贷款的制度进行优化；基于前文研究，构建农地流转中金融创新优化设计。

中国的农村改革已经进入了"深水区"，农业供给侧改革的核心之一就是如何合理的完善农村土地制度和配套的农村金融服务体系以合理分配农村土地资源。林乐芬教授在农村土地流转以及农村金融研究领域有许多的成果与贡献，该课题作为阶段性研究成果已经在一类、二类等期刊发表论文20篇，作为研究报告也已经获得"2016年江苏省教育科学研究成果（高校哲学社会科学研究类）"二等奖、获得2015年度"江苏省社科应用研究精品工程"奖一等奖两个省级奖项。林乐芬教授现在将该研究成果整理成专著，由中国社会科学出版社负责出版。看到南京农业大学的专家教授以及一批批学者专家们能够为中国三农问题贡献自己的一份力量，我很高兴，欣然作序。

农业部农村经济研究中心主任　研究员

目　　录

第一章　导论

第一节　研究背景与选题意义

一　研究背景

1978 年十一届三中全会之后，全国各地逐渐打破人民公社体制，土地制度改革经过了联产到组、包产到户、包干到户等制度安排即"小段包工联产承包大包干"的过程，最终以"集体土地家庭承包经营"的形式定格。土地家庭承包经营制这一新的生产关系的建立适应了当时农村生产力发展的要求，农业经济得以快速发展。该土地改革，主要是为了改变人民公社时期农村经济发展迟缓、农民普遍贫穷的状况，缓解农民生存压力，使"耕者有其田"，还没有产生对土地金融的迫切需求。然而，农地要素的高度稀缺和传统家庭承包小农经营向现代规模农业变迁等因素，促使农村剩余劳动力产生。改革开放以来，伴随着经济体制改革的深化，我国农村劳动力长期处于停滞的局面逐渐被打破，农村劳动力开始以空前的规模和速度进行转移。农村劳动力的转移主要有两种途径：一是就地转移，即农村乡镇企业和非农产业的发展为当地农民提供了大量非农就业岗位，产生了一批"离土不离乡"的农民群体；二是异地转移，即由于城市建设对劳动力的需求而吸纳了大批农村剩余劳动力，使得农民从乡土转移到城市，产生了一批"离土又离乡"的农民群体。尤其在二、三产业发达的地区，绝大部分农村劳动力转移，留守务农人力不足，土地利用效率大大降低，促使土地向少数留守土地的人流转集中，从事农村土地适度规模的种养大户、家庭农场等新型农业经营主体开始出现。由于农村非农经济的发展和土地的规模集中，从事农地规模经营的新型农业经营主体也因此产生较大的生产经营资金的需求。农地金融的需求在农地流转进程中逐渐产生并越来越强烈。一方面表现为拥有土地承包经营权的作为土地经营权流出方的农户，对保留承包权流出土地经营权变资产、变租金、变股金的需求；另一方面表现为只拥有土地经营权的从事适度规模经营的新型农业经营主体的流入方，对土地经营权抵押贷款满足规模农业经营资金的需求。实践中，满足前者的需求，诞生了农村土地股份合作社等农地直接金融的制度供给；满足后者的需求，诞生了农地经营权抵押贷款等农地间接金融的制度供给。因此，农村土地金融主要是指通过农村土地的买卖、租赁、股权投资和抵押等来融通资金的经济活动，具体包括农地直接金融和农地间接金融两个方面。

在已经付诸实践的农地直接融资方式中，除了较早出现的农地转让、租赁之外，20世纪末出现了农村土地股份合作社这一新的农地直接融资方式，并于近几年在部分省市迅速推广开来。农村土地股份合作制即是一种将土地流转与农民组织化有机结合在一起的制度。从政策层面来讲，党的十七届三中全会明确将股份合作界定为家庭承包土地经营权流转的主要方式之一；党的十八届三中全会进一步强调"保障农民集体经济组织成员权利，积极发展农民股份合作"；2014年的中央一号文件明确提出"鼓励有条件的农户流转承包土地的经营权，鼓励发展专业合作、股份合作等多种形式的农民合作社"。2015年的中央一号文件则再次重申，"创新土地流转和规模经营方式，积极发展多种形式适度规模经营，提高农民组织化程度……引导农民以土地经营权入股合作社"。以江苏为例，据江苏省农委的统计，截至2013年年底，江苏全省就有3638家农村土地股份合作社在工商部门登记注册，通过入股这一形式实现的土地流转面积达630.14万亩，占全部流转面积的21.79%。可以说，政府的政策导向为土地的股份合作提供了制度基础，农村土地股份合作制已从最初自下而上的诱致性制度变迁逐渐演进为自上而下的政府主导性制度变迁。农村土地股份合作制是一种以价值形态的股份代替实物形态的承包地进行经营权流转的制度安排，因而也是一种农地流转、配置制度的探索[①]（刘秀娟、许月明，2008）。相比于传统的土地转包、转让、互换和租赁等不同农地流转方式，"土地入股、发展股份合作经济"的新型土地流转制度既迎合了农民实实在在占有土地的愿望，符合"外部性内部化"的演进效率逻辑，又没有突破我国农村土地产权集体所有的法律底线，满足了政府土地制度

---

① 刘秀娟、许月明：《完善农地股份合作制的构想》，《中国土地》2001年第9期。

创新的政治风险的要求，不但能够最大化农地净收益与保障农民权益，推进农业产业化经营，还避免了工商资本大规模进入农业领域可能带来的负面影响，其综合绩效要远远高于集体参与模式与农户自发模式（程飞等①，2015；严冰②，2014；郭剑雄、苏全义③，2000；胡冬生等④，2010；张晓山⑤，2010）。

农村土地股份合作制度是传统专业合作社自发引入股份制因素而做的一种尝试，是典型的自下而上的诱致性制度创新（史金善⑥，2000；田代贵、陈悦⑦，2012），采用土地经营权入股组建土地股份合作社这一形式不但充分发挥了农民的首创精神，实现了所有权、承包权与经营权的三权分置，更能够最大限度地维护土地集体所有权，保留承包权，放活经营权。2014 年 11 月 20 日出台的《关于引导农村土地经营权有序流转发展农业适度规模经营的意见》中也提到，"有条件的地方根据农民意愿，可以统一连片整理耕地，将土地折股量化、确权到户，经营所得收益按股分配，也可以引导农民以承包地入股组建土地股份合作组织，通过自营或委托经营等方式发展农业规模经营"，"按照全国统一安排，稳步推进土地经营权抵押、担保试点，研究制定统一规范的实施办法，探索建立抵押资产处置机制"。近年来，在四川、海南、江苏、湖北、安徽、浙江、上海等主要省份均建立了农村改革综合试验区。土地经营权入股这种形式不但拓宽了土地流转渠道，还可以推动金融资本、技术、管理等资源要素向农业、农村配置，走的是一条"户户有资本、家家成股东、年年有分红"的强村富民之路，更在某种程度上勾勒出了农民"持股进城"的美好前景。

相比于农地直接金融的发展，我国对农地间接金融的探索尚处于起步

---

① 程飞等：《农地流转综合绩效评价体系构建及应用》，《西南大学学报》（自然科学版）2015 年第 1 期。

② 严冰：《农地长久确权的现实因应及其可能走向》，《改革》2014 年第 8 期。

③ 郭剑雄、苏全义：《从家庭承包制到土地股份投包制——我国新型土地制度的建构》，《中国农村经济》2000 年第 7 期。

④ 胡冬生等：《农业产业化路径选择：农地入股流转、发展股份合作经济——以广东梅州长教村为例》，《中国农村观察》2010 年第 3 期。

⑤ 张晓山：《有关土地股份合作社的评论》，《中国农民合作社》2010 年第 5 期。

⑥ 史金善·《社区型土地股份合作制：回顾与展望》，《中国农村经济》2000 年第 1 期。

⑦ 田代贵、陈悦：《农村新型股份合作社改革的总体框架：一个直辖市例证》，《改革》2012 年第 7 期。

阶段。长期以来，我国土地所有权为国家或集体所有，法律对于农村用地抵押持禁止或限制流转态度：2007 年的《中华人民共和国物权法》第一百八十四条就规定"耕地、自留地、自留山及宅基地等集体所有的土地使用权皆不得抵押，但法律规定可以抵押的除外"；1995 年的《中华人民共和国担保法》第三十七条规定"耕地、自留地、自留山及宅基地等集体所有的土地使用权皆不得抵押，但是抵押人依法承包并且经发包方同意抵押的四荒（荒山、荒沟、荒丘、荒滩等）土地使用权却可以用作抵押，另外以乡（镇）、村企业的厂房等一些建筑物作为抵押的，其占用范围内的土地使用权应当同时抵押"。

为了突破农村生产结构转型瓶颈，政府也逐步放宽了对农村土地产权抵押贷款的限制。2008 年 10 月，中国人民银行和银监会通过发布《关于加快农村金融产品和服务方式创新的意见》，决定将东北三省和中部六省地区作为土地经营权抵押贷款第一批试验区，标志土地经营权抵押贷款试点工作正式展开。2013 年十八届三中全会、2014 年中央一号文件进一步将"赋予农民对承包地占有、使用、收益、流转及承包经营权抵押"作为农村改革工作重点。2014 年 11 月，中共中央办公厅、国务院办公厅印发了《关于引导农村土地经营权有序流转发展农业适度规模经营的意见》文件，明确确立了"坚持农村土地集体所有权，稳定农户承包权，放活土地经营权，以家庭承包经营为基础，推进家庭经营、集体经营、合作经营、企业经营等多种经营方式共同发展"的土地经营流转原则，并希望在"五年左右时间基本完成土地承包经营权确权登记颁证工作"。2015 年中央一号文件在"推进农村金融体制改革"项目中强调"做好承包土地的经营权和农民住房财产权抵押担保贷款试点工作。鼓励开展'三农'融资担保业务，大力发展政府支持的'三农'融资担保和再担保机构，完善银担合作机制"。可以说，在试验区域内谨慎推行农地抵押贷款作为信贷资金定向支持"三农"的政策信号越发明确。

关于农地经营权抵押贷款试点已进入关键时期。我国农地经营权抵押融资试点最早可以追溯到 1988 年，贵州湄潭县在中央和地方政策与资金支持下成立了土地金融公司，成为最早实现土地流转与资金借贷的中介组织，由于制度不健全后续产生一系列土地争端及经营方欠款不还等问题，于 1997 年被政府部门撤销。直至 2008 年，由于农业产业化加剧演进，在《关于加快农村金融产品和服务方式创新的意见》落实下，9 省宣布局部试行农地经营权抵押贷款。2010 年，试点扩展到 11 个省、18 个地县，随后农业银行、中国邮政储蓄银行等多家大型金融机构也逐步放开限制，各分行可以根据自身实际需要向总行报批在农村地区开展以银行为单位的农地经营权抵押贷款产品的研发和推广。与此同时，一些突出试点在农地抵押和贷款推广上取得卓越的成效：云南开展了"二权三证"抵押贷款试点，截至 2013 年 6 月，累计发放抵押贷款 5725 万元，质押土地 12683 亩；截至 2012 年年末，宁夏同心县土地承包经营权反担保贷款余额 1.61 亿元，累计发放贷款 5.6 亿元；武汉农村产权交易中心于 2014 年年末累计组织各类农村产权交易 1699 宗，其中涉及农村土地面积 98.16 万亩，单笔最高贷款达 5500 万元。

二 选题意义

随着农村经济的发展、城乡一体化进程和农民自身生产生活的改变，如何在保持现有土地制度框架的基础上，保障农民的土地财产权益，为农民提供较好的农地金融环境，成为目前需要认真思考和妥善解决的问题。农村土地金融改革不仅是农地制度改革的重要部分，也是农村金融深化的重要环节。

而在实践方面，就农地直接金融而言，土地股份合作制仍然未能在全国范围内大面积推行，在我国很多地区，农业的规模经营需求虽然促使了土地流转，但并没有催生稳定持续的股份合作制创新实践；而在另外一些地区，曾经如火如荼开展的土地股份合作社如今却渐渐无人问津。在市场经济条件下，股份合作制运作的最终落实主体都应该是农户，农户以承包经营权入股成为社员不但意味着自身身份的改变，更是对经营方式选择的变革。农户作为土地经营权入股过程中的参与主体，是土地股份合作这一制度良好发育运行乃至推广的重要载体，扮演着极为重要的角色。一旦村集体设立股份合作社吸纳农户入股，就很自然地将农户分为了入股入社的社员与未入股入社的潜在社员（未入股农户），而社员参与合作的行为是一个不断演变的过程，其进入合作社的程度与依存性的高低无疑会对合作社的发展壮大，乃至对潜在社员的入股决策响应都有着至关重要的影响。因此，为使得土地股份合作制释放更多的制度红利，就有必要进一步研究农户这一微观主体，本书的研究视角即为微观农户，重点分析对已入股入社的社员对土地股份合作社的依存性与影响，以及对未入股入社农户加入土地股份合作社的决策响应。

就农地间接金融而言，在农村经济向集约化、现代化转型及国家对农村土地资产激活需要的背景下，对具有代表性的农村承包地经营权抵押贷款试点地区开展系统性机制分析及成效评价正是对"三农"经济现状、政策号召、农村经济发展需求的有效回应。从宏观层面来说：（1）本书在研究农地经营权抵押贷款运行成效问题时综合应用利益相关者理论、运行机制理论、金融深化理论、土地金融理论等多层级经济学领域理论，是对现有经济学研究农村金融新问题的尝试性补充和创新，具有一定理论价值；（2）本书从横向对比和纵向深化两个维度研究考察了特色试点地区农地抵押贷款响应运行特征，为政府开展农地流转及金融创新试验进一步政策扶持细则提供翔实的依据。从微观层面来说：（1）通过对具体试点农地抵押贷款融资需求方展开响应情况分类调查分析，有助于找准政策推广主要切实目标群体，有针对性地跟进下阶段农地抵押融资政策细节；（2）通过对上层机构农地经营权抵押融资运行状况的数理分析评价，有助于找出具体试点存在的运行机制缺口，及时修补，并对其他试点地区予以一定启示。

最后，能否进一步扩大试点，不仅取决于试点地区政府的制度设计、金融机构的参与、各类农户的有效需求和响应，而且取决于非试点地区各类农户的有效需求和响应。因此，有必要从非试验区的角度考量新型农业经营主体对农地经营权抵押贷款的潜在需求及其影响因素。这些问题的研究有利于综合产权抵押贷款在全国范围内向非试点地区更好地展开，有利于完善综合产权抵押产品的相关设计，使得农地经营权抵押贷款更能够有针对性地面向不同类型的规模农户，因此对非试验地区的规模农户农地经营权抵押贷款的认知响应和潜在需求的研究就显得十分重要。因此，本书一方面从异质性规模农户主体自身特征、经营特征方面进行农地经营权抵押贷款潜在需求意愿的量化分析；另一方面还加入了银行提供的产品服务和政策方面的影响因素，研究非试验区新型农业经营主体对农地经营权抵押贷款的潜在需求和响应及其影响因素。

第二节　研究目标与研究内容

一　研究目标

1. 土地股份合作是农村土地金融创新中直接金融的重要方式之一，

是目前国家大力倡导的一种实现土地规模经营的形式，其在实现土地规模经营的同时还很好地聚集了技术、管理、金融资本等资源要素，盘活了沉睡的土地资源，极大地拓展了入股农户的财产性收入。本书针对农地直接金融中的农村土地股份合作社的研究目标如下：（1）从理论上明晰土地股份的金融属性、土地股份合作社的发育机理以及现有的发育模式；（2）研究入股社员农户对加入的农村土地股份合作社的绩效评价及其影响因素；（3）研究未入股农户加入农村土地股份合作社决策响应意愿以及影响因素；（4）结合土地股份合作社的发育机理、已入股社员与未入股农户两方面的研究结论，进而为土地股份合作社未来的发展提出相关政策建议。

2. 本书在间接金融方面，主要研究目标是对典型试点农地经营权抵押贷款运行进行深入调查，从贷款产品需求方以及贷款产品供给方两个角度，考察现行农地经营权抵押贷款实际运行和响应情况，进一步对试点运行存在问题进行剖析并提出改善建议。此外，还针对非试点地区新型农业经营主体对农村土地经营权抵押贷款的潜在需求进行研究，并探寻影响非试点地区农户及规模主体以经营权做抵押物意愿的影响因素。具体目标包括：（1）了解试点地区农地经营权抵押贷款融资实践模式，并重点分析县级农村综合产权交易所——东海农交所具体运行机制；（2）通过问卷调查和实际访谈形式深入分析不同类型农户抵押贷款借贷意愿以及相关影响因素，并通过实证测算各项因素对于异质性农户最终对综合产权抵押贷款需求的影响程度；（3）通过层次分析方法从机制执行方角度对综合产权抵押各项运行效果指标进行评价，总结农地经营权抵押贷款综合运行水平；（4）通过对非试点地区异质性新型农业经营主体（种养大户、家庭农场、专业合作社、农业企业等）对农村土地经营权抵押贷款的潜在需求现状进行调查研究，在对潜在需求影响因素进行实证分析的基础上，揭示异质性新型农业经营主体农地经营权抵押贷款潜在需求影响因素的差异，分析其成因，并在相关法律法规允许的前提下，提出扩大农地经营权抵押贷款融资试点问题的对策和建议。

二　研究内容

本书共有 14 章，具体内容如下：

第一章：导论。这一章是全书的开始，主要包括四部分：介绍本书的研究背景和选题意义；研究目标与内容；研究方法与技术路线；创新与不足。

第二章：理论基础与文献回顾。首先，对农村土地、农村土地流转以及农村土地金融等概念作出界定；其次，对土地产权理论、土地产权交易及博弈论、演化经济学理论等相关金融理论进行梳理；最后，分别从农地直接金融、农地间接金融以及农村土地流转与农村土地金融三个方面对国内外的文献进行综述与总结。

第三章：农村土地金融创新对建立健全农村土地流转市场的影响机理分析。主要分为五部分：对新中国成立以后关于我国土地制度改革的政策进行梳理，了解新中国成立后几十年间我国土地政策的变化；结合我国改革开放后工业化与城镇化的历程及新中国成立后我国土地改革制度的变化，分析我国城镇化、工业化与土地制度演变之间的关系；通过分析农村土地流转行为的产生原因、农业现代化的客观需求，阐述新型农业经营主体诞生的原因与时代背景；分析农地金融创新对建立健全农村土地流转市场的影响机理；基于前文理论分析基础，构建农村土地金融理论分析框架。

第四章：农村土地直接金融的实现途径分析。主要分为三部分：从理论上分析农地直接金融的实现途径，并说明农村土地股份合作社的金融属性；通过对农村土地股份合作社发展和改革的政策梳理，了解农村土地股份合作社的历史发展进程，总结出农村土地股份合作社在发展过程中的法律与政策障碍；总结现行的农村土地股份合作社实践模式，理清各个农村土地股份合作社之间的区别。

第五章：社员视角下农地股份合作组织发育机理与运行绩效研究。主要分为四部分：从理论上分析农村土地股份合作制产生的原因；在农村土地股份合作社产生原因的基础上，分析股份化基础上保留合作制的原因；通过层次分析法，以社员为视角，研究社员对农村土地股份合作社绩效评价、地区间差异；通过逻辑（Logit）模型，分析影响社员对农村土地股份合作社评价的因素，找出地区间差异的原因。

第六章：非社员视角下农地股份合作社的入社响应及影响因素研究。主要涉及未入股入社的农户对加入土地股份合作组织决策响应的实证分析。以未入股农户即潜在社员为研究对象，采用二元逻辑模型实证分析影响其入股决策的主要因素，找到其中的显著变量。

第七章：农村土地间接金融的实现途径分析。主要涉及三个部分：从理论上分析农地间接金融的实现途径，并说明承包地经营权抵押的金融属性；通过对承包地经营权等农村综合产权发展和改革的政策梳理，了解承包地经营权等农村综合产权抵押的历史发展进程，总结其在发展过程中的法律与政策障碍；总结现行的承包地经营权等农村综合产权抵押贷款模式，理清各个模式之间的差异及其优劣势。

第八章：农村承包地经营权等农村综合产权可抵押的作用机理研究。主要分为三部分：通过产权理论，论述抵押品的金融属性及承包地经营权等农村综合产权的可抵押性；运用信息不对称、契约理论分析农户与银行之间的决策均衡模型；运用利益相关者理论、博弈论等研究异质性农户、银行、政府以及市场抵押贷款的博弈模型，找出三方博弈的均衡解。

第九章：农村承包地经营权等农村综合产权抵押贷款试验区制度设计。主要包含四部分：阐述经济机制设计理论，理清其主要内容以及在农地产权制度改革中的运用；对江苏省东海农村综合产权交易所运行机制以及农地抵押贷款运行流程进行分析；阐述农村土地流转市场与农村产权交易所之间的关系；阐述农村产权交易所与农村土地承包经营权等综合产权抵押贷款之间的关系。

第十章：试验区异质性农户对农村承包地经营权等农村综合产权抵押贷款金融产品需求及影响因素实证分析。主要采用逻辑（Logit）模型，对不同经营规模农户的农地经营权抵押贷款参与意愿性因素进行实证分析，总结不同经营规模农户对农地经营权抵押贷款参与意愿的差异性。

第十一章：试验区县乡（镇）村政府管理者对农村承包地经营权等农村综合产权抵押贷款运行效果评价。主要从制度执行方角度对农交所抵押贷款现行制度与运行状况进行评价，挑选贷款办理程序、抵押物、风险控制、贷款产品设计、政策等方面设计相关评价指标，通过层次分析法设计相关指标，进行因子分析及评价量化测算。

第十二章：非试验区新型农业经营主体对农村承包地经营权等农村综合产权抵押贷款金融产品潜在需求及影响因素实证分析。主要在对江苏省淮安市、徐州市、泰州市和南京市 788 个新型农业经营主体的融资现状和对农地经营权抵押贷款需求现状进行描述性分析的基础上，从经营主体自身、银行和政府三个方面，对新型农业经营主体农地经营权抵押贷款潜在需求的影响因素进行实证分析。

第十三章：农村土地流转中农地金融创新机制优化设计。主要分为三部分：通过阅读文献整理海内外关于农村土地股份合作组织的经验与教训，结合研究结论，提出对农村土地股份合作社的制度优化设计；通过阅读文献整理海内外关于农村土地经营权抵押贷款的经验与教训，结合研究结论，对农村土地经营权抵押贷款的制度进行优化；基于前文研究，构建农地流转中江苏农村产权交易市场一体化优化体系。

第十四章：研究结论、对策建议与后续深入研究的思考。在前文理论及实证分析的基础上，总结前文关于农村土地股份合作社的社员评价绩效、非社员入股响应、农村产权交易所的运行机制，以及试验区与非试验区不同规模农户的农地经营权抵押贷款需求与影响因素，并根据这些结论提出相关政策建议。

第三节　研究方法与技术路线

一　研究方法

（一）规范分析法

规范分析主要集中在农村土地金融创新对建立健全农村土地流转市场的影响机理分析、农村土地直接金融的实现途径分析、社员视角下江苏农地股份合作组织发育机理、农村土地间接金融的实现途径分析、农村承包地经营权等农村综合产权可抵押的作用机理研究、问题分析，以及农村土地流转中农地金融创新机制优化设计和对策研究上。

（二）实证分析

借助 Stata 软件，运用有序 Probit 模型、逻辑（Logit）模型以及层次分析法进行实证分析，主要集中在社员农户农地股份合作社运行绩效、非社员农地股份合作社入社决策响应分析、试验区异质性农户对农地经营权抵押贷款金融产品需求及影响因素实证分析、试验区县乡（镇）村政府管理者对农村承包地经营权等农村综合产权抵押贷款运行效果评价、非试验区新型农业经营主体对农村承包地经营权等农村综合产权抵押贷款金融产品需求及影响因素实证分析上。

（三）调查方法

主要采取问卷调查、典型访谈、地方案例研究的方法。调查分为五部分：一是已经加入土地股份合作社的社员农户的问卷调查农地股份合作社运行绩效；二是没有加入土地股份合作社的农户的问卷调查入社决策响应分析；三是试验区小农户、新型农业经营主体对农地经营权抵押贷款金融产品需求及影响因素的问卷调查；四是试验区县乡（镇）村政府管理者对农村承包地经营权等农村综合产权抵押贷款运行效果评价的问卷调查；五是非试验区新型农业经营主体对农村承包地经营权等农村综合产权抵押贷款金融产品需求及影响因素的问卷调查。

二　技术路线图

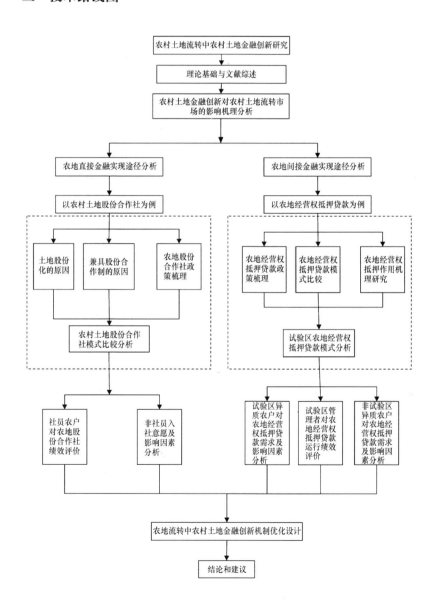

第四节　主要研究成果的学术价值、应用价值和社会影响

一　学术价值

1. 本书系统、全面地研究江苏农村土地流转中的农村土地金融体系建设，为江苏构建以土地为要素的土地投融资体系提供理论和技术支持。本书从土地金融学角度针对农村土地流转过程中农地直接金融和农地间接金融的创新发展现状进行分析，从理论上研究农村土地直接金融中农村土地股份化的金融属性、保留合作制的原因，以及农村土地间接金融中农村承包土地经营权抵押的金融属性、异质性农户—银行—政府—市场抵押贷款的博弈模型，提出农村土地制度问题本质上是金融问题。

2. 本书成果将有利于填补我国农村金融体系中农地金融的缺失，丰富和完善我国农地金融的相关理论。以促进农村土地流转、提高农民农地福利为目标，探索了农地流转中的农地直接金融和农地间接金融制度的创新，提出了农地流转中农地股份合作组织的机制优化设计，农村承包地经营权等农村综合产权抵押贷款的机制优化设计的农村土地金融制度创新，突出强调了农地流转中农村产权交易市场的构建，包括农地直接金融产品、机构、体系的构建和农地间接金融产品、机构、体系的构建，对农村土地金融创新实现的重要性。土地金融化的制度创新研究，推动生产要素的合理流动，"农村、农业、农民"随着农地流转而活跃，从而逐步解决"三农"问题，促进城乡统筹发展。本书的研究成果丰富完善了中国土地产权制度和农村土地金融制度的创新，提出的路径优化具有较强的针对性，能够切实解决现实问题，因此具有重要的理论价值和学术价值。

二　应用价值

1. 江苏省内选择苏南、苏中、苏北土地流转代表性的样本地区，相关土地流转中的农地金融可行性研究将为江苏省内其他地区开展农地金融提供参考和理论指导。本书紧密跟踪江苏省农村土地制度和农村土地金融制度创新实践。关于农村土地直接金融代表性的农村土地股份合作社，对全省苏南、苏中、苏北4个代表性城市的23个县（区），135个镇，488个农村土地股份合作社，996户入股入社社员农户进行了农村土地股份合

作社的运行绩效问卷调查，而且还对 800 户未入股入社农户进行是否愿意加入农村土地股份合作社的响应决策发放问卷。同样，关于农村土地间接金融代表性的农村承包土地经营权抵押贷款，对江苏省第一个农村金融改革试验区东海县的 22 个乡镇街道、3380 个小农户和新型农业经营主体农地经营权抵押贷款响应意愿进行了问卷调查，而且对江苏省 4 个市非试验区的 22 个县，86 个乡镇（区），191 个自然村、828 个新型农业经营主体农地经营权抵押贷款潜在需求进行了问卷调查。

2. 全国范围内以江苏省为案例，其中江苏土地流转中的农地金融创新理论研究和实践经验将可能为全国其他省份开展农地金融提供参考和借鉴。在此基础上进行实证研究得出的结论具有真实性、现实性，在此基础上提出的机制优化和政策建议具有可操作性、推广性和应用价值。

三　社会影响

本成果已经产生了较好的社会影响。项目组成员不仅多次参加全国学术研讨会，而且项目组共发表研究论文 14 篇，已在《中国农村经济》《中国土地科学》《农业经济问题》《经济学家》《经济学动态》《农业技术经济》《上海财经大学学报》《财经科学》《改革》《经济纵横》《南京社会科学》《学海》《南京农业大学学报》（社会科学版）和《宁夏社会科学》等 CSSCI 刊物发表。

第二章　理论基础与文献回顾

第一节　相关概念界定

一　农村土地

《中华人民共和国农村土地承包法》对农村土地的概念进行了界定，农村土地是指村集体和国家所有按照法律规定归村集体使用的土地。范围包括草地、耕地、林地等及其他依法划归农村的土地。我国城市管理法也规定除依法属于国家所有的以外，农村和城市郊区的土地归村集体农民所有，农村宅基地、自留山、自留地也归村集体农民所有。总体而言，农村土地包括已开发和尚未开发的农村土地两大类。农村土地是一个内涵较为宽泛的概念，包括集体所有和国家所有两种。而本书的研究对象限于农民集体所有的农村土地，也就是说笔者所指的农村土地主要是指集体所有的农业用地，也包括一部分未开发的土地，如荒山、荒沟、荒丘、荒滩等。

已开发的农村土地是指已经投入物化劳动和活劳动的农村土地。这种农村土地按经济用途可分为农业用地和农村建设用地。农业用地是指直接用于农业用途，满足农业生产需要的土地；农村建设用地是指农民根据建设用途需要，用于建造建筑物、构筑物的土地，包括住宅、公共设施用地等。农民住宅用地，即用于农民建造住房的土地。未开发的农村土地是指纯自然物形态的土地，主要包括裸地、裸岩、沙地、沼泽、盐碱地，也包括荒山、荒沟、荒丘和荒滩。

二　农村土地流转

农村土地流转，是指农村家庭承包的土地通过合法的形式，保留承包权，将经营权转让给其他农户或其他经济组织的行为。农村土地流转是农村经济发展到一定阶段的产物，通过土地流转，可以开展规模化、集约化、现代化的农业经营模式。我国土地承包法规定通过家庭承包取得的土地经营权可以依法采取转包、出租、互换、转让或者其他方式流转。但是，土地流转期限以承包剩余期限为限，不得改变土地用途，用于非农建设。

三　农村土地金融

农村土地金融是指以农村土地作为信用担保获得资金融通。相关理论主要有现代西方产权理论和地租理论。现代西方产权理论从法学角度探讨了权利界定与经济效率之间的关系。该理论认为通过改变交易费用来完成产权的界定、变更和安排，最终实现提高资源配置效率，产权清晰能够激励正向交易行为，从而抹平社会成本和私人成本的差异。农村土地金融制度的研究和实践在德国、美国、日本等发达国家起步较早，如今已形成一整套完善而成熟的理论和实践体系，譬如 1770 年德国采用了合作性由下而上的组织形式，形成基层的土地抵押信用合作社，逐步发展为联合银行模式。美国采用强制手段，建立了自上而下的农地金融体系，通过构建联邦土地银行合作社，发行土地债券对基层土地银行合作组织进行扶植。

我国农村土地金融研究起步较晚，孟丽萍（2001）认为土地金融作为金融业的一种模式，是围绕农村土地开发、改良、经营等活动而发生的筹集、融通和结算资金的金融行为。① 而国内农村土地金融形势构成较为复杂，由传统的买卖、租赁、转让等模式逐步演变出农村土地股份合作、农村土地金融公司、农村土地抵押信用合作社等多元形式。

第二节　理论基础

一　土地产权理论

土地产权是指有关土地财产的一切权利的总和。一般用"权利束"加以描述，土地产权包括一系列各具特色的权利，它们可以分散拥有，当聚合在一起时代表一个"权利束"，包括土地所有权及与其相联系的和相对独立的各项权利，如土地使用权、土地租赁权、土地抵押权、土地继承权、地役权等。我国土地产权总体上可以分为土地所有权、土地用益物权

---

① 孟丽萍：《我国土地金融制度的建设与基本设想》，《农业经济》2001 年第 2 期。

和土地他项权利三大类。其中，土地他项权利包括土地抵押权、土地承租权、土地租赁权、土地继承权、地役权等多项权利。

产权理论认为，清晰而明确的产权归属有助于优化资源配置，解决市场外部不经济的难题。产权包括所有权、使用权、收益权和处置权，并具有激励作用、协调作用、约束作用与资源配置作用。现有农村统分结合的家庭联产承包责任制下的土地"三权"（所有权、承包权、经营权）分离带来了产权主体虚位、集体土地所有权权能残缺的问题。在农村大量劳动力向非农领域转移的大背景下，产权问题的存在进一步造成了农村土地流转困难，土地难以获得有效利用，某些村集体与企业合谋侵害农户利益的事情也时有发生，这不但不利于进一步提高农民收入，也严重阻碍了农民市民化和城镇化的进程。推行农村土地金融创新，目的就在于创造出一种更加高效、更加适应当下土地流转需求与规模经营需要的土地产权制度，改善农村土地承包经营制下的诸多产权问题。

二　土地产权交易与博弈理论

一般认为现代产权经济学产生于 20 世纪 20 年代，主要代表人物是罗纳德·科斯（Ronald H. Coase）。西方产权经济学理论研究的主要贡献表现在三个方面：一是使产权研究成为一个独立化、专门化的研究领域；二是把产权研究与经济效率联系在一起，确立了产权研究的目标思路，并对生产关系微观作用的发挥作了初步有效的探讨；三是开展了对产权认识多角度、多层次、多侧面的研究，开创了对产权制度的深入研究。

科斯的产权理论主要包括交易成本、产权界定和资源配置，其研究的起点是交易成本，并以交易成本假设说明产权界定对社会资源配置效率的影响。科斯指出，所谓交易成本就是运用价格机制的成本，它至少包含两项内容：发现相关价格的成本（即获得可靠市场信息的成本）、谈判与履约的成本。"为了进行市场交易，有必要发现谁希望进行交易，有必要告诉人们交易的愿望和方式，以及通过讨价还价的谈判缔结契约，督促契约条款的严格履行，等等。"（科斯，1994）而且正是由于交易费用的存在，才使得企业的形式出现并替代市场，而交易费用的大小确定了企业的边界。

对于企业而言，其交易成本的高低取决于企业产权界定清晰与否。企业产权界定清晰，企业之间运用市场机制建立经济联系的摩擦便小，交易成本便低；反之，交易成本就高。科斯认为隐含在经济现象背后的经济运行规则及规定这些规则的制度基础是产权和产权的法律界定。而产权的法律界定是有条件的，是一种交易成本的选择。他指出："正如我们所看到的，当市场交易成本是如此之高以至难以改变法律已确定的权利安排时，情况就完全不同了。此时，法院直接影响着经济行为。因此，看来法院应该了解其判决的经济后果，并在判决时考虑这些后果，只要这不会给法律本身带来过多的不确定性就行。甚至当有可能通过市场交易改变权利的法律界定时，显然也需要尽量减少这种交易，从而减少进行这种交易的资源耗费。"（科斯，1994）在对有关产权的法律界定的交易成本问题进行分析时，科斯是以日常生活中存在的各类妨害为案例来说明的，他认为防止妨害的收益是否大于作为停止产生该损害行为的结果而在其他方面遭受的损失，将决定产权界定的程度。因为在由法律制度调整权利需要成本的世界上，法院在有关妨害的案件中，实际上做的是有关经济问题的判决，并决定各种资源如何利用。

在交易成本论证的基础上，科斯进一步将交易成本拓展为社会成本范畴，并首先对庇古（Pigou）的社会成本进行了修正。他认为社会成本范畴的核心是研究市场机制与产权界定含混的关系，而庇古在对待外部性问题时犯了两个错误：一是其分析中所隐含的假设条件——交易成本为零是不存在的；二是即使交易成本为零，庇古的政策建议——国家干预也根本没有必要。科斯指出："庇古对各种事实的看法似乎存在着缺陷，但在经济分析方面他似乎也有错误。庇古的分析怎么会得出错误的结论呢？原因在于庇古并没有注意到他的分析所针对的是完全不同的问题。他的分析是正确的，但他得到的结论却是不合逻辑的。"（科斯，1994）因此需要在方法上加以修正，在研究经济政策时，不应该局限于对制度的缺陷的探讨，这种分析方法常导致人们认为任何可以消除缺陷的方法都是他们需要的，应利用类似于企业问题研究中的机会成本分析的方法比较不同社会安排所产生的总产品，并将生产要素视为权利。科斯通过对走失的牛群损害庄稼、铁路运行产生的农田火灾、工厂的烟尘等案例的分析，说明了在法官进行这些诉讼判决时通常是根据限制妨害的收益和损失的经济对比作出的，如果诉讼双方协商的成本为零，则双方可以根据法律的权利规定，在协商的基础上由一方出售某一权利，并最终达到各自利益的最大化，也就是实现"帕累托最优"，其隐含的意义是：如果交易成本为零，在既定的所有权格局不变的情况下，可以通过界定从而转让权利来实现资源的优化配置。因而，使资源利用达到最佳效率的结果与产权的归属无关，法律最初如何规定权利和责任，对资源配置来说其实并没有什么意义，在任何一定的权利和责任下，只要竞争是自由的，人都会根据自己的行为，使自己的资源得到更有利的用途。由此，科斯得出资源配置帕累托最优的有效条件是：交易成本为零、产权界限清晰和交易自愿。人们通常将科斯的以上研究结论称为科斯定理。但是，现实世界中交易成本为零几乎是不可能的。在真实的世界中，正是由于交易成本为正，才使得权利的初始界定会对经济体制的运行效率产生重要影响。法律的变化将导致权利的界定变化，从而影响资源配置，从而带来财富分配的变化。即一旦考虑到进行市场交易的成本，对外部性权利的调整只有在这种调整后的产值增长大于其带来的成本时，权利的调整才能进行。概括而言，当交易费用不为零时，产权的初始界定和分配将影响最终资源。这就是所谓的科斯第二定理。而在交易成本为零的情况下，产生外部不经济（市场失灵）时，政府可以通过两种途径来处理：一是应用政府管制来替代企业，即政府通过制定相关强制性的规定要求人们应该这样而不应该那样来实行资源的强制配置；二是通过建立一套有关各种可通过市场交易进行调整的权利的法律制度来内化外部不经济。科斯同时指出，政府是一个超级企业，不同的是政府所受的制约少于一般企业，它拥有通过非经济手段进行市场干预的权力，有时这种权威性方法可以省去许多麻烦。但即使引入政府管制，其管理成本也会相当高，因此，无论是企业还是作为超级企业的政府，完全替代市场都不是绝对的，只能以相对较低的成本来代替市场交易。生产的最优制度结构必然是以市场机制和企业组织的某种结合形式出现。基于此，科斯认为政府必须依据交易成本的理论从产权结构上选择多种结构方式，并比较各种产权制度安排下的社会成本，根据成本原则来确定制度结构。

科斯构建了产权经济学的基本理论框架，以其理论为基础，一系列学者对该理论从不同的方向和角度上进行了深化，如奥利弗·伊顿·威廉姆森（Oliver Eaton Williamson）的产业组织理论、哈罗德·德姆塞茨（Harold Demsetz）的所有权与企业控制理论、张五常的制度成本理论，等等。以下仅介绍其中一些与本书相关的研究结论。

威廉姆森首先将交易费用比喻为"经济世界中的摩擦力"，认为交易费用是经济系统的运行费用，并将交易费用划分为事前交易费用和事后交易费用。决定交易成本的因素有三：受限制的理性思考、机会主义和资产专用性。受限制的理性表现为人的行动有理性的方面，也有理性的局限性方面，此外有限理性还取决于环境因素的不确定性。机会主义是指信息不完整或受到歪曲的透露，而由于环境的不确定性所造成的有限理性和机会主义，导致了信息拥塞或信息不对称。资产专用性是生产性资产的一种存在状态，资本、知识和其他资源的所有者常常因技术上的原因，被迫不可逆转、长期地使他们的资源固着于一种特定的状态上，资产专用性包括五种：场所专用性、物质资产专用性、人力资产专用性、专用的资产和信号资产。假若以上三个因素不是同时出现的话，交易成本就不会存在。市场组织作为一种交易的协调机制，在有限理性、机会主义行为、不确定性和小数目条件的综合作用下就会失灵，企业组织就会应运而生。与市场相反，企业组织影响了以上决定交易费用的几个因素，进而认为企业一体化是有效的，因为一体化的企业可以替代市场，一体化的企业可以实现契约的完备性，一体化的企业可以规避策略性虚假陈述风险，一体化可以节约信息交换的成本，一体化可以降低制度调整成本。

德姆塞茨认为产权是一种社会工具，用于帮助人形成那些当他与他人打交道时能够合理持有的预期。产权具有造成福利或伤害自己或他人的权利。产权的作用可以使资本主义社会大量存在的外部性问题内部化，外部性问题是普遍的问题，外部性问题内部化需要两个基本条件：交易的双方应明确产权；内化的收益大于其内化的成本。公共财产存在着巨大的外部性，其基本表现之一是过分强调当代人的索取权，而公共财产外部性问题内部化的谈判成本较大，因而德姆塞茨建议通过调整产权来降低成本，并在很低的成本下使绝大部分外部性问题内部化。其二，公共产品往往需要很高的维护成本。因此，公共产权需要政府采取涨价的方法使公共产品的生产能够产生大于生产成本的收入。谈判成本是外部性问题内部化的主要成本，降低谈判成本的途径有四：变产权分散为产权集中、进行产权调整、经营者与所有者的分离、所有权的分散化。为把投机行为降低到最合理的水平，就会产生监督成本，降低监督成本的途径包括：限制、监督经营者，改变分散的股权结构，控制内部股东，对控股股东实施有效监督，形成激励与监督机制。其中的激励机制是给经营者以剩余索取权。团队生产是现代生产的一种重要组织形式，团队生产必然引发道德风险问题，无论是合伙制的企业还是非营利性团体均存在机会主义行为，道德风险的防范措施有：给总监督者以剩余权，控制团队的规模，对不易观察投入要素的小团队实施利润分享制，以多种形式（市场竞争、指派一些监督者、提倡团队精神与忠诚等）减少投机行为。

张五常认为，交易成本是指将没有产权、没有交易、没有任何一种组织的鲁滨逊·克鲁·李经济中的成本排除在外的成本，这样，交易成本就可以看作一系列制度成本，包括信息成本、谈判成本、撰写和实施契约的成本、界定和控制产权的成本、监督管理的成本和制度结构变化的成本。他指出，只要在分析中考虑各种不同制度成本的差异，在现实生活中条件总是会满足的。交易成本的存在也是导致专业化分工的一个重要因素，即专业化分工带来了交易费用的降低，从而使社会财富增加。

以上是西方产权经济学的基本思想脉络，我国学者针对我国经济转型时期的产权制度建设要求，以我国的现实为依据，也形成了一些产权经济学研究成果。林岗、张宇（2003）认为产权分析存在两种范式①：马克思主义经济学的所有制理论范式和西方经济学的产权理论范式。两种范式的不同表现为：方法上前者为整体方法，后者为个体方法；研究内涵上前者为法权关系和交易关系，后者为经济关系和生产关系；权利上前者为自然权利，后者为历史权利。

黄少安、王怀震（2003）对现代产权经济学的方法论进行了哲学思辨，认为现代产权经济学虽然受到其他哲学思想的影响，或者试图突破个人功利主义的缺陷，但是其基本方法论仍然是以个人主义、功利主义和自由主义为主，理论体系的构造仍然不能超越这一基本的思维框架。② 制度经济学基本上是在批判正统经济学的过程中发展起来的。尽管他们也批判马克思主义经济学，但是也认识到了马克思主义经济学对正统经济学的批判，有时也借助或借鉴这种批判武器。而且相对于正统经济学来说，同处于"异端"地位，也许使他们对马克思主义经济学，包括其基本方法论的偏见要少一些，因此相对容易接受或借鉴或承认某些思想。现代产权经济学的基本方法是以证伪主义为主、证实主义为辅。汪丁丁（2003）认识到为交易成本下一个"机会成本"定义时存在的困难，这些困难意味

---

① 林岗、张宇：《生产力概念的深化与马克思主义经济学的发展》，《教学与研究》2003 年第 9 期。

② 黄少安、王怀震：《从潜产权到产权：一种产权起源假说》，《经济理论与经济管理》2003 年第 8 期。

着在经济分析中要么必须放弃所谓"交易费用"的概念，要么就把"交易费用"理解为在给定的不完备的知识集合上对可供选择的制度做选择的机会成本。他认为，制度的成本只不过是某个实现了的博弈对每一个参与博弈的主体的主观价值而言的机会成本。而这个机会成本是由他所放弃了的那些经由他个人影响可能实现的博弈均衡的最高主观价值所决定的。由于知识结构的路径依赖性，参与博弈的个体通常是没有"选择"博弈均衡的自由的；也就是说，所谓"交易费用"或实现了的博弈均衡的成本在多数情况下是不存在的，所存在的只是一个演进过程。此外，他还构建了制度的博弈论分析框架。①

农地流转的过程也就是农地资源的重新配置过程，因而就社会整体而言其最终目的在于实现"帕累托最优"。要实现这一最终目标，就必须关注这一过程中的交易成本问题、机会主义问题、外部性问题等一系列相关的产权问题，具体地讲就是对于农地应该设立何种权利体系，权利体系中的各种权利如何在社会中进行分配，以何种机制保证这种权利分配的实现，从而使交易成本降低、外部性问题内部化、减少机会主义，并实现社会总产品的最大化。

三 演化经济学理论

演化经济学是现代西方经济学研究的一个富有生命力和发展前景的新领域，与新古典经济学的静态均衡分析相比，演化经济学注重对"变化"的研究，强调时间与历史在经济演化中的重要地位，强调制度变迁。马克思是现代演化经济学的思想前驱，此后广义的演化经济学（具有演化思想的经济学）源于凡勃伦，狭义的现代演化经济学源于熊彼特和西蒙。熊彼特对创新过程的研究使演化经济学真正成为一个独立的理论分支，西蒙的理论贡献主要在于提出了"有限理性"概念，演化经济学借此概念批判新古典经济学，并将之视为自身理论框架的重要基点之一。演化经济学就是要了解经济组织的内部结构，以便更好地了解技术进步以及行业和产品的变迁，理解创新发生的过程，更好地了解经济的演化过程。

演化经济学具有如下特征：（1）用动态的、演化的方法看待经济发展过程，看待经济变迁和技术变迁；（2）强调惯例、新奇创新和对创新

---

① 汪丁丁：《社会科学及制度经济学概论》，《社会科学战线》2003 年第 3 期。

的模仿在经济演化中的作用，其中创新是核心；（3）以达尔文主义为理论基础，以达尔文进化论的三种机制（遗传、变异和选择）为演化经济学的基本分析框架；（4）强调时间、历史等在经济演化中的地位，认为经济演化是一个不可逆转的过程；（5）强调经济变迁的路径依赖，制度的演化遵循路径依赖的规律，今天的制度是昨天的制度甚至一个世纪前的制度的沿革；（6）强调经济变迁过程中偶然性和不确定性因素的影响。

在演化经济学中研究创新以及技术变迁时，不能够忽略制度对技术变迁以及创新的影响。如果你考察半导体产业以及别的一些产业，你会发现制度对这些产业的发展有很大的影响，正是大量的公共投资才导致了半导体业的快速发展。所以，演化经济学应该考虑到政府施行的政策以及制度变迁对经济演化和技术变迁造成的影响。

所谓制度变迁，就是制度的替代、转换和交易过程。在早期制度学派的代表人物凡勃伦、康芒斯和密切尔等人的研究中，制度和制度变迁已经成为经济学研究的一个核心命题。此后，根据研究视角和研究方法上的不同，人们将后期的制度研究理论分为两个不同的学派：新制度学派和新制度经济学派。新制度学派主要研究制度对社会生活的决定作用和技术变化如何影响制度进化的进程。新制度经济学派运用新古典经济学的逻辑思维和研究方法进行制度及制度变迁的理论分析，并将其理论研究视作对新古典经济学的补充和发展，他们将传统的制度经济学与主流经济学进行了有机结合，其研究成果获得了更广泛的认同且更具影响力。本书的研究重在对新制度经济学的理论验证并运用其理论对农地流转制度的形成进行理论解释，这里主要介绍新制度经济学几个代表人物的制度变迁理论。

诺斯（C. North）1990 年出版的《制度、制度性变迁和经济绩效》是其制度变迁理论的成果总结，其理论代表了这一领域的前沿水平。在该书中，他对制度变迁与经济增长、制度变迁与国家行为、制度变迁与人的思维模式、制度变迁的路径依赖性等问题进行了集中的论述。

诺斯（1999）认为，制度变迁就是"制度的创立、变更及随着时间变化而被打破的方式"。制度变迁也可以被理解为一种效益更高的制度对另一种制度的替代过程。在这个过程中，实际制度需求的约束条件是制度的替代成本。制度变迁过程，既可以理解为一种更有效益制度的生产，也可以理解为规则的改变或重新界定权利的初始界限。制度变迁通常会带来经济的增长。首先，制度的产生本身与高的交易成本有关，制度的确立通常会使原来较高的交易成本得到节约。市场的交易成本通常是很高的，导致交易费用降低的因素有技术的和制度的两种，这两种因素常常交错出现、互相促进。其次，制度变迁是技术变迁的前提条件。因为制度变迁可以对社会分工起到保护和促进作用，尤其是对技术的保护促进了人力资本的形成，为个人从事创造活动提供了机会。西方经济增长的原因在于当人口对稀缺资源赋予的压力增加时，那些支配产权的规则的制度发生了变化。最后，制度变迁的主体是组织活动家和个人。诺斯认为，经济制度演变是由制度与组织之间的相互作用引起的。政治组织对经济制度表现有十分重要的作用，因为他们可以制定并执行经济规则，因此创立和执行有效产权的政治组织在制度变迁和经济发展过程中是非常重要的；与此同时，只有当经济组织有效时，才会使新的制度变迁促进技术变化，推进经济增长；此外，经济变化是个人行动者和组织活动家每天做出决策的结果，这些决策有时会导致原有经济规则的改变。

制度变迁与国家行为。在诺斯看来，制度变迁是否发生，取决于个别创新者预期收益和预期成本的比较。但制度变迁收益是一种公共产品，因此存在着外部性和"搭便车"问题，必然导致制度供给的不足。诺斯认为，国家的主要作用是界定和行使产权，因为国家具有一般社会组织所没有的"暴力潜能"的性质，因而由它来界定产权具有比较优势，若国家的"暴力潜能"在公民之间平等分配，则产生契约性国家；若国家的"暴力潜能"是不平等的，则产生掠夺性国家。在这里，诺斯提出了一个"诺斯悖论"，即国家既是不同利益的"均衡者"，又是对某一特定的利益集团实施保护的歧视性的垄断者，国家的存在是经济增长的关键，然而国家又是人为经济衰退的根源。其根本原因是国家本身就是一种有别于一般组织的特殊组织，因而它也具有其组织成本和组织收益。因此，制度变迁对国家行为具有依赖性，而国家行为却会给制度变迁带来低效性。

制度变迁与人的思想模型。诺斯认为，意识形态也是会对制度变迁产生影响的。首先，影响人的思想模型的各类非正式制度或"软制度"不仅会影响经济的增长，也会影响到正式制度的运行。其次，人们的信仰体系决定着其价值观念，影响其制度选择方向。因此，他认为，制度变迁的最基本的长期源泉是学习，因为制度变迁的动力取决于两个因素，即学习和竞争，其中学习可以改变参与者的认知，即参与者解释外在环境的心智模式。

（3）制度变迁的路径依赖性。路径依赖是描述过去对现存和将来产生强大影响的术语。诺斯将路径依赖分为两种极端形式和无数的中间形式，两种极端的形式分别为诺斯路径依赖Ⅰ和诺斯路径依赖Ⅱ。诺斯路径依赖Ⅰ：是一条发展路线沿着一条具体进程进行时，系统的外部性、组织的学习过程以及历史上关于这些问题所派生的主观主义模型就会增强这一进程诺斯路径依赖Ⅱ：一旦起始阶段带来报酬递增的制度，在市场不完全、组织无效的情况下，阻碍了生产活动的发展，并会产生一些与现有制度共存共荣的组织和利益集团，那么这些组织和利益集团就不会推动现有制度的变迁，而只会加强现有制度，由此产生维持现有制度的组织，从而使这种无效的制度变迁的路径延续下去。诺斯认为路径依赖的形成取决于四个方面：报酬递增、不完全市场、交易费用和利益因素。而路径依赖可能使制度变迁走向两种完全不同的轨迹：良性循环的轨迹和"锁定"在无效率状态下的轨迹。

拉坦（Ratan）是从技术变迁与制度变迁的历史关系中提出诱致性制度变迁模型的。拉坦认为，可能是由于对与经济增长相联系的更为有效的制度的需求，或者是由于关于经济组织的知识进步引起了制度变迁。他在构建其制度变迁模型的伊始即提出其模型的两个基本假定："我们在这里假定，制度变迁可能是由对与经济增长相联系的更为有效的制度绩效的需求所引致的，我们还假定，制度变迁可能是关于社会与经济行为、组织与变迁的知识供给进步的结果。"（拉坦，1994）

在制度变迁的需求方面，拉坦以不同时期的由于技术变迁导致制度变迁的事例来说明技术变迁是产生制度变迁需求的动力，例如：由于土地的稀缺性变得普遍起来，它对限制共有财产使用的压力增加了，对土地使用的更为有效的控制是与更为集约的农业生产体制的采用相联系的，三田制开始替代传统的两年一次的轮作制；土地价格相对于劳动力的价格的提高诱致了生产技术的变迁，同时也导致了土地产权的制度变迁，结果公地使用制度被废除；劳动力价格相对于土地价格的提高诱致资本替代劳动的技术变迁，同时导致了发挥代理人能力和工人有权择业的制度变迁。其结论是，"由技术变迁所释放的新的收入流确实是对制度变迁需求的一个重要原因。新的收入流的分割所导致的与技术变迁或制度绩效的增进相联系的效率收益，这是进行进一步的制度变迁的一个主要激励"（拉坦，1994）。在制度变迁的供给方面，拉坦指出了诱致制度变迁的因素，他认为："技术变迁与制度变迁的供给的转变是由类似的力量形成的。科学和技术知识的进步降低了由技术变迁所形成的新的收入流的成本，社会科学及有关专业的知识的进步降低了由制度变迁的收益（包括在解决冲突时的技能的提高）所形成的新收入流的成本。"（拉坦，1994）成本的降低可以引发制度变迁。拉坦的理论为制度变迁研究确立了一个"需求—供给"的分析框架。但他在收益、成本的概念下，掩盖了制度变迁中人的主体性特征，忽视了各行为主体在制度变迁中作用的差别性。

　　林毅夫对制度变迁理论的主要贡献在于提出了诱致性制度变迁和强制性制度变迁的概念并进行了经济学分析。林毅夫的理论也是在"需求—供给"的理论框架下进行的。其基本论点是："在任何社会（无论是原始社会还是资本主义社会）中，个人都面临不确定性和灾难发生的可能性，除此之外，他拥有工作能力的生命周期又很有限。……制度可以被设计成人类对付不确定性和增加个人效用的手段。从这个意义上讲，制度，无论它是市场的还是非市场的都可以提供有用的服务。与任何其他服务一样，制度性服务的获利要支付一定的费用。……用最少费用提供给定量服务的制度安排，将是合乎理想的制度安排。从某种现行制度安排转变到另一种不同制度安排的过程，是一种费用昂贵的过程；除非转变到新制度安排的个人净收益超过制度变迁的费用，否则就不会发生自发的制度变迁。"（林毅夫，2008）林毅夫将制度变迁分为两类并对这两类制度变迁给予了定义，他认为："诱致性制度变迁是现行制度安排的变更或替代，或者是新制度安排的创造，它由个人或一群（个）人，在响应获利机会时自发倡导、组织和实行。强制性制度变迁由政府命令和法律引入和实行。"[①]（林毅夫，2008）

　　诱致性制度变迁必须由某种在原有制度安排下无法得到的获利机会引起，获利机会来源于制度的非均衡，为得到由获利机会带来的好处，新的制度安排将被创造出来。当预期收益大于预期成本时，有关个人或群体会做出自发性反应，在制度边际上自行调整，从而形成一种自上而下、从局部到整体的制度变迁过程。而引起制度不均衡的原因有四个：制度选择集合改变、技术改变、制度服务的需求改变、其他制度安排改变。强制性制

---

　　① 林毅夫：《制度、技术与中国农业发展》，上海三联书店、上海人民出版社2008年版，第16—43页。

度变迁是由国家通过一系列立法及行政命令来实现的。强制性制度变迁与诱致性制度变迁不同，它可以纯粹是由于不同选民集团之间对现有收入进行再分配而发生。林毅夫认为，因为制度安排是一种公共物品而"搭便车"问题又是创新过程固有的问题，所以如果诱致性创新是新制度安排唯一来源的话，那么一个社会中制度安排的供给就会低于最优水平。因此，由国家提供制度比私人生产更有效，国家干预可以补救持续的制度供给不足。

周其仁（1994）认为，产权需要强制实施，就注定摆脱不了国家的纠缠。产权主体向国家纳税交换国家保护，在本质上仍然是一种契约关系。但与其他平等主体之间的契约关系不同，国家可能凭借其"暴力潜能"侵害产权，且这种侵权行为不再有第三方介入进行干预和约束。唯一可靠的办法就是在社会与国家之间构造一种可以平等对话、协调和交易的均势，从而使国家租金最大化和保护社会产权之间达成一致。中国的农村改革可以看作围绕产权重建所展开的制度变迁和制度创新。农村产权形式的确立，是社会与政府之间的一系列分步达成的交易，它是逐步排除国家对产权合约的侵犯的结果。由交易而产生的产权契约，只能由交易双方的契约制度和制衡来执行和保护。长久的交易会使契约安排的某些内容制度化和法律化。孔径源（1993）认为，有关制度变迁的需求理论研究以经济人假设为前提，在交易费用概念和科斯定理的基础上，通过对外部性等潜藏着隐性收益来源的事件的分析，建立了一个关于市场逐利主体捕捉变化着的社会经济条件下通过制度改进可能增进的收益，从而推动制度变迁的需求理论。这种理论的特点是强调制度变迁的诱致性特征，其缺陷则是忽略了"搭便车"等事件对集体行动的瓦解作用和对制度变迁供给方面的分析。

农地流转现象本身就是农地产权制度创新和变迁的产物，先有农地流转现象的出现并产生农地流转制度的需求，后有国家流转制度的建立对这一现象的合理性予以确认，与此前的农地产权制度一样也是诱致性制度变迁与强制性制度变迁的结合，但与此前的农地产权制度变迁不同的是农地流转制度的形成过程中强制性制度变迁的成分较大。由于原有的农地制度在我国的运行已有近 20 年时间，在这一过程中已经形成了我国特有的农地产权利益集团，其中的一些利益集团在原有制度下已经拥有稳定的收益，新的制度的形成和实施在某种程度上意味着其农地产权利益份额的缩小，因而他们将不可避免地在新的制度实施过程中持消极和反对的态度。

四 一般金融理论

广义的金融泛指一切与货币的发行、保管、兑换、结算、融通有关的经济活动，甚至包括金银的买卖；狭义的金融专指货币资金的融通。随着金融的迅猛发展，现代社会中企业采用的金融方式和融资渠道越来越多，按照不同的标准可以对企业资金融通方式进行不同种类的划分：按照资金是否来自企业内部，可划分为内源融资和外源融资；按照资金的使用及归还年限，可划分为短期融资和长期融资；按照企业融入资金后是否需要归还，可划分为股权融资和债券融资；按照企业融资时是否借助于金融中介机构的交易活动，可划分为直接融资和间接融资；按照融资的信用基础，可划分为一般传统融资和项目融资；等等。本书主要按照直接融资和间接融资划分。

（一）直接融资

直接融资，是指企业不通过金融中介机构，直接与资金初始供给者协商借款，或以发行股票、债券等方法来筹集资金，资金的供求双方通过金融市场直接转移资金。其主要方式包括债券融资、股权融资、传统租赁、商业信用融资、民间融资、内部集资、外商投资和政府拨款等。（1）债券融资。债券融资是指企业按照法定程序发行债务凭证，约定在一定期限内还本付息的债务性融资方式。从企业的利益来讲，债券融资是一种较理想的融资形式。首先，债券融资的利息成本比银行信贷要低。其次，债券融资的期限一般都是长期的，可以根据投资项目的回收期来确定，且具有相当的稳定性（债券持有人不能要求提前偿还）。（2）股权融资。股权融资即是指企业通过发行股票、扩大股权规模，从而在资本市场上获得资金的过程，其方式主要有私募股权融资和上市融资。通过股权融资融入的资金属于企业的资本金，企业与投资者之间是所有权关系，因而股权融资能够通过降低企业负债率来改善企业的财务状况，有利于企业的负债融资。但是，采用股本扩张来进行融资将扩大公司的股东队伍，若股本扩张后经营规模和利润不能同步增长，则新股将摊薄今后的利润及其他权益，影响老股东的利益，使得企业的控制权处于不稳定状态。（3）传统租赁。从出租人的角度来讲，传统租赁是指出租人将自己原有的财产，或根据其对市场需求的判断而购进的具有通用性的物件，在一定时期内将该财产或物件的使用权和收益权转移给承租人，以获得相应租金收入的经济行为。
（4）商业信用融资。商业信用是指企业以赊销方式销售商品时所提供的
信用，是企业短期融资的最主要的途径。商业信用的通常表现形式有
"应收账款"、"其他应收款"、"预收账款"等。商业信用的形成直接与
商品生产及流通有关，手续简单，当经济处于紧缩期、市场上资金供应不
足时，商业信用的规模会扩大，在短期融资中的比重会增加。然而，由于
商业信用规模受到商品流通及交易规模的限制，使其具有一定的局限性；
而且企业通过商业信用融资需要一定的成本，这种成本与债权人提供的信
用政策有关。（5）民间融资。民间融资一般是指企业以私下协议的方式，
向私人或非正规金融机构借款的融资方式。一般来说，民间融资的方式多
样（比如低利率的互助式借贷、利率水平较高的信用贷款、不规范的中
介贷款、变相的企业内部集资）、资金到位快、资金用途限制较小、灵活
性更高，对企业来说，民间融资可以弥补正规金融机构提供的融资服务的
不足。但民间融资大多规避了正常的金融监管，债权人需要承担较高的政
策风险和投资风险，作为补偿，企业融资成本一般较高。

上述直接融资方式具有一些共同特点：资金的需求者直接从资金的供
给者处获得资金，二者之间建立的是直接融资关系；直接融资涉及的关系
主体多样，如企业与企业之间、政府与企业和个人之间、个人与个人之
间、企业与个人之间等，具有一定的分散性；不同融资主体的信誉好坏有
较大的差异，债权人往往难以全面、深入地了解债务人的信誉状况，具有
较高的信誉风险；部分融资合约不可逆。比如：通过股权融资筹集的资金
是无须返还的，投资者只能通过资本市场进行股票交易来回收资金；在法
律允许的范围内，融资者可以自己决定融资的对象和数量，具有较强的自
主性。

（二）间接融资

从资金融入方的角度讲，间接融资是指企业通过银行、信托公司、保
险公司等金融中介机构，间接地向资金供给者融通资金的融资方式，主要
包括银行信用融资（银行信贷和票据贴现等）、信托融资、典当、融资租
赁等。具体的交易媒介有货币和银行券、存款、银行汇票等非货币间接证
券：（1）银行信用融资。银行信用是指由银行以贷款的形式向企业提供
资金的一种融资方式。利用银行信用进行融资主要就是银行信贷，票据贴
现实质上也是银行提供贷款的方式。银行信用是企业融资的最重要的形式

之一，其优点主要是融资成本低、灵活性强且利息可以进入成本，取得税前抵减效应，减轻税负；但其也有诸多缺陷，如贷款使用期限不稳定（一般债权人在人为必要时有权收回贷款）、需要提供担保或抵押、贷款的使用途径有限（如企业不能利用银行贷款进行股权投资或股权收购等）。（2）信托融资。根据《信托法》，信托是指"委托人基于对受托人的信任，将其财产权委托给受托人，由受托人按照委托人的意愿并以自己的名义，为受益人的利益或者特定目的进行管理或者处分的行为"。信托的根本特质是受托人享有所有权，而受益人享有受托人管理和处置信托财产所产生的利益。通过信托进行融资，主要是指委托人基于信托契约，将动产或不动产的所有权转移给信托投资机构，委托其代为全面办理经租事宜，或者以信托投资机构自己的名义、以信托财产为担保，根据投资市场情况及其管理能力安排信托计划，向其他投资人募集一定规模的信托资金，并作为受托人向特定的对象进行投资的经济行为。这里所谓的融资信托，对于动产信托来说主要包括出让"信托收益权证书"和发行"信托证券"；对于不动产信托来说主要包括发行"不动产信托债券"和发行"不动产分割证书"。（3）融资租赁。从交易的角度来讲，融资租赁是指出租人对于承租人所选定的租赁物件，进行以融资为目的的购买，然后再以收取租金为条件，将该租赁物件在中长期出租给该承租人使用。其一般特征主要有四：承租人选定拟租赁物件，但由出租人出资购买；不可解约性，在租赁合约有效期内，承租人无权单独提出以退还租赁物件为条件而提前终止合约，即使出现供货商所供货物与合同不符的情况也不例外；融资租赁中的租赁物件以设备为主，因而其融资期限一般是中长期的；融资租赁交易至少包含三方当事人（即承租人、出租人和供货商）和两个合同（即贸易合同和融资租赁合同）（史燕平，2004）。

各种间接融资方式具有一些共同特征：资金需求者和资金初始供应者之间不发生直接借贷关系，二者之间通过金融中介发挥桥梁作用，各自与金融中介机构发生直接融资关系；间接融资一般都是通过金融中介机构进行的，一般金融机构会同时与多个资金供应者和多个资金需求者建立融资关系，具有融资中心的地位和作用，因而间接融资具有相对集中性；由于间接融资相对集中于金融机构，而金融机构自身的经营受到较严格的管制，且遵循稳健性经营原则，信誉程度较高，相对风险较小；通过金融中介进行融资，到期必须返还，并支付利息，具有可逆性；集中于金融机构的资金的投资对象的决策权有时掌握在金融机构手中，而并非由资金的初始供应者决定，如银行贷款。

五　土地金融理论

许多学者对于土地金融的界定偏于狭义，如张德粹（1979）指出，土地金融是利用土地作为长期信用的担保品来获取融通资金的一种长久性金融流通措施，通常称为土地抵押信用。黄天柱等（2003）认为，农地金融是以农地产权作为股权或抵押品而实现资金融通，是债权和债务从确立到终止的过程。① 但也有个别学者的定义比较宽泛，如孟丽萍（2001）从金融的内涵推衍出，土地金融作为金融业的一种形式，一般是指围绕土地开发、改良、经营等活动而发生的筹集、融通和结算资金的金融行为。②

本书的研究对象是农村土地，前提是在不改变农地使用方式的情况下利用农地进行融资。本书对于农地金融的界定是从广义上出发的：农地金融的概念即通过农村土地的买卖、租赁、抵押等来融通资金的经济活动。根据农地融资方式的差异，笔者将农地金融进一步划分为农地直接融资和农地间接融资。其中：农地直接融资是指由融资需求方和融资供给方直接发生融资关系的农地融资方式；而农地间接融资是指融资需求方通过金融中介机构来向融资供给方筹集资金的农地融资方式。

第三节　国内外文献回顾

一　农地直接金融的相关研究

国内外关于农地直接金融的研究主要集中于农地直接融资的现状、农地交易对土地经营规模和经营效益的影响、农地直接交易方式及其影响因素和农地交易的福利效应等方面。本书的重点是分析农地入股农地股份合作社的制度绩效与响应，下面将对农地入股的相关研究进行简要回顾。

由于土地制度的差异，国外虽然较少有专门针对农村土地股份合作制

---

① 黄天柱、夏显力、崔卫芳：《我国农地金融制度构建的几点思考》，《软科学》2003 年第5 期。

② 孟丽萍：《我国土地金融制度的建设与基本设想》，《农业经济》2001 年第 2 期。

的研究，但关于合作社的理论研究却源远流长，学者们一般把合作社分成三种类型：（1）以艾米利亚诺夫（Emelianoff，1995）[①] 为代表的学者认为合作社是纵向一体化的集体组织，并着重强调了其中委托代理关系所扮演的重要角色。（2）以哈尔伯格（Helmberger）与霍斯（Hoos）[②] 为代表的学者则认为合作社与独立的企业不存在本质差别。（3）以佐氏曼（Zusman）[③]、伯根（Bourgeon）和钱伯（Chambers）[④] 为代表的学者则认为合作社是一种特殊的联盟。

国内文献关于农村土地股份合作社的研究较多，主要涉及农村土地股份合作社的属性界定、发育条件、发育模式、运行绩效、影响农户响应因素等方面。

（一）农村土地股份合作社的属性界定

陈锡文（1992）认为，改革开放后一些地区土地股份合作制的创新尝试意味着在我国农村经济发展进程中合作制的重新确立。[⑤] 刘承礼（2003）指出通过土地经营权入股虽然较好地解决了减少交易费用与分工演进之间的矛盾，但归根结底其仍应被视为一种过渡模式，未来的发展方向应是全面实现股份化。傅晨（2001）则认为股份合作制既不是合作制也不是股份制，而是有机融合了合作制原则与股份制原则之后的一种"非驴非马"的制度，因而具备了股份制与合作制的双重优势。[⑥] 钱忠好（2007）在对股份制、合作制和土地股份合作制进行了包括产权构成、产权流转、分配制度与决策制度四方面的比较研究后认为，土地股份合作制具有不同于股份制和合作制的新属性，是一种全新的制度安排。

（二）农村土地股份合作社的发育条件

徐汉明、杨择郡（2012）指出，土地股份合作制得以在多个省市顺

---

① Emelianoff, *Economic Theory of Cooperation*: *Economic Structure of Cooperative organizations*, Michigan: Edwards Brothers, Inc. 1942, reprinted by the Center for Cooperatives, University of California, 1995, p. 47.

② Helmberger, P. G., Hoos, S., "Cooperative Enterprise and organization Theory", *Journal of Farm Economies*, 1962.

③ Zusman, P., "Constitutional Selection of Collective Choice Rules in a Cooperative Enterprise", *Journal of Economic Behavior and Organization*, 1992.

④ Bourgeon, J. M., Chambers, R. G., "Producer Organizations, Bargaining, and Asymmetric Information", *American Journal of Agricultural Economies*, 1999.

⑤ 陈锡文：《集体经济、合作经济与股份合作经济》，《中国农村经济》1992 年第 11 期。

⑥ 傅晨：《社区型农村股份合作制产权制度研究》，《改革》2001 年第 5 期。

利开展的根本原因就在于其带来了远超传统家庭承包制下的经营收益。①
在工业化进程中，土地的潜在非农增值收益要远远高于农业可能的规模经
营收益，以最早的南海社区股份合作社为例，来自物业出租与土地非农出
租的收入就接近了合作社总收入的70%（刘季芸，1999）；而在原有的土
地转用政策框架下，政府占有了几乎全部的土地非农化增值收益，随着民
众权利意识的不断萌醒，广大农户对集体资产的诉求与潜在的土地增值收
益一道诱致了土地股份合作制的创新实践（王小映②，2003；钱忠好、曲
福田③，2006）。因为土地股份合作制的演进路径是现代农业和效益农业，
所以其顺利推行就与当地的市场化与农业收益水平（李红梅④，1996；黄
祖辉、傅夏仙，2001）息息相关。土地股份合作社创设的另一大诱因就
是为了能够减少土地流转的阻力，如果当地没有较为发达的第二、第三产
业而有效引导农村富余劳动力，进而营造出相对宽松的人地关系，那么土
地股份化的设计就将失去意义，这也解释了为什么我国很多地区的农业规
模经营需求促使了土地流转，却没有催生稳定持续的股份合作制创新
（徐朴、王启有，2008）。在农地制度选择上，政府和农村经济组织目标
的不一致往往导致政府对农地产权制度的过度干预和农地产权制度的无效
率演进（杨富堂⑤，2013），因此在土地股份合作组织的发育演进过程中
必须坚持农户自愿的原则，尽可能地调动农村自有资源（如人力、技术、
资金等生产要素），完善土地股份合作社的入股与分红机制，充分保证入
股农户能够分享到财产性乃至资本性增值收益，如此才能切实提高农户的
积极性与参与性（杨扬⑥，2007；张照新、赵海⑦，2002；卞琦娟、朱红

---

① 徐汉明、杨择郡：《推进土地股份合作制实施中的民意考量》，《管理世界》2012年第
5期。

② 王小映：《土地股份合作制的经济学分析》，《中国农村观察》2003年第6期。

③ 钱忠好、曲福田：《农地股份合作制的制度经济解析》，《管理世界》2006年第8期。

④ 李红梅：《农村土地股份合作制的几个理论问题综述》，《农业经济问题》1996年第
3期。

⑤ 杨富堂：《基于制度利润视角的农地产权制度演进研究》，《农业经济问题》2013年第
8期。

⑥ 杨扬：《在社会主义新农村建设中稳步推进土地适度规模经营》，《中国农村经济》2007
年第3期。

⑦ 张照新、赵海：《新型农业经营主体的困境摆脱及其体制机制创新》，《区域经济》2013
年第2期。

根，2011；孙中华等[1]，2010）。

（三）农村土地股份合作社的发育模式

土地股份合作组织的发育运作可以形象地概括为"土地的用益物权变股权，农户当股东，有地不种地，收益靠分红"，其既迎合了农民实实在在占有土地的愿望，符合"外部性内部化"的演进效率逻辑，又没有突破我国农村土地产权集体所有的法律底线，满足了政府土地制度创新低政治风险的要求（严冰，2014；郭剑雄、苏全义，2000）。不同地区的土地股份合作社在发育演进过程中出现了如南海模式、苏南模式与上海模式等反响优异的组织形式（蒋省三、刘守英[2]，2003；王建华[3]，2005；上海农村土地流转研究课题组[4]，2001）。如果根据其运作方式，土地股份合作组织的发育模式大体可分为"社区型"、"内股外租型"与"自主经营型"（张兰君、赵建武，2013）。社区型土地股份合作社一般以行政村为区域范围，在不改变集体所有制的前提下，把尚未充分利用的集体经济财产通过折股量化的方式，全部或部分地分配给每一位社区成员，并依据股份制的组织治理原则实行民主管理、统一经营、照股分红（傅晨，2001）。社区型土地股份合作社的典型代表为上海模式与南海模式，他们建造厂房并向外出租相当于直接向建设用地市场供应土地，通过这种形式使得合作社切实分享到了土地增值收益，具有极强的非农性质（王小映，2003）。"内股外租型"与"自主经营型"土地股份合作社则严格从事农业生产，相比社区型土地股份合作社其可以更形象地称为农地股份合作社。解安（2005）指出通过土地经营权入股将农地承包经营权进一步分离成了承包权与经营权，形成了新的"三权分离"，即实物形态的所有权、股份形态的承包权与生产形态的经营权。[5] 顾名思义，内股外租型的

---

[1]　孙中华等：《关于江苏省农村土地股份合作社发展情况的调研报告》，《农业经济问题》2010 年第 8 期。

[2]　蒋省三、刘守英：《土地资本化与农村工业化——广东省佛山市南海经济发展调查》，《管理世界》2003 年第 11 期。

[3]　王建华：《苏州市农村土地股份合作制的实践与思考》，《农村经营管理》2005 年第 8 期。

[4]　上海农村土地流转研究课题组：《上海市农村集体土地股份合作制模式的研究》，《上海综合经济》2001 年第 7 期。

[5]　解安：《新"两权分离"——论农地股份合作制的产权分析与政策建议》，《中国社会科学院研究生院学报》2005 年第 4 期。

土地股份合作社只充当一个土地流转的中介机构，表现为不直接从事土地经营活动，而是将农户入股集中起来的土地再进行转租，被一些村干部形象地称为"一脚踢"（孙中华等，2010）；自主经营型的土地股份合作社则是自己将农户入股的土地进行统一规划经营，如江都市渌洋湖村的渌洋湖土地股份合作社，就是由合作社将入股而来的土地分区实现了有机水稻、无公害蔬菜与绿色养殖的生产经营（冀县卿，2009）。

（四）土地股份合作社的运行绩效

郭晓鸣、董欢①（2014）指出，股份合作制通过制度的创新构建了农民自主参与的内生动力机制，使得入股农户以"集体行动"的合作方式实现了土地集中与规模经营。土地经营权入股组建股份合作社不但发挥了整合村庄的重要功能，还量化了原本虚化的土地权利，使其内容更加明晰，进而拥有了相应的收益权与监督权，引导农户形成更稳定的土地预期，分享土地增值收益，统筹城乡发展，增加农民收入，降低个人土地流转的履约成本，提高农民组织化程度（黄增付②，2014；谢金峰，2012；张笑寒③，2008；傅晨，1996；钱忠好，2007；王小映，2003）。程飞等（2015）通过构建综合绩效评价体系发现，股份合作制模式、集体参与模式与农户自发模式的得分分别为84.33、37.37与22.54，即股份合作制的评价结果最佳。胡振红（2014）认为采用土地承包经营权入股这一形式改变了农业投入要素量与质的构成，增强了集体经济的要素聚合弹性，有望使我国农村集体经济迈入增长与发展并行的新时期。④ 张笑寒、张瑛（2009）从公平与效率的角度出发认为现行农村土地股份合作制虽然存在部分的效率损失，但仍最大限度地均衡了公平与效率之间的矛盾。⑤ 王权典、陈利根（2013）认为土地股份合作制兼顾了公平与效率，有助于集

---

① 郭晓鸣、董欢：《西南地区粮食经营的现代化之路——基于崇州经验的现实观察》，《中国农村经济》2014年第7期。

② 黄增付：《农民合作社村庄整合的实践与反思——基于闽赣浙湘豫土地股份合作社案例的分析》，《农业经济问题》2014年第7期。

③ 张笑寒：《农村土地股份合作制的农户收入效应——基于江苏省苏南地区的农户调查》，《财经科学》2008年第5期。

④ 胡振红：《量与质：不同实现形式下农村集体经济发展中的要素构成分析——以山东东平土地股份合作社为例》，《山东社会科学》2014年第12期。

⑤ 张笑寒、张瑛：《效率与公平视角下的农村土地股份合作制绩效分析》，《农村经济》2009年第1期。

中土地开展规模经营及合理规划集体建设用地，提高土地利用效率，稳定增加农民收入。① 何一鸣、罗必良（2013）指出，在现有法律约束下，土地的股份化可以在维护农民合法权益与维持农村集体所有制之间更好地找到平衡点。② 陈会广（2011）认为土地股份合作发展的一大动力在于农户家庭内部的性别分工与代际分工，各成员可以进一步发挥灵活就业的优势，土地股份合作还有利于不同类型农户间的分工与合作，宜农则农，宜商则商。③ 同时，农村土地经营权作价入股不但改善了合作社缺乏资金的局面，还让土地有限度地进入了市场，体现了从耕者有其田到耕者有其本的转型（卞琦娟、朱红根，2011）④。

（五）土地股份合作社存在的问题

方斌等（2012）⑤ 指出，目前土地股份制的分红机制其实是租金制，众多土地股份合作社所推行的"保底分红"并非土地经营权入股后的股息收入，而相当于土地出租所获得的租金，其无论经营好坏都对入股农户发放"保底分红"的做法虽然减少了农户的入股风险，但却与股份制"利益共享、风险共担"的原则相去甚远，且因为缺乏相应的社会保障体系，也难以有效释放可能面对的风险（倪美丹等，2011）。在很多土地合作社的运行过程中，入股的土地数量是决定农民获得收益多寡的唯一因素，劳动力与资金要素难以体现其价值（卢学峰⑥，2008）。土地股份合作社运行过程中的另一问题则表现为缺乏入股社员的退出机制，不允许社员自由退出的内部逻辑在于一旦社员退出就可能造成土地再次的细碎化，这与规模经营的原则相悖，然而缺乏退出机制意味着社员无法"用脚投

---

① 王权典、陈利根：《土地股份合作的法经济学分析与实践规制检讨——以广东南海模式为例》，《农村经济》2013 年第 2 期。

② 何一鸣、罗必良：《赋权清晰、执法博弈与农地流转——基于法律经济学的分析范式》，《贵州社会科学》2013 年第 1 期。

③ 陈会广：《分工演进与土地承包经营权股份化——一项土地股份合作社的调查及政策启示》，《财贸研究》2011 年第 3 期。

④ 卞琦娟、朱红根：《农村土地股份合作社发展模式、动因及区域差异分析——以江苏省为例》，《江西农业大学学报》（社会科学版）2011 年第 9 期。

⑤ 方斌、陈健、蒋伯良：《农村土地股份合作制发展模式及路径分析》，《上海国土资源》2012 年第 4 期。

⑥ 卢学锋：《劳动力资本参与土地股份合作收益分配探析》，《江苏大学学报》（社会科学版）2008 年第 3 期。

票"，将严重弱化社员的监督能力，很容易诱发"内部人控制"（林毅夫[①]，2008；王小映，2003）。

（六）影响入股社员依存性与未入股农户决策响应的因素

相比之下，研究入股社员与未入股农户的文献则相对匮乏，张笑寒（2008）在研究土地经营权入股对农户收入的影响时采用了"倍差法"，实证表明土地股份合作制可以有限提高入股农户的非农收入。林乐芬、王军（2010）选取了余姚市马渚镇瑶街弄村的 40 位入股社员进行了统计分析，研究发现八成以上的社员对土地股份合作社表示认可。[②] 谢启超、郑华（2011）运用 Probit 模型对苏州吴中地区 331 户入股社员的统计数据进行了实证检验，结果表明社员的文化水平、家庭非农工作人数、人均年收入、入股土地亩数对社员满意与否有正向的影响，而社员年龄、性别和家庭人口总数则是负向的影响。[③] 张笑寒、蒋金泉（2009）在对江苏省内 8 个区县（市）322 户农户的调研数据进行实证检验后发现，农户的家庭承包土地规模、非农收入比例均对农户入股决策有显著的影响，且不同地区的农户对土地股份合作制的响应程度也存在显著差异。[④] 林乐芬、王军（2010）还以 100 户非社员农户为研究样本，实证表明土地亩收益、农户对土地股份合作社的认知程度以及是否流转过土地是影响农户决定入股与否的显著因素。高建中等（2012）通过对陕西省 190 户农户的研究发现，对合作社的了解程度、土地规模对农户是否入股影响显著。[⑤] 苏小艳、马才学（2013）的研究则表明，户主的职业、家庭人数等内部因素与完善的社保等外部因素均对农户入股响应起着显著影响的作用。[⑥]

---

① 林毅夫：《制度、技术与中国农业发展》，上海三联书店，上海人民出版社 2008 年版，第 16—43 页。

② 林乐芬、王军：《农户对农地股份合作社满意认可及影响因素分析——以浙江余姚市瑶街弄村昌惠土地股份合作社为例》，《南京农业大学学报》（社会科学版）2010 年第 12 期。

③ 谢启超、郑华：《发达地区土地股份合作社社员满意度影响因素分析——基于苏州吴中区 21 家合作社 331 个农户的调查》，《西部论坛》2011 年第 9 期。

④ 张笑寒、蒋金泉：《农户土地入股意愿的影响因素分析——以江苏省调研实证为视角》，《现代经济探讨》2009 年第 4 期。

⑤ 高建中、武林芳、程静：《以土地承包经营权入股的农民专业合作社农户意愿分析》，《西北农林科技大学学报》（社会科学版）2012 年第 1 期。

⑥ 苏小艳、马才学：《农户参与农地股份合作制意愿的影响因素研究——基于湖北省三汊镇的农户调查》，《农业展望》2013 年第 4 期。

二　农地间接金融的相关研究

土地金融制度始于德国，以后传及丹麦、法国、意大利、美国、日本等国家，如今发达国家和地区都建立了较为完善的土地金融制度，其中以德国、美国最为典型。德国的土地金融组织机构主要是民间的土地抵押信用合作社。自耕农或地主可以自行联合起来组织一个合作社，将土地交给合作社作为抵押品，合作社以这些组织起来的土地为保证发行土地债券，获得资金后借给本社社员使用。美国的土地金融制度采取双层制：上层采用银行体制，即设立联邦土地银行和联邦土地银行联合会；基层采用合作社制，即按合作社原则组织起来的信贷合作社，其功能与德国土地抵押信用合作社类似。

可见，对于小农户经营土地的融资问题，不管是德国还是美国，农村土地金融的开展机构都不是银行或普通的信贷机构，而是通过农户集体组建的土地信用合作社和专门设立的土地银行来开办农地融资业务。对此，学者们存在不同观点。一种观点是，银行与农户间存在信息不对称（Haney，1914），"这类信贷业务需要严谨的监管，甚至包括指导承租农户的作业，而这种知识技能和关注度是中央银行所无法提供的"。另一种观点是，普通信贷的供给是通过法律来人为约束的。Gropp（1997）指出，法律会设置一个贷款利率的最高限，穷人可以用于抵押的资产很稀缺，除了他们的房子，而且穷人的贷款风险一般比较高，以低于限定水平的利率贷款给他们是无利可图的，因而银行对此类信贷领域没有兴趣，需要设立专门的土地金融机构来为农民提供土地间接融资服务。

近些年来，国内越来越多的学者也开始致力于在我国建立土地间接融资制度，相关研究主要集中在农村土地间接融资制度的功能、必要性、可行性、构建设想、风险分析、发展困境及其对策等几个方面。鉴于本书主要研究农地经营权抵押贷款，下面笔者就已有相关研究进行简要回顾。

（一）我国农地经营权抵押贷款开禁转化研究

关于产权改革研究经历了漫长的开禁之争，早期大部分学者对其持反对意见，原因归结于以下几点：一是农村土地对农村就业、维系生活的关键作用与农村社会当前较为弱质的社会保障体系间的矛盾。很多人认为农地是农民生产生活的基础，一旦实施农地经营权抵押制度，会存在失地风险，同时造成城市容纳力失调等多重社会问题（吴文杰，1997；蒋新旺，2007；陈锡文，2008）。二是农地抵押权实现可能造成农地用途的改变，刘淑春（2008）强调效益最大化对土地产权交易的选择行为导向，认为农地经营权流向与出价存在较强正相关性，非农经营者通过高价流入农地改变耕地性质，则会造成农用地的减少，引发粮食危机。三是目前还不具备实行土地抵押的条件，韩俊（2009）通过对日本农地抵押贷款的实践与我国实际情况作对比，认为现阶段我国不适合实行土地抵押制度。孟勤国（2009）则认为土地抵押会造成大面积土地兼并问题。随着时间的推移，学者对土地抵押流转的必要性逐渐达成共识。2014 年，关于土地承包经营权抵押推行研究出现阶段性进展，提出将农地承包经营权抵押贷款转为农地经营权抵押贷款，实现土地的三权分离观点。郑志峰（2014）认为实践中经营权的出租、转包等流转方式，其流转的客体仅仅是经营权，承包权并未流转，因而承包经营权进行二次分离更为科学。熊志刚（2014）认为，由于抵押需要主要权利在一定时期（债权存在期）内是稳定的，否则抵押权权利无法保障，所以将经营权与承包权分开有利于增强农地抵押权限的稳定性。丁关良（2014）认为家庭承包之土地承包经营权其性质为用益物权，拆分承包权与经营权遵循"举重若轻"原则，更有利于确立农地处分权能。汪险生等（2014）提出转农地承包经营权抵押为农地经营权抵押能够顺应农业生产效率提升（至少不降低）的趋势，农业规模化、现代化需要集体土地制度做出适应性调整，有利于服务农业生产者抵押贷款和农村土地制度未来的改革的需要。同时，更加有利于保证抵押贷款债权的安全因而更容易获得正规信贷机构的认可（惠献波，2014）。

（二）农地经营权抵押贷款试点运行模式研究

经过几年的地方探索实践，全国各地试点地区呈现多样性的发展模式，杜娜娜（2012）按照担保机构性质差异将现今试点农地经营权抵押贷款运行模式划分为土地金融公司模式、土地信用社模式、政府集中担保模式。明道江（2014）则将其分为单一农户抵押模式、多模拟过户联合抵押模式、第三方和农户的反担保抵押模式、农户入股抵押模式。另有部分学者认为，农地抵押贷款试点运行模式可划分为基金担保＋土地经营权抵押模式、农村土地信用社为承贷主体模式、农村土地流转收益保证贷款模式、农村土地经营权直接抵押贷款模式（权虎、陈霞、马义玲，2014；童彬，2014）。关于试点运行模式的分析与考察，现有研究成果颇丰。曾章蓉、王欢欢等人（2010）研究了"同心模式"与"明溪模式"，认为"同心模式"更适合封闭的小规模范围推广，而"明溪模式"更适合于产业化发展需求。吴海涛、方蕾（2011）根据杜蒙县巴彦查干乡种植大户土地流转现状设计了五户联保与第三方担保人相结合的农地经营权抵押贷款模式。杨国嵘（2013）对江苏东台等地进行调研，发现地方政府采用建立农村小额贷款奖补资金、对金融组织给予补助、办理财产综合保险、建立专项保障财政基金等多种方式保障农地抵押贷款的顺利发放。马贱阳等（2011）对福建明溪试点进行研究，发现其根据土地承包经营权与其他抵押担保物的不同组合模式，实现多种抵押模式供农业生产个体选择，包括"基金担保＋土地经营权抵押"、"土地承包经营权股权抵押"、"公司＋土地经营权抵押"、"土地经营权抵押＋公务员担保"等。中国人民银行哈尔滨中心支行课题组（2011）对福建、浙江等南方省份的农地抵押融资模式进行了考察，发现这些经济发达省份财政较为充盈，地方政府能制定多种扶持政策，在农房、农地登记及资金安全保障上给予大力支持。李玉辉等（2013）研究了重庆的地票模式；陆剑等（2010）比较了武汉和成都两地的农村产权交易所主导的农地抵押贷款模式。

（三）农地经营权抵押贷款参与意愿研究

在影响农户对农地流转融资参与意愿的研究中，现有文献主要从农地经营权抵押贷款的参与双方，即资金需求方与资金供给方两个角度进行深入剖析。资金需求方，主要是指广大普通农户及其他农业经营个体。现有文献中，对资金需求方的研究较为丰富。不少学者通过实际调查和建立模型方法对农户参与意愿与具体影响因素进行了考察（曾庆芬，2010；刘盈，2010；肖轶，2012）。王莉婷等（2013）对农民土地承包经营权抵押的意愿进行调查，发现大部分农民对土地经营权抵押存在抵制，这其中绝大部分原因与农民对该政策的陌生有关。为此，刘婷婷等（2013）也赞同政府政策对农户的引导作用。易忠君等（2014）利用 Berman 模型从农户角度对于抵押主体、抵押客体、抵押风险以及抵押需求四个影响农户参与决策的因素进行权衡分析。赵帅等（2014）认为，需求方对农地经营权抵押贷款需求主要受到户主特征变量、家庭特征变量、户主行为变量三方面作用。惠献波（2014）将农户分化特征变量引入实证，认为经济分化程度、职业分化程度与农户参与土地经营权抵押贷款的意愿呈正相关性。谯小霞（2012）从借贷农户中筛选主要涉农中小企业，认为地权稳定性是关系涉农企业参与农地抵押借贷的决定因素。兰庆高等（2013）强调农户的土地规模变量的重要性，认为土地能稳定提供的经济收益是农户参与农地经营权抵押融资的最关键因素。一部分学者从资金供给者角度出发，考察了金融机构对农地抵押农户对农地抵押贷款参与意愿。明道江（2014）在研究三穗县农地经营权抵押贷款推行问题上，发现资金供给方对集体资产性质农地资产兴趣不高，表现在三方面：一是在其上建设房屋，权证不能办理房产权抵押登记（已咨询房管部门）；二是土地及地上定作物抵押评估操作难；三是贷款违约后处置的法律程序有待咨询。俞建军（2014）指出银行作为供给方，面临法律风险、经营风险、流动性风险阻碍银行参与农地抵押贷款意愿。林建伟等（2014）分析了信贷供给方的资金供给特点，指出资金发放人主要为农信社、农村合作银行等农村合作金融机构，存在信贷供给面大但额度较低问题，传统银行覆盖面不足，面临总体资金供给不足现状。李智军（2014）利用改良后的 Acsi 模型、结构方程模型、层次分析法对信贷供给方进行供给意愿影响因素实证分析，研究表明金融机构更愿接受合法合规、产权明晰、关系主体简单、流通市场发达的抵押担保物，建议需要合理调整现行供给制度和运行机制。

（四）农地经营权抵押贷款障碍因素研究

关于农地经营权抵押贷款障碍因素研究中，已有文献主要围绕法律、金融环境、社会保障、经济水平等几个方面进行分析。苏国平（2014）将法律因素主要细化为农地经营权抵押人保护不力问题、确权登记法律障碍问题、土地承包经营权客体界定不清晰（梁结喜，2014）三方面。这也造成了试点执行机构对土地承包经营权抵押风险和权利处置存有疑虑。蒋琳、李万业（2014）和李辰未等（2014）在研究农地经营权抵押贷款障碍因素时强调了金融风险，根据贷款审批、贷款执行、贷后监督将金融风险细化为九类具体风险。权虎等（2014）认为，农村土地流转市场尚未全面形成是阻碍农地经营权抵押贷款推广的主要障碍。中国人民银行成都分行金融研究处（2014）指出，新型农业经营主体承包地经营权抵押贷款在银行监管中处于风险权重较高产品，大部分银行对此业务开展持谨慎态度。此外，徐刚（2014）强调了农业的弱质性。徐美银（2013）从农户阶层分化角度研究农地经营权抵押贷款障碍问题，认为剩余收益权偏好作为土地收益权中的一种权利，会弱化农民的土地流转意愿。一些学者也提到了申请流程繁杂问题，指出繁复的审批手续与流程、时间成本的无谓消耗在一定程度上降低了金融时效，阻碍农地经营权抵押贷款推广工作（孙杰光，2014；朱俊、顾肖璇、邓雅之，2014）。

（五）试点农地抵押融资对策研究

关于现行农地经营权抵押贷款存在问题对策建议的研究中，惠献波（2014）从资金需求和资金供给两个角度研究河南四县农地抵押贷款运行机制效率时，提出在抵押贷款产品设计上希望将贷款折扣控制在土地估价的 1/2 或 2/3，利率实现低息为主，期限控制在 10～30 年，违约赔偿可通过金融机构再转让予以抵偿。赵炳盛等（2014）则采用价格领导定价模式研究抵押农地合理定价，设计基于风险溢价的贷款定价模型。秦福川等（2014）提出可以建立普惠型农村金融政策体系，包括：实施财政奖励和税收优惠政策引导中小金融机构发展；建立正向激励的政策机制，将涉农贷款纳入金融机构考核标准；构建完善的信用评价体系和信息应用制度。武翔宇（2010）从土地流动性、产权界定、价值评估三个层面具体分析了农地经营权抵押品的问题所在，建议进一步综合考量农村产权的各项法律性质上的权能，放宽抵押融资不必要的限制。王铁雄（2014）研究法律层面解决承包地经营权抵押融资问题时，提出建立一系列配套完整的政治经济制度，包括社会保障制度、户籍制度、就业制度、教育制度、登记制度、评估制度、金融制度、保险制度、基层民主制度等。索婷等（2014）强调要准确定位政府职能角色，认为政府要扮演好决策者、组织者、服务者职能，通过建立和维护市场机制、降低交易成本，让经济活动主体真正依照市场规律自主运作。

三 农村土地流转与农村土地金融的相关研究

相比之下，国外部分学者则对土地流转领域给予了更广泛的关注。麦克弗森（Mcpherson，1982）指出因为农地生产经营的细碎化难以发挥机械化的效用，严重制约了农业深化发展。[①] 卡特尔等（Carter et al.，1998）在对中国土地流转情况进行总体研究后指出，土地流转可以提高交易收益与平衡边际产出（即在现实中边际产出较高的农户会从边际产出较低的农户处流转来土地）。[②] Kung（2002）通过调查后指出，虽然在

[①] Mcpherson, M. F., Land Fragmentation, "A Selected Literature Reveiew", Development Discussion Papers, Harvard Institute for International Development, Harvard University, 1982, pp. 4 – 8.

[②] Shouying Liu, Michael Carter, and Yang Yao, "Dimensions and Diversity of the Land Tenurein Rural China: Dilemma oh the Road to Further Reform", World Development, Vol. 26, No. 10, 1998. pp. 1789 – 1806.

中国有近 3/4 的乡村都存在土地流转的现象，但实际的土地流转率仅为 3%，即使在非农产业较为发达的地区，这一指标也只在 7%～8% 徘徊，所以中国土地市场并不活跃。[①] 伊丽莎白·巴拉碧（Elizabeth Brabec）和奇普·史密斯（Chip Smith，2002）认为要提高农产品竞争力就必须发展规模农业，但当下土地生产经营的细碎化严重制约了规模经营，而通过土地流转则可以有效实现土地规模经营，进而带来经营方式与土地生产结构的变革。黄贤金（Huang Xianjin, et al.，2000）在对中国大陆的农村土地市场进行研究后指出，不同收入水平的农户进行土地流转的积极性乃至对于土地的认知都有所不同。[②]

国外众多学者对土地制度和土地产权方面也进行了较为系统的研究。图纳，布兰特和罗泽尔（Tuner, Brandt and Rozelle，1998）认为不同区域存在的土地制度创新差异主要受农村生产剩余的影响。[③] 卡特尔（1998）认为各地区出现的土地制度创新是在均衡了个体农民、集体和国家之间的利益诉求之后的结果。费德（Feder，1998）、菲尼（Feeney，1993）等认为借助明晰土地产权这一形式可以有效减少交易成本，使得土地等生产要素自发地流向更有效率的农户，实现规模经营，进而提高农业生产力。[④]

国内关于土地流转的研究主要集中在 2008 年之前，近几年多聚焦土地流转后形成的经营主体研究。对专业化、组织化、集约化、社会化农业经营体系的构建，新型农业经营主体是关键，其在生产经营方式上与传统农户有着较大区别。这种"新"的区别主要可以归纳为两点：一是与传统体制相比，新型农业经营主体的商业化经营水平更高、风险控制能力更强，它是市场经济与家庭联产承包经营体制相互适应的产物；二是新型农业经营主体更加符合我国现代化农业的发展方向，它的规模效应和劳动产

---

① Kung, J. K. Chapter, "The Role of Property Rights in China's Rural Reforms and Development", *The Chinese Economy*, 2002, pp. 52 – 70.

② Huang Xianjin, Nico Heerink, Ruered. Ruben, Qu Futian. "Rural Land Markets and Economic Reform in Main Land China", Agricultural Markets Beyond Liberalization, Spnng us, 2000, pp. 95 – 114.

③ Turner, Matthew A., L. Brandt, and S. Rouell, "Property Rights Formation and the organization of Exchange and Production in Rural China." William Daridson Institute Working Papers, 1998, pp. 1 – 48.

④ Feder, Gershon Land Pocicies and Farm. Productivity in Thailand. Johns Hopkin Univerity Press, 1988.

出效率都更高。

（一）新型农业经营主体特点研究

（1）新型农业经营主体的经营规模更大，组织化程度更高。陈锡文（2013）认为，我国农户承包经营的耕地总体上规模小，生产效率不高。新型农业经营主体可以促进土地要素的流动和重组，加强规模经营。张晓山（2013）认为，农业进行小规模的生产经营会导致不高的收入，这样农民的生产积极性就不能得到有效的调动，我国的粮食安全问题也不能得到很好的保证。在新的时代背景下，必然需要对农业的规模经济进行发展，对新型农业经营主体进行培育。张道明、乔宝建（2013）认为，培育新型农业经营主体，是通过利益把农村的土地集聚起来，把弱小分散的传统农户结合起来，使组织化程度得到提高，使规模效应得到更好的发挥。[①]（2）新型农业经营主体的劳动生产率较高，具有更高的专业化水平。张道明、乔宝建（2013）认为，在生产中新型农业经营主体更偏好于使用新品种和新技术，并且劳动生产率和土地利用率高。衡阳市农业局（2013）认为，新型农业经营主体将分散的农户组织起来进行生产有利于技术规程和生产资料供应的统一，使得过程、产业链的管理质量更高，生产效率更高。[②]（3）新型农业经营主体的成本控制能力强，社会化水平更高。张道明、乔宝建（2013）认为，新型农业经营主体更加擅长各类农业社会化服务，对生产成本的控制能力强，社会化服务水平得到了提高。邵科（2013）认为，新型农业经营主体的成本控制能力强是因为他们擅于通过市场和产业的要求进行分工合作，达到"$1+1>2$"的效果，使得农业产业化的集聚优势得到更好的发挥。（4）新型农业经营主体的各个类型在分工、生产效率、功能和定位等方面也存在着异质性。张照新、赵海（2013）认为，在农业现代化中，各种类型的新型农业经营主体的功能和定位也是不完全相同的。对于专业大户和家庭农场来说，它们的功能主要是农产品的生产，也就是说，它们的功能主要表现为商品生产。对于农民专业合作社来说，它的功能主要是把小规模农户聚集组织成具有一定规模的大户，这样也更加有利于它们和企业进行对接，和市场进行联结，

---

① 张道明：《于破解新型农业经营主体融资难问题的几点思考》，《河南农业》2013年第11期。

② 衡阳市农业局：《培育新型主体，发展现代农业》，《衡阳通讯》2013年第8期。

使得农民组织化程度的作用得到更加充分的发挥。对于农业龙头企业来说，它们的主要功能和作用更多体现在产业链中，主要表现为农产品加工和市场营销。[①] 楼栋、孔祥智（2013）认为，各类新型农业经营主体之间有着不一样的分工，第一产业的生产经营活动主体绝大部分是种养大户和家庭农场，合作社和农业龙头企业只占很小部分，因为后两者更侧重于服务小规模的专业农户，如产前、产中、产后的服务。郭熙保（2014）认为，各类经营主体表现出了不同的经营性质。专业大户和家庭农场主要表现为家庭性的经营，农民合作社和农业龙头企业主要表现为集体性、合作性或者是企业性的经营。因此，在各类新型农业经营主体中，处于基础位置的是专业大户和家庭农场。陈清明（2014）通过对重庆市所辖 14 个区县的共计 387 个新型农业经营主体的调研数据发现，由于经营品种不同，各类新型农业经营主体的生产效率也不一样。总体来说，龙头企业和家庭农场的生产效率高于专业合作社和专业大户，后两者的优势主要体现在对部分产品的生产上。江苏农村经济（2014）认为，行业不同、生产经营的环节不同，各类新型农业经营主体的优势也就不同：专业大户和家庭农场的特长主要表现在生产这一部分，在传统的种养业中，它们的优势能得到更好的发挥；在服务领域，专业合作社的优势表现得更为明显；在农产品加工和物流环节中，龙头企业的优势表现得更为明显，在管理、技术和融资方面的能力明显强于其他几类新型农业经营主体。

（二）新型农业经营主体资金需求的异质性研究

相较于传统的小规模、自给半自给普通农户，新型农业经营主体的特征主要表现为具有较大的经营规模、较高的商品化水平和较高的劳动生产率。区别于传统农户，新型农业经营主体在融资的过程中，其对资金的需求也呈现出了一些新的特征。沈建明、何日贵（2013）通过对浙江省农业大市——衢州的新型农业经营主体的实地调研发现，在信贷期限、信贷金额、抵押担保物和信贷范围等方面，新型农业经营主体对金融产品的需求都产生了不同程度的新要求。在信贷期限方面，更趋向于长期化；在信贷额度方面，更趋向于大额化；在信贷范围方面，更倾向于对农业产业链需求的满足。谢玉洁（2013）认为，小额流动性的资金需求主要存在于

[①] 张照新、赵海：《新型农业经营主体的困境摆脱及其体制机制创新》，《区域经济》2013年第 2 期。

新型农业经营主体发展的初级阶段；后期的资金需求额度会随着各种设备投入的增加、生产技术的提高而不断增加。[①] 王春贤（2013）通过对安徽省家庭农场的调查发现，当前安徽省家庭农场的融资需求特征主要表现为资金需求大额化与长期化并存，对金融服务也提出了更加多样化的要求。丁莹（2014）认为，新型农业经营主体需要更加多元化的金融服务。具体表现为需求产业链金融服务、需求融资产品、需求中间业务产品的多样化。[②]

（三）新型农业经营主体面临的融资难现状研究

新型农业经营主体融资难的情况在现阶段是普遍存在的。浙江省财政厅农业处（2012）通过调查研究发现，借款融资难度大、经营所需资金匮乏已经成为现阶段浙江省新型农业经营主体发展壮大的主要障碍。[③] 衡阳市农业局（2013）调查研究发现，现阶段新型农业经营主体最需解决的问题就是资金筹集的问题。山西晋中市委政研室、市农委（2013）通过对祁县、榆次、太谷、左权等 8 个县（区）的 30 个乡镇、40 多个村的新型农业经营主体的调研发现，现阶段新型农业经营主体发展的主要问题是资金短缺，由于有限的财政扶持力度，突破信贷政策将面临着不小的难度。[④] 陈卫东、卫功奎等（2013）通过对安徽省凤阳县、金寨县、埇桥区的实地调查发现，对新型农业经营主体的融资问题的研究，有些地区已经有了一些研究，整体来看，新型农业经营主体在生产经营过程中面临的主要问题仍然是资金的问题。[⑤] 孔庆乐（2013）通过实地调查研究发现，日照市只有农信社为新型农业经营主体提供了一部分信贷支持，而其他金融机构对这部分的信贷支持项目很少，新型农业经营主体面临着资金紧缺的情况。[⑥] 张贵友（2013）认为新型农业经营主体只有具备足够的资金，才

---

① 谢玉洁：《破解新型农业经营主体融资困局》，《中国农村金融》2013 年第 16 期。

② 丁莹：《新型农业经营主体金融服务探析》，《农村金融研究》2014 年第 6 期。

③ 浙江省财政厅农业处：《加大财政扶持力度，培育农业新型经营主体》，《农村财政与财务》2012 年第 8 期。

④ 晋中市委政研室、市农委：《着力培育新型经营主体，加快推进农业经营体制机制创新》，《晋中日报》2013 年 6 月 3 日。

⑤ 陈卫东、卫功奎：《破解新型农业经营主体融资难的实践与思考——以安徽省金寨县、凤阳县、埇桥区为例》，《农村工作通讯》2013 年第 2 期。

⑥ 孔庆乐：《日照市新型农业经营主体发展的特点、问题与对策》，《青岛农业大学学报》2013 年第 2 期。

能使生产经营更加规模化和专业化。但是，当前在很大程度上，各类新型农业经营主体都面临资金短缺、融资难的困境。[①]

（四）造成新型农业经营主体融资难的原因研究

新型农业经营主体融资难的问题主要体现在较少的融资金额、较高的融资成本和较多的抵押担保要求等多方面。浙江省财政厅农业处（2012）的调查研究发现，由于农业贷款抵押方式较为单一，使得获得贷款的难度加大。谢玉洁（2013）认为，由于过高的融资成本、抵押担保不畅等原因，新型农业经营主体融资时，面临着多方面的融资困难。[②] 张照新、赵海（2013）认为，大多数新型农业经营主体从银行等正规金融机构获得融资的难度较大，因为新型农业经营主体缺乏银行等金融机构需要的担保抵押物，复杂的申请过程和较高的隐性交易费也是一部分原因。[③] 张道明（2013）认为，农村的土地抵押在法律上还存在障碍，而新型农业经营主体由于尚处于初步发展的阶段，可以作为抵质押品的有效固定资产不足，而其贷款难现象普遍存在。[④]

（五）解决新型农业经营主体融资难的政策建议研究

赵健（2014）认为，缓解新型农业经营主体融资难的困境需要银行等金融机构、政府和保险机构等联合，而不能仅仅依靠市场。深化改革是根本的方法，现阶段可以通过有政府财政资金支持的担保服务组织来缓解抵押担保问题，利率高的情况可以通过政府贴息来缓解。付景林（2014）认为，银行等金融机构应该尽量减少附加的融资条件，适当提高涉农贷款比例；取消银行贷款利率上浮，真正体现国家的惠农政策支持。[⑤] 中国人民银行天津分行（2013）对新型农业经营主体的金融服务支持提出了四点建议：一是政府的扶持力度要加大；二是涉农金融创新要加强；三是对

---

① 张贵友：《安徽省新型农业经营主体培育研究》，博士学位论文，安徽农业大学，2013 年。

② 谢玉洁：《破解新型农业经营主体融资困局》，《中国农村金融》2013 年第 16 期。

③ 张照新、赵海：《新型农业经营主体的困境摆脱及其体制机制创新》，《区域经济》2013 年第 2 期。

④ 张道明：《于破解新型农业经营主体融资难问题的几点思考》，《河南农业》2013 年第 11 期。

⑤ 付景林：《金融支持新型农业经营主体发展存在的问题与建议》，《吉林金融研究》2014 年。

涉农金融业务的监管标准要适当放松；四是村镇银行的金融服务功能要发挥。[①] 丁莹（2014）认为，银行等涉农金融机构应该创新产品及服务，金融支持新型农业经营主体可以从特色抵押担保体系的创新、融资业务风险防控等方面进行。[②] 张晓萍（2014）认为，商业银行的金融支持需要信贷政策加以引导；加大财政支持力度，增强银行等金融机构对新型农业经营主体的服务能力。[③]

第四节　简要评述

综上所述，在农村土地直接金融方面，因为土地制度的差异，国外文献对农村土地股份合作制鲜有关注，但其对土地流转、土地产权制度等方面的研究仍具有较高的借鉴价值。而我国文献对农村土地股份合作制从属性界定、发育条件、发育模式、运行绩效、存在问题等不同角度均进行了相关的探讨。但已有研究也存在以下不足：股份合作制运作的最终落实主体是农户，而现有文献对农户尤其是已入股的社员农户的研究鲜有涉及。农户参与合作的行为是一个不断演变的过程，农户进入合作社的程度无疑对土地股份合作组织的存续与发展有着至关重要的影响，只有找到影响社员绩效评价与未入股农户决策响应的关键变量，才能更好地巩固现有的发展成果，进一步提高土地股份合作制的发育质量。

在农村土地间接金融方面，通过对土地抵押相关文献的整理发现，由于试点运行周期较短，已有的关于土地抵押融资体系试点运行的文献主要关注早期建立的具有代表性的试点地区，对于地方县及以下地区试行状况剖析不足，研究层面也主要集中于对试点农地经营权抵押贷款运行方式的简要概括罗列，并未从纵向深层次探究，较少有突破。可以说，目前国内农地经营权抵押贷款试点运行研究仍在起步阶段。关于从农户视角反馈农地经营权抵押贷款相关研究，已有文献主要集中于初期投入农地经营权抵押试点调查，而对于真正进入运行周期机制的具体反馈水平的研究有限；

---

① 中国人民银行天津分行：《金融支持新型农业经营体系发展的调查与思考》，《华北金融》2013 年。

② 丁莹：《新型农业经营主体金融服务探析》，《农村金融研究》2014 年第 6 期。

③ 张晓萍：《金融支持新型农业经营主体的问题与思考》，《淮南职业技术学院学报》2014年第 6 期。

在农户对农地承包经营权抵押贷款响应进行实证检验上基本采取"一刀切"的研究方法,把试点地区样本农户都归于一类进行因素分析,并未将具有显著差异性农户进一步进行划分,在新型农业经营主体竞相发展的新时期,研究视角和结论上很难有新的突破。现有的对试点农地经营权抵押贷款运行的研究中,多数从需求方即农户视角切入,而以利益相关者角度来分析农地抵押贷款运行状况的研究并不多见;以文字经验总结的文献居多,缺乏运用数理化建立综合指标进行综合考察的研究。同时提出的政策建议并不都是建立在数据分析基础之上的,政策科学性有待提高。因此,有必要系统性地对特色试点进行翔实的指标描述分析和实证研究,挖掘更切实深层的经验与问题,提出贴合实际的政策建议。

综上所述,对于试点运行进行深入剖析,实现多方考察对于处于产权改革关键期的土地金融学术领域是迫切与必要的。因此,在直接金融与间接金融方面,本书针对现有文献农户视角存在研究空白以及综合运行缺乏指标构建问题,对江苏地区较有代表性的农村土地股份合作社以及农地经营权抵押贷款运行状况进行更深入的调查与研究。

第三章　农村土地金融创新对建立健全农村土地流转市场的影响机理分析

第一节　新中国成立后我国的农村土地制度变迁

为了对土地制度进行完善和补充，新中国成立至今中国发布了一系列规范土地管理和深化土地制度改革的政策、法规，有效推动着土地制度的变迁。按土地政策调整主题的不同，可分为三个阶段，每一阶段表现出不同的目标追求和制度绩效。

1. 农民土地所有制阶段（1949—1953 年）

1950 年 6 月颁布的《中华人民共和国土地改革法》明确规定和阐述了土地改革的路线、方针和政策，指导全国开展土地改革。这是本阶段的标志性法规，主要内容是废除封建剥削的地主阶级土地所有制，实行农民的土地所有制。1953 年年初，全国基本上完成了土地改革、生产资料和劳动者的直接结合，废除了封建土地所有制，大大地促进了农村经济的恢复和发展（姜爱林，2001）。但是，基于农民个体生产经营的现状和国家经济发展的需要，政府认为必须将农民"组织起来"，发展农民互助合作，引导农民走上共同富裕的道路，改变农业的落后面貌。同时也强调，在农村开展互助合作运动，不能挫伤农民个体经营的积极性。

2. 合作和集体经营阶段（1953—1978 年）

自 1953 年春起，各地开始普遍试办实行土地统一经营，并有较多数量的初级农业生产合作社成立，1953 年年末中央强调初级农业生产合作社正日益变成领导互助合作运动继续前进的重要环节。于是，揭开了第二次农村土地改革的序幕。本阶段土地政策的演变又可划分为三个时期。

（1）1953—1956 年：初级社阶段。这期间因为考虑到农民的土地私有观念，中央没有过早地取消土地报酬，而是允许社员留有少量的自留地。1956年3月通过的《农业生产合作社示范章程》，标志着全国基本实现了初级合作化，农民将土地等主要生产资料入社，由合作社实行统一经营。因此经营权已离开农民家庭，与农户初步分离，即所有权与经营权分离。

（2）1956—1958年：高级社阶段。农民私有的土地、耕畜、大型农具等主要生产资料以及土地上附属的私有塘、井等水利设施，被一起转为合作社集体所有；土地报酬也被取消。至此，农村土地从个体农民所有转变为社会主义劳动群众集体所有。随后，在1958年8月29日通过的《关于农村建立人民公社的决议》中提出："中央实行小社并大社，进而又推进政社合一的人民公社制。并社过程中，自留地、零星果树等都逐步自然地变为公有。"一个月内即结束了农民土地私有制，所有权与经营权统一归于合作社，农户家庭经营主体地位被农业基层经营组织与基本经营单位取代。

（3）1959—1978年：人民公社阶段。从1959年开始进入农村人民公社阶段，中国农村开始实行"三级所有，队为基础"的体制，确定了农村土地以生产队为基本所有单位的制度，并恢复了社员的自留地制度。在1960年11月3日中共中央下发的《关于农村人民公社当前政策问题的紧急指示信》指出："应该允许社员经营少量的自留地。凡是已经把自留地全部收回的，应该拨出适当的土地分给社员，作为自留地。今后不得将社员的自留地收归公有，也不得任意调换社员的自留地。在不影响集体劳动的前提下，鼓励社员种好自留地，饲养少量的猪、羊和家禽，培育好屋前屋后的零星果木，经营小规模的家庭副业。"1962年9月27日，中国共产党第八届中央委员会第十次全体会议通过了《农村人民公社工作条例修正案》，对农村土地作了进一步的明确规定："生产队范围内的土地，都归生产队所有。生产队所有的土地，包括社员的自留地、自留山、宅基地等等，一律不准出租和买卖。生产队范围的土地归生产队所有，定下来后，长期不变。"

3. 家庭承包经营阶段（1978年至今）

改革开放后，中国经济开始发生转变。特别是党的十一届三中全会以后，改革开放开始成为中国经济发展的主旋律。经济改革始于农村，核心就是土地政策。以人民公社"三级所有，队为基础"的经营制度全面解体，新的以"包产到户、包干到户"为标志的家庭经营体制确立。30 多年以来，中国的农村土地政策发生了历史性的变迁，变迁主要围绕家庭联产承包责任制展开。

（1）1978—1983 年：人民公社制度结束和家庭联产承包责任制确立的过渡时期。改革开放后，首先就是要稳定土地政策。1978 年，中央强调继续维持 1959 年以来的"三级所有"体制；同时指出，社员自留地是社会主义经济的必要补充部分；经营方式上肯定了"包工到作业组，联系产量计算劳动报酬"的责任制；但仍规定"不许包产到户，不许分田单干"。1979 年政策开始放宽，初步肯定了"包产到户"的办法，允许某些副业因生产的特殊需要和边远地区、交通不便的单家独户可以包产到户，但仍"不许分田单干"。1980 年年初，关于"包产到户"的问题争议比较激烈。"农村政策放宽以后，一些适应搞包产到户的地方，搞了包产到户效果很好，变化很快"。同年 5 月，邓小平同志的正式表态统一了人们的认识，有力地将刚刚兴起的农村土地改革政策向前推进了一步。同年 9 月，中央文件对联产承包责任制作了肯定。此后，以"包产到户、包干到户"形式为主的各种生产责任制迅速推开，到 1981 年 10 月，全国农村基本核算单位中，建立各种形式生产责任制的已占 97.8%，其中"包产到户"、"包干到户"的占到 50%。1982 年元月，中央以一号文件的形式第一次明确了"包产到户"的社会主义性质，突破了传统的"三级所有，队为基础"的体制框框，指出"目前实行的各种责任制，都是社会主义集体经济的生产责任制"。还特别指出，它不同于合作化以前的小私有的个体经济，是社会主义农业经济的组成部分。从而进一步消除了人们的思想疑虑，促进了"包产到户"的迅速发展。同年 12 月，修正后的《宪法》明确规定："城市的土地属于国家所有。农村和城市郊区的土地，除由法律规定属于国家所有的以外，属于集体所有。"同时规定恢复原来的乡、镇、村体制。这标志着实行了 20 多年的人民公社开始解体。1983 年的中央一号文件，从理论上说明了家庭联产承包责任制"是在党的领导下中国农民的伟大创造，是马克思主义农业合作化理论在中国实践中的新发展"，并对家庭承包责任制给予了高度评价：克服了管理过分集中和平均主义的弊病，继承了合作化的积极成果，坚持了土地等生产资料的公有制和某些统一经营的职能；这种分散经营与统一经营相结合的经营方式具有广泛的适应性，既可以适应当前手工劳动为主的状况和农业生产的特点，又能适应农业现代化的要求。

（2）1984—1991 年：稳定和发展时期。中央又连续发出 3 个一号文件，开始关注农村、农业的具体发展问题，农村经济体制改革向纵深发展。家庭联产承包责任制得到稳定，改革全面转入农业产业结构调整和农产品、农业生产资料流通领域，并进行了土地流转的探索和实践。连续 5 年的中央一号文件都是关于农村政策的，在中国农村改革史上成为专用名词——"五个一号文件"。1984 年，中央文件强调要继续稳定和完善联产承包责任制，延长土地承包期。为鼓励农民增加对土地的投资，规定土地承包期一般应在 15 年以上，中国粮食产量达到历史性的高峰，标志着家庭联产承包经营制度这一重大改革政策的成功，但也伴随着出现了第一次全国性的"卖粮难"现象，家庭联产承包经营制度在思想上和实践中出现了波折和动摇。针对这一现象，中央一方面提出调整农业产业结构，发展多种经营，并取消了 30 年来农副产品统购派购的制度，将农业税由实物税改为现金税；另一方面明确规定，以家庭联产承包为主的责任制、统分结合的双层经营体制，作为中国乡村集体经济组织的一项基本制度长期稳定下来，并不断加以完善。"这种双层经营体制，在统分结合的具体内容和形式上有很大的灵活性，可以容纳不同水平的生产力，具有广泛的适用性和旺盛的生命力，是集体经济的自我完善和发展，决不是解决温饱问题的权宜之计，一定要长期坚持，不能有任何的犹豫和动摇。"针对农业面临的停滞、徘徊和放松倾向，中央强调要进一步摆正农业在国民经济中的地位。1987 年，在农村改革面临进退两难选择的时候，中央决定建立农村改革试验区，土地制度是主要的试验项目。1988 年 4 月，第七届全国人民代表大会常务委员会对 1982 年的《中华人民共和国宪法》（简称《宪法》）修正案规定："任何组织或者个人不得侵占、买卖或者以其他形式非法转让土地。土地的使用权可以依照法律的规定转让。"这一宪法修正，为土地转包从理论走进实践奠定了法律依据，进一步拓展了这一阶段土地政策的内涵。

（3）1992—1999 年：稳定和深化时期。1992 年，党的十四大召开，极大地解放了人们的思想，农村经济发展又进入了一个新阶段。伴随着中国开始社会主义市场经济的探索，传统的农村经济也开始向现代市场经济转变。邓小平对农村土地政策进一步指出："即使没有新的主意也可以，就是不要变，不要使人们感到政策变了。"稳定和深化家庭承包经营制度成为这一时期农村土地政策的主题。中央指出，要使家庭承包经营为主的责任制长期稳定，并不断深化，必须将其纳入法制的轨道；依法管理农村承包合同，这是稳定和完善家庭联产承包经营制度的重要保证。1993 年 4 月，第八届全国人民代表大会再次对《宪法》进行修正，将"家庭承包经营"明确写入《宪法》，使其成为一项国家基本经济制度，从而解决了多年来人们对家庭联产承包经营制度的争论。党中央和国务院进而规定"在原定的耕地承包期到期之后，再延长 30 年不变"，进一步稳定和完善土地承包政策。为了切实稳定家庭联产承包经营制度，中央提出了相应的对策和要求，指出"要通过强化农业承包合同管理等一系列措施，使农村的土地承包关系真正得到稳定和完善"，并对合同严肃性、土地承包期、经营权流转、农民负担和权益等方面做出了规定。在第一轮土地承包即将到期之前，中央再一次宣布，土地承包期再延长 30 年不变，提出"大稳定、小调整"；及时向农户颁发土地承包经营权证书；整顿"两田制"，严格控制和管理"机动地"，规定所占耕地总面积的比例一般不超过 5%；并对土地使用权的流转制度做出了具体规定。1997 年 9 月，中国共产党十五次全国代表大会报告中对"三农"问题的阐述，为农村土地政策的发展指明了方向。1998 年，"土地承包经营期限为 30 年"的土地政策上升为法律，稳定承包关系具有了法律的保障。同年 10 月，中国共产党第十五届三中全会决定"长期稳定农村基本政策"，第三次提出坚定不移地贯彻"土地承包期再延长 30 年"的政策，土地使用权的合理流转，要坚持自愿、有偿的原则依法进行，不得以任何理由强制农户转让；同时也指出，少数确实具备条件的地方，可以在提高农业集约化程度和群众自愿的基础上，发展多种形式的土地适度规模经营。1999 年，延长土地承包期的工作已进入收尾阶段，中央对土地延包工作做了进一步的规定，第四次提出承包期延长 30 年，并且要求承包合同书和土地承包经营权证"一证一书"全部签发到户，实行规范管理，确保农村土地承包关系长期稳定。

　　（4）2000—2007 年：完善和法制化时期。2000 年，中央《关于制定国民经济和社会发展第十个五年计划的建议》指出，要加快农村土地制度法制化建设，长期稳定以家庭承包经营为基础、统分结合的双层经营体制。此后，农村土地政策的法制化建设驶入了快车道。进入 21 世纪，国家土地管理制度日益强化，各种必要法律法规逐步制定与完善。建立"世界上最严格的土地管理和耕地保护制度"成为中国政府追求的目标。2002 年 8 月，《中华人民共和国农村土地承包法》公布，明确规定了农村土地承包采取农村集体经济组织内部的家庭承包方式；国家依法保护农村土地承包关系的长期稳定，标志着从法律上规定了未来一段时期内农村土地产权政策的基本走向。随后《中华人民共和国农村土地承包经营权证管理办法》（2003 年 11 月发）、《农村土地承包经营权流转管理办法》（2005 年 1 月发）等一系列相关法律法规公布实施。2004—2007年，中央再一次连续四年以一号文件的形式发布了有关"三农"问题的政策意见。其中，有关土地相关政策方面的规定指出，加快土地征用制度改革，严格遵守对非农占地的审批权限和审批程序，严格执行土地利用总体规划；严格区分公益性用地和经营性用地，明确界定政府土地征用权和征用范围。完善土地征用程序和补偿机制，提高补偿标准，改进分配办法，妥善安置失地农民，提供社会保障；积极探索集体非农建设用地进入市场的途径和办法。2005 年以来，中央加大力度调整国民收入分配格局，扎实推进社会主义新农村建设，将农田水利设施建设作为农村基础设施建设的重要内容，建设标准农田；坚决落实最严格的耕地保护制度，切实保护基本农田，保护农民的土地承包经营权；加强宅基地规划和管理，大力节约村庄建设用地，土地管理制度得到了空前的强化。

（5）2008 年至今：土地规模经营创新阶段。随着我国二、三产业的发展，大批农村劳动力转移到城镇，大量农田抛荒，使得传统的家庭承包经营制度不能适应经济的发展。为此，2008 年党的十七届三中全会《中共中央关于推进农村改革发展若干重大问题的决定》中提出："按照自愿有偿原则，允许农民以转包、出租、互换、转让、股份合作等形式流转土地承包经营权，发展多种形式的适度规模经营。"使得土地流转得到了政策许可，在全国范围内兴起。随后，2009—2015 年的连续 6 年的一号文件中，均出现了加强农村土地经营权流转管理和服务，健全流转市场，在依法自愿有偿流转的基础上发展多种形式的适度规模经营的政策导向。

第二节　改革开放后工业化、城镇化与我国
农村土地流转制度演进

20 世纪 70 年代末期的中国经济体制改革实践，实际上是从农村开始起步的，其核心内容就是农村土地制度。农村土地家庭承包经营由点到面的铺开，在改革开放初期对激活农村经济活力，缓解当时的粮食和食品供应紧张状况起到了相当积极的作用。但随着全国各行各业经济体制改革的深入推行，曾经是中国经济体制改革先导的农村土地制度改革，已经大大地落后于中国经济体制改革的总体步伐。

1978 年开始的农村经济体制改革，使中国农村经济得到了迅速发展。但在整个农村经济的发展过程中，不同阶段的发展速度明显不同。以 1985 年和 1996 年为分界点，可以将 1978 年以来的农村经济发展历程分为三个发展阶段：1978—1985 年为快速发展阶段，1985—1996 年为平稳发展阶段，1996 年以后为农村经济发展的徘徊阶段。在社会主义市场经济的大背景下，城镇土地使用权市场已日臻成熟，而作为农村经济发展主要依托的农村土地，并不具备财产功能，这极大地制约了市场力量在农地资源优化配置中的作用，农地经营规模日趋小型化，农地经营效益难以有质的提高，在农地集体所有、农户家庭承包经营制度效率发挥到极致的时候，农村经济发展出现徘徊乃至倒退就是必然的结果。统计资料显示，1978 年城镇居民家庭人均可支配收入是农村居民家庭人均纯收入的 2.57 倍，此后几年时间由于农村经济的快速发展这一数值呈逐年下降的趋势，至 1985 年下降为 1.86 倍，但是 1985 年以后却逐年上升，若考虑城镇居民在失业、养老、卫生、住房保障等方面的实际收入，则城镇居民家庭人均可支配收入与农村居民家庭人均纯收入之比要大得多。

家庭联产承包责任制使农户有了生产经营的自主权，取得了独立的经济利益，可以依据对市场价格信号的反应，合理地配置其所拥有的经济资源，尤其是劳动力资源，农户可以把自然赋予的时间有选择地配置于闲暇需求、农业生产和非农兼业之中。农户兼业是工业化进程中各国农业发展的共同现象，如欧美农户兼业率超过 50%，亚洲的日本、韩国以及中国台湾甚至超过了 80%。在我国，伴随着乡镇企业的异军突起以及工业化、城市化的发展，日益扩大的城乡居民收入水平差异不仅

引发了农村居民较为普遍的厌农情绪，使大量中青年农民脱离土地进城务工，形成了一波又一波的"打工浪潮"，而且农户出现兼业性转移，甚至开始完全从事非农化生产，使农村居民的农业投资能力受到极大的制约。因此，为了大力发展农村经济以彻底扭转当前农村经济发展徘徊不前的局面，国家在继续贯彻落实"减轻农民负担"政策方针，以提高农地经营收益并尽量缩小城乡居民收入差距的同时，必须在法律法规上赋予农地应有的财产功能，将农地纳入要素市场并依靠市场的力量促进农地资源的优化配置，最大限度地发挥农地资源的效率。可见，农地的市场化流转也是农村经济发展的现实要求。

改革开放以后，我国农户自发性的农地流转现象于20世纪80年代中后期开始出现，其后在全国各地得到了不同程度的发展。这种被当时法律明确禁止的自发性农地流转现象之所以会出现并呈蔓延之势，既与我国农地制度改革赋予了农户相对稳定的农地经营权密切相关，也与农户的农地经营效益、家庭人口和工业化、城镇化发展带来的比较收益的变化密切相关。要弥补当前农地制度的种种缺陷并解决其带来的问题，大量的农地制度改革研究实践表明，保证中国农村经济发展和农村社会稳定的关键之一，就是要盘活农村土地这一巨大资产，而建立与整个社会主义市场经济体制接轨的农地流转机制是盘活农地资产的唯一行之有效的途径。建立一套适合中国国情的农地流转机制，就必须明确农村土地的功能范围，明晰农地权利体系及农地权利的组织与配置形式，设定农地流转的前提与目标体系，设计农地流转的制度体系，构设农地流转的监督与服务机构，等等。

为了适应这种经济发展的需要，经过多年的逐渐推进与探索，2014年11月20日，国务院办公厅下发的《关于引导农村土地经营权有序流转发展农业适度规模经营的意见》中明确指出："鼓励承包农户依法采取转包、出租、互换、转让及入股等方式流转承包地。"迎来了我国土地制度创新的新阶段。

第三节　农村土地流转、农业现代化与新型农业经营主体的诞生

农业经营主体是指直接或间接从事农产品生产、加工、销售和服务的

任何个人和组织。改革开放以来，我国的农业经营主体已由改革初期相对同质性的家庭经营农户占主导的格局向现阶段多类型经营主体并存的格局转变。这种多类型的新型农业经营主体主要包括专业大户、家庭农场、农民专业合作社、龙头企业等，它们是建设现代农业的微观基础。当前，新型农业经营主体日益显示出巨大的生机与潜力，已成为我国现代农业发展的重要主体。

在传统农业中，农业是一个自给自足、独立性较强的产业。从生产资料和生产要素看，农业生产者进行生产所使用的主要是自有的农具、牲畜、家禽、种子、饲料和肥料等生产资料，土地是自有的；从使用的技术看，主要是镰刀、锄头等简单工具及马、牛等畜力和人力，在生产中主要凭传统的代代相传的经验；从生产目的看，主要以满足生产及其家庭成员的生活需要为主，剩余部分才拿到市场进行交换，以换取必要的农具或其他物品；从劳动力使用方面看，一般是所有的家庭成员，而且除进行农业生产外，农民还要从事农产品加工、制作和修理工具、纺织等非农业生产。因此，传统农业就是一种采用非专业化和非分工的生产方式进行简单的生产劳动和自给自足的生产经营，只有简单的商品生产和商品交换，这是由当时原始的生产力水平决定的。在生产力水平极其低下的情况下，农业产出非常低。与此相对应，这种落后的生产力水平下不可能产生发达的分工和市场交易，农户生产基本上处于"小而全"的状态。这种自给自足的生产经营方式中，农民集决策者、生产者、技术人员、销售者于一身，分工程度较低。家庭联产承包制下的承包农户所进行的家庭经营，各个家庭之间不是具有协同效应的有机体，而都是独立的、没有分工合作的无机体。单个农户几乎都是在较低的技术水平条件下，主要依靠自然力的自发作用，通过扩大土地面积或增加作物种类来降低自然风险和市场风险，实行广种薄收的一种农业经营方式。在各个承包农户分散经营下，农户与农户、农户与其他农业经营主体几乎没有专业化分工，从耕地、施肥的农前准备环节，到购买种子、播种、拔草、喷洒农药、施肥、修剪、收割的农中环节，再到清理稻秆、晾晒、储藏、询价、运输、销售的农后环节，农业生产经营全过程中所有环节的生产经营活动几乎全程由分散的家庭个体负责，生产经营环节也几乎没有任何的细分。所以，专业化分工也就无从谈起，家庭集购买、生产、管理、销售各种功能于一身。

近来越来越多的农村劳动力外出、家庭兼业现象实质上是农业分工的一种倒退，因为农户兼业使劳动者不再只从事农业劳动，农闲时农民外出打工或在家乡从事其他产业劳动，农业经营主体从事的专业种类数增多，从表面上说这是一种家庭内分工状态。但单纯从农业角度来看，这种分工形式并没有增加农业中的分工程度，因为农业中的专业种类数并没有增多，而只是农民由专业从事农业产业到同时从事农业外的第二、第三产业的劳动，劳动职能趋向于更大程度、更广范围上的融合。并且从工作时间来看，农户兼业反而是一种农业分工上的"倒退"，它使农业经营主体专业化水平降低，如许多在外打工的农民尤其是新生代农民工，回家之后对农业的种植显得不太熟练，其农业劳动耐力及速度也逐渐不及常年从事农业的劳动者。

在我国，坚持农户家庭是集体土地承包经营的法定主体，坚持家庭经营在农业生产经营中的基础性地位，是毫无疑义的，但是改革粗放的、分散的农户职能融合型的家庭经营方式，促进农业的合理分工与合作，充分发挥家庭经营有效配置生产资源和充分发挥农户积极性优势，增加农业经济效益，也是农业发展改革的题中应有之义。随着农业经济的不断向前发展，农民合作社、专业大户、家庭农场、龙头企业等新型农业经营主体不断涌现，它们的发展速度、发展质量以及引领带动能力持续增长。

农户家庭生产是"小而全"的生产格局，是与专业化分工的发展相背离的，但这种"小而全"的生产结构孕育了农村分工的进一步发展。随着承包农户经验的不断积累，农户会在某方面积累更多的人力资本，此时农户就会根据自己的资源优势，专门从事某一行业的生产，以获取专业化的经济效益。一旦某一专业大户成功后，当地的农民就会不断地学习和模仿，从而最终形成很多专业大户，甚至家庭农场或者专业生产基地。当大量专业大户和家庭农场把主要生产要素投入专业性的商品生产时，农户的专业化水平得到提高，商品的生产量就会因此增加。此时，如果市场容量有限，农民的生产经营会冒很大的危险。由单独农户完成某种产品生产经营全过程变得越来越难。因为单个农民的理性是有限的，而且市场环境变化具有高度的不确定性。他们要获取生产销售方面的所有信息要耗费高昂的成本，而且信息是有不对称性的，单个农民只能在某一方面积累更多的人力资本，而不可能在所有环节都擅长和精通，也不可能完成所有事情。在农业商业化和企业化的发展中，分散的农户面临着以下矛盾：一是在进入市场时，单个农户面临高交易费用，以至于根本无力进入市场；二是在面向企业时，与龙头企业谈判处于弱势地位，似乎无力保护和争取自身应有的权利。这时，农民的团队化发展凸显出重要作用，因为团队化发展有利于节省交易费用和提高农民谈判能力，团队可以为专业农户农业生产提供产前、产中、产后等服务，可以帮助其克服在农产品价值链升级中遇到的种种问题，可以使农户共同承担生产经营风险。所以，专业合作社的出现就成为必然。专业合作社的出现使三者各有分工，专业大户和家庭农场集中于其核心功能即农业产业链上的生产种植功能，合作社除了一部分从事第一产业生产活动外，其他主要为农户、专业大户、家庭农场提供产前、产中和产后服务。同时，应该看到，合作社一旦把农民变成组织的成员，就面临组织内分工的问题，进而面临内生交易费用。内生交易费用正是合作社发展的重要制约因素，正是对可能产生的内生交易费用的预期，农民在加入合作社时往往表现得理性而谨慎。相对于农户和合作社，农业企业的最大优势是拥有较强的市场能力。龙头企业的负责人一般具有较好的市场意识、经营头脑和现代经营管理理念，甚至已经有明确的产品销售网络和自己的品牌，建有专卖店或综合性农产品超市，在区域范围内有一定的市场影响力，部分农业企业甚至已开拓国际市场。现实情况下，多数的农业企业既要负责基地的生产管理，又要进行市场开发，甚至还要担负着种植、加工、运输、仓储、销售等功能，过多的功能往往使农业企业疲于应付。农业龙头企业要想立于不败之地，就必须不断开拓市场，努力进行自我的产品、技术和经营管理创新，擦亮眼睛，以敏锐和开阔的视野把握市场变动趋势，通过对新市场和新产品的开发与探索促进市场的开拓和销售业绩的提升。因此，应发挥农业分工的比较优势，淡化其生产功能，专注其市场功能。需要说明的是，家庭农场的出现顺应了当前中国农业发展的新趋势，在坚持和发挥农业家庭经营优势的基础上，既有效破解了中国未来农业经营主体稳定性和持续性的问题，又通过适度规模经营，以集约化、商品化促进农业增效，它体现着改造传统农业的历史规律性，代表着中国农业的先进生产力，理应成为未来中国农业经营主体中主要形式之一。目前，在农业生产经营的链条上，农业企业、农民专业合作社、专业大户和家庭农场之间存在功能重复，各自为政，相互之间缺乏分工合作机制；没有实现效益最大化，而农户在农业链条上仍属最弱群体。因此，各新型主体应当结合各自优势，突出核心功能，开展分工合作，以实现整个链条效益最大化，并最终实现链条上个体利益的最大化。

第四节　农村土地金融创新对建立健全农村土地流转市场的影响机理

金融创新是指发生在金融领域的相对于现有制度、服务、产品等一切创造性活动的总称。总的来说，金融创新有金融主体、行为、客体、文化、制度创新等，金融创新的理念经过了以增加交易手段为目的、以规范交易手段为目的、以防范金融风险为目的、以实现利润最大化为目的的四个理念阶段。金融制度创新能够促进金融活动和金融市场的有效运作，围绕着金融交易运作方式的金融交易制度创新可以创造出新的金融交易载体、改变金融交易流程、增加金融交易的形式、启动新的金融交易资源甚至建立全新的金融交易空间。制度创新还可以规范金融市场活动和金融市场运作，保障其公平运作。金融产品创新可以促进金融产品的多元化，满足市场的需求。金融市场竞争的核心就是产品的竞争，不断的产品创新能使金融机构提高服务水平，满足多样化的市场需求，能够提高金融机构的盈利和避险能力，提高金融市场的有效性。金融服务创新能够扩大金融企业的发展空间，金融市场的扩大和深化需要去创新服务模式，增强金融市场对公众的亲和力，提高经济运行的有效性。

解决土地流转过程中的问题，其最有效的措施是以农村土地金融创新来推动并促进土地流转。中国是一个农业大国，人口众多，"三农"问题在当今时代已成为解决民生的头等重要的大事。自古以来，在中国的农村经济体制下，农民以自己承包的土地作为生存来源和养老保障。虽说民以食为天，农村土地的耕种极其重要，但是随着时代的变迁，经济运行机制的变化，科技的发展，城镇化规模的扩大，很多农民为了追求更高质量的生活，宁愿搁置自己的土地去城市打工来增加收入。对于闲置下的土地，无疑是一种浪费，所以催生了农村土地的流转。但在农村土地流转过程中，会遇到很多问题，需要农村金融来搭桥解决。农地作为一种生产要素进入市场流通，就具有了商品的性质，农地使用权的出租、出让、抵押、入股实际上就是商品的流通过程，既然存在商品流通就需要以货币作为交换媒介，即要建立农地金融市场为农地流转提供资金支持。现行的农村金融在解决土地流转问题中虽起到一定的作用，但是还不完善，需要金融创新来进行补充，这就是农村土地流转需要金融创新的原因。

农村土地金融创新目前主要是指针对农村土地金融领域所做的创新，主要包括两个层面上的创新：农村金融制度创新和农村土地金融信贷服务创新。农村土地金融创新是为了实现三个层次目标，即金融服务对象目标、金融机构目标和金融管理机制目标。实现农村土地金融创新，应健全法制、明晰产权、给予农村金融机构合理政策。农村金融机构要确立正确的经营宗旨，建立有效的组织，健全经营机制，创新产品和服务。在宏观层面，政府应改变不利于农村经济、社会发展的政策，改善农村基础设施，增加农村经济生产活动的金融需求，实现金融经营环境创新。农村土地金融创新与土地流转之间的作用机理如图 3-1 与图 3-2 所示。

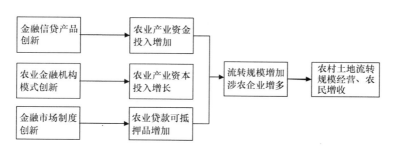

图 3-1　农村土地金融创新与农村土地流转之间的作用机理

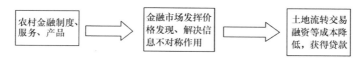

图 3-2　农村土地金融创新影响土地流转传导机制简易图

结合图 3-1 与图 3-2，我们可以看出农村土地金融创新与农村土地流转之间的关系。要突破农地流转瓶颈，促进农村土地流转，通过农村土地金融市场的创新，可以有效地使金融市场发挥功能，可以有效地降低土地流转需求农户获取土地的交易费用、为农村土地需求者提供资金，提高农户支付能力，并能为土地使用权流转提供中介服务，规范土地流转市场发展。农村金融机构可在很大程度上解决我国目前土地流转难的问题。第一，金融具有筹集资金的功能，也即融资功能，可为农村土地流转提供必要的资金支持。第二，金融具有交易的功能，即中介功能。当前，金融的介入可有效改善土地流转中交易不透明、缺乏配套的定价机制、信息不对称的问题。第三，金融具有避险功能。由于农业受自然条件影响的不确定性大，投资人的投资风险较大，需要特殊的风险安排。正好金融市场可以通过其风险分担机制降低单个投资者的风险和缓解风险厌恶所致的融资约束。第四，金融可在时间和空间上转移经济资源。这项功能主要通过储蓄和投资表现出来，如借贷和投资，可以实现资金融通横向运行和跨时消费延续，可使农村经济发展状况和社会效用共同提高。农村金融机构有这些功能，有关土地流转的交易不便、风险大、融资难等问题可以得到一定程度上的控制，但在解决土地流转问题上还不算完善，目前我国农村金融市场制度老旧、理念落后、服务不足、产品单一，不但服务不好农村土地流转市场，而且将农业资金抽逃。针对这些问题，只有通过金融创新的方式去解决，通过金融创新可以规范农村土地流转的方式，比如土地银行制度和土地证券化等制度创新了我国农村土地流转的模式，为我国土地流转提供了更高级的市场化流转方式，而且农村金融创新可以促使土地使用者提高土地的使用效率。因为新的制度、服务和产品创新都会要求有一个投资回报率，土地流转经营者使用资金必须付出成本，这就促使农户土地的使用效率、土地的产出水平提高，进而按期还款付息，积累高的信用积分，下次贷款的额度就会增加，形成一个良性循环。金融创新不够，就抑制农村金融市场的功能发挥，从而减弱农村金融市场对土地流转的支持力度，进而影响土地流转市场发展。

第五节　农村土地金融理论分析框架

综合前文分析，本书中关于农村土地金融理论分析框架如图 3 - 3 所示。

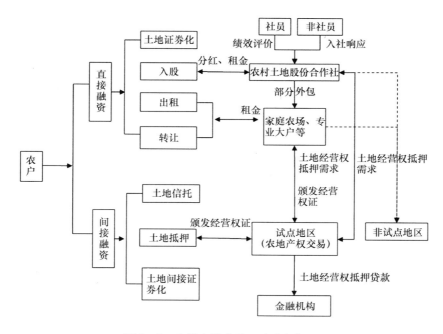

图 3 - 3　农村土地金融理论分析框架

　　根据图 3 - 3，农户在农地经营权流转融资中，有直接融资与间接融资两种方式的选择。在直接融资行为中，农户的土地经营权流转行为主要分为两类：一类是直接出租与转让土地经营权给家庭农场、专业大户等涉农企业，并且每年固定收取租金；一类是农户以入股的方式加入农村土地股份合作社。农村土地股份合作社又分为两种，即外包型与自营型。外包型农村土地股份合作社仅吸纳农户的土地经营权入股，并且将其租赁或发包给企业经营，自身并不参与到生产经营中去，并根据农户入股的份额以及经营状况进行分红。这种方式下由于农村土地股份合作社并不参与经营，管理与收益分配较为简单的特点而受到多地政府的青睐。但是，由于农户并不直接参与到农村土地股份合作社的经营中，而将流转集中的土地竞价发包给企业经营，使得此种类型的农村土地股份合作社事实上只起到了土地流转中介的功能。在此模式下入股农户与管理层人员接触并不频繁，对农村土地股份合作社的运营了解程度较低，并且一般只能获得土地入股的保底分红（相当于租金），土地的"二次分红"难以落到实处，土地难以体现资本属性。而自营型农村土地股份合作社，以土地经营权以及劳动力、技术、资金等其他要素一起折价入股。这种入股方式通过吸纳社员各种生产要素入股经营，提高了农村社会生产资源的配置效率，农地股份合作社在创设后直接经营自己的土地，对农村土地股份合作社的运营情况了解程度较高，并且社员农户在获得保底分红的基础上，还能享受"二次分红"来获得土地增值收益。但是，也正是由于其入股要素多元化，设立部门较多，导致组织管理较难、相关人才缺乏以及利润分配复杂等问题。

在间接融资行为中，由于农户的土地流转行为，使得新型农业经营主体诞生，在以土地经营权抵押贷款为主的间接融资行为中，就存在小农户与规模农户的差异，但是两者在土地抵押贷款机制上类似。目前试点地区的主要做法，就是成立农村土地产权交易所作为农村土地流通的市场，并对于有意向的流转的农户双方颁发经营权证，土地流入方获得土地经营权证书以及他项权证，有土地经营权贷款的小农户与新型农业经营主体可以凭借土地经营权证书作为抵押物向银行提交抵押申请贷款。但是，在具体模式上演化出多种形式。此外，能否进一步扩大试点，不仅取决于试点地区政府的制度设计、金融机构的参与、各类农户的有效需求，还取决于非试点地区各类农户的有效需求。对非试点地区农户农地经营权抵押贷款的潜在需求的研究，对向全国推广具有一定的政策指导意义，因此加快对非试点地区存在问题及原因的研究也具有很重要的现实意义。

综上所述，就农村土地金融中的直接金融，本书主要探索经过多年的实践社员农户对农村土地股份合作社的实际运行绩效评价，以及作为农村土地股份合作社推广发展的主要人群，非社员在农村土地股份合作社的发展中的入社意愿；而对于农村土地金融中的间接金融部分，本书致力于探索农地经营权抵押试点地区的抵押贷款模式以及抵押贷款绩效评价与问题，并进一步探寻非试点地区农户与新型农业经营主体的农地经营权抵押贷款潜在需求及影响因素，为我国农村土地金融改革提供参考。

第四章 农村土地直接金融的
实现途径分析

第一节 理论分析

一 农村土地直接金融的实现途径

我国实行的是农地集体所有制，农民能够借以融资的仅仅是农地的经营权或使用权，因而这里所谓的农地直接融资是指农户通过放弃农地的经营权来获取一次性土地价值补偿，或者通过流转承包地的使用权或收益权来取得资金的经济活动，一般由农地交易双方直接建立资金融通关系。

依据《中华人民共和国农村土地承包法》（以下简称《土地承包法》）的相关规定，农村土地经营权流转是指农村土地经营权主体发生部分或全部的变化，即在不改变土地集体所有性质，不改变土地用途，不损害农民土地承包权益的前提下，拥有土地承包经营权的主体有权依法将自己所拥有的土地的经营权采取转包、出租、互换、转让、入股及其他方式进行流转，并依法享有处分收益权、补偿权等合法权益的行为。从狭义上讲，农村土地经营权流转是指通过家庭承包取得土地经营权的农户，以转包、出租、互换、转让等方式出让其经营权的行为。从广义上讲，农村土地经营权流转不仅包括通过家庭承包取得的土地承包经营权的流转，而且还包括将通过招标、拍卖、公开协商等方式承包的荒山、荒沟、荒丘、荒滩等土地以转让、出租、入股、抵押或者其他方式进行流转。

根据学术界的普遍认知，目前我国农村地区存在的农地流转方式有农地转让、出租、入股等，这些土地流转方式实质上就是农户利用其土地经营权来获取资本收益的过程，均属于农地直接融资的范畴。

1. 转包、转让。作为土地使用权流转的最广泛的方式，转让以价金的支付为土地使用权的对价。这种流转方式可以减少农村土地因农村劳动力转移而造成的土地撂荒现象，便于农地规模化经营。由于转让改变了原承包关系主体，须签订新的承包合同。转包是指承包方将部分或全部土地经营权以一定期限转给同一集体经济组织的其他农户从事农业生产经营。转包后原土地承包关系不变，原承包方继续履行原土地承包合同规定的权利和义务。接包方按转包时约定的条件对转包方负责。承包方将土地交他人代耕不足一年的除外。

2. 出租。出租是指承包方将部分或全部土地经营权以一定期限租赁给他人从事农业生产经营。出租后原土地承包关系不变，原承包方继续履行原土地承包合同规定的权利和义务。承租方按出租时约定的条件对承包方负责。这种形式不仅可以增加农民的收益，而且还可促进劳动力、资金、科技等生产要素在全国范围内合理流动，从而成为目前较为普遍的一种流转方式。

3. 入股。入股是指实行家庭承包方式的承包方之间为发展农业经济，将土地经营权作为股权，自愿联合从事农业合作生产经营；其他承包方式的承包方将土地承包经营权量化为股权，入股组成股份公司或者合作社等，从事农业生产经营。按照入股的资产类型可将其分为土地经营权折价入股、酬劳折资入股和土地股份合作制三种。通过土地经营权入股，使得土地与农户脱离了直接联系，农民凭股权证长期享有集体的收益分红，从而保障了农民长期的土地收益权，因此以土地经营权入股的流转方式将成为中国经济发达地区土地经营权流转的主要方式。

二　农村土地股份的金融属性

商品的金融属性体现商品的资产性，是不同商品作为一项资产形式时所具备的共性和差异性特征的具体体现。一方面，所有的商品从更广泛的意义而言都可以看成一项资产，为持有人提供保值、增值和资金融通等功能；另一方面，由于不同商品在稀缺性、流动性和可储存性等方面存在差异，从而导致其作为一项资产形式时的优劣条件存在差异，进而表现为一些商品的金融属性较强，另一些商品的金融属性较弱。

农村土地股份合作社在集体土地所有权和经营使用权分离的基础上，并未改变家庭承包经营制度的实质，只是进一步将集体土地所有权的占有权、支配权、受益权、处置权分离，土地的支配权和处置权仍属于集体，而土地的占有权和受益权则通过股份分红，一部分归集体所有、一部分归社员所有，从而形成了土地收益按股份分配的新机制（杜伟，2006）。可见，持股农户拥有的土地股份代表一种货币化的股权，并不占有土地的实物形态，具有金融属性，具体表现在：

1. 土地股份的权益特征。土地股份拥有债权和股权的双重特征。我国目前普遍存在的农户入股非法人农村土地股份合作社，是从土地承包经营权中分离出来的土地经营权入股，不发生物权性土地承包经营权转移的效果，从而属于债权性流转。它与债券的相同点是承诺每年付给持有人一笔固定的收入，在这个意义上土地股份与中长期债券相同。但是它与债券持有人不同的地方是，债券持有人无表决权，而土地股份也是一种股权投资。拥有土地股份就意味着在土地股份合作社或农业企业股东大会上具有合作社事务的表决权，也代表着股份持有人对合作社经营利益的一份要求权，这点与普通股相同。此外，土地股份持有人还拥有选举权和被选举权。

2. 土地股份的价值估计。持股农户的土地股权代表合同期内其对土地收益的持续受益权，承载着未来一段时间的现金流。很多土地股份合作社或农业企业的入股协议上都规定土地股份分红包括基本保底分红和盈余分红，保底分红是固定不变的，而盈余分红与土地经营方的经营效益关联，分红金额与土地经营方的盈利水平呈正相关关系，其价值可以通过折现予以估值。这样一来，土地股份就有了交易的价格依据，土地股份的供求双方可以在土地股份的预期收益的基础上协商交易价格。

因而，从某种意义上讲，土地股份在一定程度上是农民对承包地所拥有的财产权，具有金融属性，可以进行金融交易，比如买卖、抵押等。然而，目前我国农地股份合作制存在一个最为明显的制度缺陷：股份合作组织具有较强的区域性和封闭性（邓立等，2009），土地股份仅限于在社团内部（一般是一个村集体）流通，不允许社会外界的介入。这在很大程度上限制了土地股份的流动性和融资能力[1]。

第二节 农村土地股份合作制发展和改革的 政策梳理与评价

梳理相关政策，有助于更好地了解政策层面对推行农村土地股份合作

---

[1] 林乐芬、金媛、王军：《农村土地制度变迁的社会福利效应——基于金融视角的分析》，社会科学文献出版社 2015 年版，第 154—157 页。

制的态度，预测其发展前景和发展趋向。在关于农村土地的相关政策方面，中央一直持比较谨慎的态度。以家庭承包经营为基础、统分结合的双层经营体制作为农村基本经营制度，是中央关于"三农"的政策性文件中一直强调的。与此同时，中央还反复强调维持现有土地承包关系稳定并长久不变。尽管中央早在1984年一号文件中就已经提出"鼓励土地逐步向种田能手集中"，并且已允许农民以多种形式流转土地承包经营权，发展适度规模经营，但并未完全放开土地承包经营权的流转，而是设置了诸多限定性条件，如不得搞强迫命令，不得改变土地集体所有的性质，不得改变土地用途，不得损害农民土地承包权益，等等。在2008年党的十七届三中全会前，中央关于土地承包经营权流转的规定经历了从"必须在农户自愿、有偿的前提下依法进行，防止片面追求土地集中"（2005年中央一号文件）到"保护农民的土地承包经营权"（2006年中央一号文件）、"规范土地承包经营权流转"（2007年中央一号文件），再到"健全土地承包经营权流转市场"、"在有条件的地方培育发展多种形式适度规模经营的市场环境"（2008年中央一号文件）的变化（表4-1）。

表4-1   中央关于农村土地股份合作的相关政策梳理

1984 年一号文件	鼓励土地逐步向种田能手集中。
2005 年 3 月《农村土地承包经营权流转管理办法》	第十六条 承包方依法采取转包、出租、入股方式将农村土地承包经营权部分或者全部流转的，承包方与发包方的承包关系不变，双方享有的权利和承担的义务不变。
2005 年一号文件	（五）承包经营权流转和发展适度规模经营，必须在农户自愿、有偿的前提下依法进行，防止片面追求土地集中。各省、自治区、直辖市要尽快制定农村土地承包法实施办法。
2006 年一号文件	（七）坚决落实最严格的耕地保护制度，切实保护基本农田，保护农民的土地承包经营权。
2007 年一号文件	（二）坚持农村基本经营制度，稳定土地承包关系，规范土地承包经营权流转，加快征地制度改革。
2008 年一号文件	（一）坚持和完善以家庭承包经营为基础、统分结合的双层经营体制。各地要切实稳定农村土地承包关系，认真开展延包后续完善工作，确保农村土地承包经营权证到户。加强农村土地承包规范管理，加快建立土地承包经营权登记制度。严格执行土地承包期内不得调整、收回农户承包地的法律规定。按照依法自愿有偿原则，健全土地承包经营权流转市场。

续表

十七届三中全会《中共中央关于推进农村改革发展若干重大问题的决定》	按照自愿有偿原则，允许农民以转包、出租、互换、转让、股份合作等形式流转土地承包经营权，发展多种形式的适度规模经营。
2009 年一号文件	18. 建立健全土地承包经营权流转市场。按照完善管理、加强服务的要求，规范土地承包经营权流转。鼓励有条件的地方发展流转服务组织，为流转双方提供信息沟通、法规咨询、价格评估、合同签订、纠纷调处等服务。
2010 年一号文件	18. 稳定完善农村基本经营制度。加强土地承包经营权流转管理和服务，健全流转市场，在依法自愿有偿流转的基础上发展多种形式的适度规模经营。
2012 年一号文件	5. 稳定完善农村土地政策。加快修改完善相关法律，落实现有土地承包关系保持稳定并长久不变的政策。按照依法自愿有偿原则，引导土地承包经营权流转，发展多种形式的适度规模经营，促进农业生产经营模式创新。
2013 年一号文件	1. 稳定农村土地承包关系。抓紧研究现有土地承包关系保持稳定并长久不变的具体实现形式，完善相关法律制度。坚持依法自愿有偿原则，引导农村土地承包经营权有序流转，鼓励和支持承包土地向专业大户、家庭农场、农民合作社流转，发展多种形式的适度规模经营。
2014 年一号文件	18. 引导和规范农村集体经营性建设用地入市。在符合规划和用途管制的前提下，允许农村集体经营性建设用地出让、租赁、入股，实行与国有土地同等入市、同权同价，加快建立农村集体经营性建设用地产权流转和增值收益分配制度。 22. 扶持发展新型农业经营主体。鼓励发展专业合作、股份合作等多种形式的农民合作社，引导规范运行，着力加强能力建设。允许财政项目资金直接投向符合条件的合作社，允许财政补助形成的资产转交合作社持有和管护，有关部门要建立规范透明的管理制度。

　　在关于农村土地股份合作社的相关政策性文件中，党的十七届三中全会审议通过的《中共中央关于推进农村改革发展若干重大问题的决定》具有里程碑的意义。该文件明确指出："按照自愿有偿原则，允许农民以转包、出租、互换、转让、股份合作等形式流转土地承包经营权，发展多种形式的适度规模经营。有条件的地方可以发展专业大户、家庭农场、农民专业合作社等规模经营主体。"需要指出的是，早在 2005 年 3 月，农业部发布的《农村土地承包经营权流转管理办法》中，已将"入股"作为土地流转形式之一，并对其进行了界定，规定"承包方之间可以自愿将

承包土地入股发展农业合作生产"，股份合作社解散时入股地应当退回原承包农户，但对此并无过多阐述。

此后，中央一号文件更注重土地承包经营权流转市场的建立健全管理和服务，主张"鼓励有条件的地方发展流转服务组织"（2009 年中央一号文件），"健全流转市场，在依法自愿有偿流转的基础上发展多种形式的适度规模经营"（2010 年中央一号文件），"促进农业生产经营模式创新"（2012 年中央一号文件）；2013 年中央一号文件明确提出"鼓励和支持承包土地向专业大户、家庭农场、农民合作社流转"，2014 年中央一号文件也提出了"鼓励发展专业合作、股份合作等多种形式的农民合作社，引导规范运行，着力加强能力建设"。从中央的相关政策性文件演进轨迹来看，中央对农村土地股份合作制的态度经历了从允许到鼓励和支持的变化，虽未明确提出试行或实施农村土地股份合作制，但允许、鼓励和支持的行为中已有农村土地股份合作制的雏形或表征。

第三节　农村土地股份合作制改革实践模式

一　农村土地股份合作制改革实践模式分类

关于农村土地股份合作制改革实践模式的分类方式常见的有以下两种。

1. 按农户是否直接参与农村土地股份合作组织的经营来划分，有两种主要模式：一种是内股外租型土地股份合作制流转模式。在该模式中，农户土地流转后，不直接参与土地股份合作组织的经营管理，原则上入股土地不作价，土地入股经合作组织整合后，统一对外公开招租，所得租金收益按农户入股土地份额进行分配。这种模式风险小，操作较为简便，主要出现在第二、第三产业发展迅速，农业生产不占有主导地位，大部分农业劳动力或转入其他产业或不愿继续从事农业生产经营的地区。一方面，较少农民愿意继续从事农业生产经营，出现大量的土地撂荒、粗放经营的现象；另一方面，继续从事农业生产经营的农户为了获取较高的农业收益，需要更多的土地用以扩大生产经营。第二种是参股型土地股份合作制流转模式。在该模式中，农户土地流转后，直接参与土地股份合作组织的经营与管理，农户以土地经营权折价入股，并吸收资金、技术等参股，联合建立股份合作社或股份合作制企业，实行统一经营，农户按入股土地所占股份参与利益分配。一般实行保底租金加浮动分红的分配方式，在确保土地有稳定收益的情况下，根据土地股份合作组织的经营状况按股份参与分红；同时，农户还可在股份合作制企业务工或从事承包经营，获得相应的劳务收入。这种模式下经营收益受各种不确定因素的影响较大。

2. 以入股要素为标志进行分类，农村土地股份合作制流转模式主要有以下三种类型。

一种是单纯土地入股型土地股份合作制流转模式。一般由农民单一土地入股组建土地股份合作社（企业），合作社以入股土地作为经营对象，统一对外租赁或发包，取得的收益按农户土地入股份额分配，入股土地既可以是农户承包耕地，也可以是集体非农建设用地。单纯土地股份合作社可以村民小组为单位组建，也可以村为单位或跨社区组建。该模式适宜于传统型农区，因为一家一户的小规模经营难以实现贸工农一体化，也不利于农业集约经营，难以获得理想的规模效益。所以，可以依托主导产品、主导产业，将土地承包给专业大户或农业企业，发展优质高效农业，促进土地增效和农民增收。同时，该模式也适用于工业化迅速推进的城郊农村，在这些地区，农业收益低，大部分劳动力实现了向第二、第三产业转移，土地股份合作既解决了土地粗放经营或抛荒现象，又使农民获得一份稳定的收入，也保障了农民土地承包的权益。第二种是"土地＋资金"的混合型土地股份合作制流转模式。该模式不仅吸收农户土地入股，还吸收社会个人或企业的资金入股，共同组建土地股份合作制企业，从事农业产业化经营。该模式还有一种特殊情况，就是将属于村集体的资产和土地量化成股份，再分配给村级组织内部农民共同占有，以股份合作制的运作方式统一经营农村集体土地等资产，每年根据经济效益按股分红，是村级集体经济股份合作制改革与土地股份合作制改革的有效结合。第三种是"土地＋资金＋其他要素"混合型土地股份合作制流转模式。该模式的土地股份合作组织参股经营要素主要有土地、资金、生产技术、基础设施投入、管理服务、劳动力投入等，一般发生在第二、第三产业比较发达，生产要素构成复杂的农村地区。其优点在于能吸纳社会各种生产要素投入农地经营，从而实现良好的外部效应，但也正是由于其吸纳性强而导致经营管理难、收益分配复杂等问题。

二　农村土地股份合作制改革实践地区模式

就具体的地区模式来讲，我国土地股份合作制形式的制度创新实践虽然在一些农区也有零星发生，但是比较成功而又得以稳定持续发展的土地股份合作制实践则主要发生在珠江三角洲和长江三角洲等地带的大城市郊区农村。这些地区工业化和城镇化程度高，二、三产业极其发达，农业农村人口大量转移，正是这些因素成为土地股份合作制得以持续成功实施所不可缺少的外部条件。其中，珠江三角洲地区以南海模式为代表，长江三角洲地区以上海模式、苏州模式为代表。

1. 南海模式。南海在 1987 年被列入试验区初期，主题为粮食规模经营，可经营并不顺利，一年内只有 8 户，共 413 亩，仅占全市粮食生产面积的 0.42%。后又提出了农业适度规模经营的试验方案，重点是发展非粮食生产的种植业与养殖业的适度规模经营，但是刚起步就停滞了。

1992 年邓小平南方谈话后，广东全面开放粮食市场，南海迅速加快机构调整，在各级地方政府搞开发区占用耕地引发纠纷的压力下，南海政府肯定了基层群众为保护土地增值收益而创造的以土地为中心的农村股份合作制，并以此作为新的改革试验项目的主要内容。以股份制来改造合作，以股份制来稳定、完善和发展家庭联产承包制，以便既保证在农地转为非农用地过程中的农民利益不受损，也保证土地规模经营和统一筹划。

南海市土地股份合作制的基本做法是：第一，分区规划。即把全市肥沃的土地划定为农田保护区，并改分包经营为投包经营；把靠近城镇及公路的土地或山坡地划定为工业发展区；把靠近村庄的土地划定为商业住宅区。第二，土地及集体财产作价入股。将属于集体的各种固定资产和现存公共积累金扣除债务后按净值计算作价入股，将土地和鱼塘按照其农业经营收益或国家土地征用价格作价入股。作价入股后，把全村或全社的土地集中起来，由管理区（现行政村）或经济社（现村民小组）实施统一规划、管理和经营。在股权设置上，以社区户口为准确定配股对象，大部分村社设置了基本股、承包权股和劳动贡献股等多种股份，有的村社设置了集体积累股（约占 51%）和社员分配股（约占 49%），有的村社则没有设置或后来取消了集体积累股。第三，股利分配和股权管理。有集体积累股与社员分配股之分的村社，按股权比例分红；只设社员分配股的村社，将扣除再生产基金、福利基金等后的剩余利润用于社员股利分红。股权在社区内可以流转、继承、赠送和抵押（朱守银等，2002）。在推行土地股份合作制的过程中，实行农民"生不增、死不减"，对新增人口实行配售股。既解决了人口变动引起的频繁股权调整，又解决了新增人口的生活保障和利益分配问题。

南海市土地股份合作制的实施，有力地推动了农业适度规模经营和农业结构调整，促进了农村二、三产业的发展和农业劳动力的转移，使农民获得了稳定的集体土地资产收益，从而得到了当地大多数农民的认可。因此，20世纪90年代后，这一制度在广东、福建、浙江、江苏等沿海发达地区得到了大力推广。

2. 上海模式。在上海市农村土地流转中，一些地区正在运行或试运行或即将运行一种农村集体土地流转模式，这种模式的基本运作过程是，农民以土地使用权入股给集体（村小组或村集体），然后由集体再入股到乡（镇）或更高级的特定组织，由这个特定组织运作入股土地并以固定的报酬返还给集体，集体再将所得的收益分配给入股的农民。这种模式被称为上海市农村集体土地股份合作制模式。

上海模式的土地股份合作制实践的具体做法是：集体内部的农民将承包土地入股给其所属的村（组）集体，村（组）集体将农民入股的土地连同未发包到户的机动地"打包"后，以集体的名义再入股到特定的经济组织；特定的经济组织将各集体入股的土地集中起来，打破原有的界限，进行统一规划整理后，以出让、出租等形式将土地推向市场，形成一级农村地产市场；土地经过一级地产市场到使用者手中后，在合同规定的期限内，使用者可以再依照法律和合同规定有偿流转。农民的股份可以继承、抵押、买卖，不过在同等条件下本集体经济组织成员享有优先权。特定的经济组织包括土地信托投资公司、土地信用合作社等，其担当的主要功能是：与村（组）集体签订合同，接受委托组织开展土地整理，提高土地价值；向市场供给土地，收取土地使用费；筹集、管理和投资股份土地基金，使其保值增值，支付集体和农民的所得。

上海模式的土地股份合作制实践也取得了一定的成功。这种制度安排保证了在统一规划的引导下，促使农村居民住宅建设向规划住宅小区集中、工商业向非农产业区集中；保证了将土地收益投资于城镇基础设施建设，解决了城镇建设资金不足的问题；同时，也为农民从事非农产业、增加收入创造了条件。

3. 苏州模式。随着苏州市工业化的加快推进和城乡一体化的发展，农地大规模流转及规模化经营的条件日益成熟。为提高农地使用效率和提升农民收入水平，苏州市开始探索以土地经营权入股、转让、转包、互换、合作等方式，实现生产要素的市场化配置。早在 2012 年 1 月江苏省第一家土地股份合作社就已在苏州市胥口镇成立，农户以承包地和自留地折价入股，成为合作社的股东。入股的土地由镇里统一规划、储备和开发。入股土地每年享有分红，个人股权不仅可以继承，还可以馈赠与转让。农村土地股份合作社的成立取得了较好的效果，受到广大农户的拥护。

苏州市在推进农村土地股份合作制中，主要采取了如下措施：一是三大合作社同步推进。三大合作社是指农民专业合作社、土地股份合作社、社区股份合作社。苏州市在推进土地股份合作社发展时，注重三大合作社的相互渗透和影响。这是苏州市发展农村土地股份合作社的一个显著特点。二是合理设置股权，维护农民土地收益。以土地经营权为依据，土地一般不作价，由农户自愿将土地经营权入股，所得收入按入股土地份额进行分配，享受逐年递增的保底分红。经营效益好的合作组织，将保底分红与二次盈余分配相结合，并保证入股的农户在合作社享有优先务工权。三是完善管理制度。推进土地股份合作社的规范化运营，合作社按照民有、民管、民受益的原则，制定章程。建立健全社员代表大会、理事会、监事会的三会制度。实行民主管理、民主决策、民主理财、民主监督，不断完善内部股权、财务管理、股金分配等制度。积极推进行土地股份合作社会计委托代理记账制度。四是政府要扮演好自己的角色。苏州市在推进土地股份合作社改革中，各级政府通过政策扶持和经济调节等手段为改革创造条件。如成立土地股份合作社改革试点工作领导小组，制定出台相关文件，明确农村土地股份合作社的法人地位，设立专项资金对符合相应条件的土地股份合作社予以奖励，联合国土、税务、财政等部门，在土地利用、资金支持、税收优惠等方面给予政策扶持。值得一提的是，苏州市为更好地推进农村土地股份合作制还建立健全合作社辅导员制度，这也是苏州市的一大创举。

第四节 本章小结

综上所述，现有农地直接金融的实现途径分为转让、转包、出租、入股等几种方式。而农村土地股份合作社以其特有的方式赋予了土地金融属性，一方面可以解决农村发展的融资问题，是农村金融体系创新的重要体现；同时，更能促进土地的集约化和现代化经营，提高土地的产出效益，切实增加农民收入。农村土地股份合作制是一个诱制性制度变迁，国家关于农村土地股份合作社政策的转折点在于 2008 年召开的党的十七届三中全会，政策关键词历经了从允许到鼓励和支持的变化，虽未明确提出试行或实施农村土地股份合作制，但允许、鼓励和支持的行为中已有农村土地股份合作制的雏形或表征，从而进一步推进了农地股份合作制的发展。

从农村土地股份合作制的实践模式来看，虽各有特点，存在一定的差异性，但在基本做法上也有相同之处，如土地折股、合理设置股权、产权界定、明确分配方式、设立治理机制等。不论采取何种土地股份合作制形式，都要对谁是股东、股东以什么要素入股、股东股份如何量化、股东股权如何管理、股东权益如何保障、股东收益如何分配等核心问题予以回答。不同答案的组合就构成了不同的农村土地股份合作制模式。

第五章 社员视角下农地股份合作组织发育机理与运行绩效研究

第一节 农地股份化的原因

土地股份合作制作为一种制度的创新实践，其出现的根本原因在于完成了对现有集体土地所有制的超越。现行的以家庭联产承包责任制为主的统分结合的双层经营体制虽然在改革之初释放了巨大的制度红利，极大地提振了农业发展，但是依托此制度进行的传统精耕细作却将农村土地经营细碎化，这与现代农业规模经营的发展方向存在着本质矛盾。个体农户小规模的分散式生产经营无法充分提高农业技术和农业机械的利用效率，现代要素的单位成本居高不下，小农经济的"单打独斗"难以在市场经济竞争中立足。同时因为众多农户的兼业化、非农化以及新生代农民工的市民化（郭晓鸣、董欢，2011），传统农业生产的机会成本逐渐提高，城镇化进程中农村劳动力非均衡地流出（即留下的都是老人和妇女儿童，流出的都是青壮年）又加剧了农村空心化，一些农村地区土地抛荒、撂荒现象严重。虽然根据国家统计局的统计数据，我国乡村人口数已由1995年峰值的8.59亿下降到了2014年的6.19亿，但农民的绝对数量依然庞大，即使推进农业现代化要求规模经营也须顺应农民保留土地承包权、流转土地经营权的意愿，而不能通过土地兼并强迫农民放弃土地。

从法律层面上来说，尽管《农村土地承包经营法》与《土地管理法》等法律都明确规定农村土地属于集体所有，但因"集体"是一个非常宽泛的概念，其既不属于自然人、法人也不属于机关团体，因而在法理上就难以享受权利与承担义务，导致集体土地所有权主体的模糊缺位与虚化，这不但使得大量农村土地处于闲置状态，也不利于充分保护农民的土地权利。随着市场经济的不断发展与社会化分工的持续深入，资源要素的稀缺性愈发明显，在世界范围内物权理念的价值化成为一大趋势，即物权日益与其权能相分离，如证券所有人就可以通过为其持有的证券设定质权以获取相应的融通资金，此时的物权更多体现的是一种抽象上的所有，而非现实中绝对的支配。物权理念价值化的过程也是从以所有为中心向以利用为中心转变的过程，其有助于降低社会成员的机会成本、提高边际回报，以同时提高个人利益与社会公共利益。《物权法》将土地承包经营权明确界定为用益物权，其作为从土地所有权分离而来的权利，同样具有占有、使用、处分和收益的属性，享有土地承包经营权的农民有权要求这部分权益得到实现，土地承包经营权理应能够实现价值化、股份化。通过土地经营权入股组建土地股份合作社，以股份制的形式将土地的权能相分离：土地所有权归集体，入股农户根据所占股权行使对合作社的各项民主权利，合作社的经营盈余在提取公积金后以股份分红的形式分发给入股农户。如此，一定程度上解决了现有集体土地所有权主体缺位或虚化的问题，使得各法律主体享有与行使权利时更加具体、明晰。

从国家统计局的统计结果来看，我国农村居民人均纯收入主要由四部分构成：经营性收入、财产性收入、工资性收入与转移性收入。经营性收入又可称为家庭经营纯收入，主要是指农民以家庭为单位进行农业生产所取得的收入；财产性收入是指农民利用如宅基地使用权、承包经营权等财产权利获得的财产增值收入；工资性收入是指农民在村镇就近上班或进城务工所获得的劳动报酬；转移性收入主要是指政府对农民的各种财政补贴，包括救济金、农业补贴和土地征用补偿等。由表 5 - 1 可知，我国农村居民人均纯收入中工资性收入的比重从 1994 年的 72.23% 下降为 2013 年的 42.64%；经营性收入的比重则从 1994 年的 21.54% 上升至 2013 年的 45.25%，并且第一次超越了工资性收入；相比之下，财产性收入在农村居民收入中的比重则一直偏小，所占比重最高也不过 3.42%。虽然劳动力非农化的进程使得农民对土地经营收入的依赖程度持续降低，但由于土地越来越大的潜在升值空间又使农民不愿轻易放弃土地。此时通过以土地经营权入股这一形式就为农民的土地权益提供了又一次制度保护，还可以让土地这一掌握在农户手中最重要的财产不再局限于充当生产资料，而是可进入市场以换取股份对价，切实提高广大入股农户的财产性收入。同时，通过入股也可以使农户摆脱土地的束缚在家庭内部自由选择职业：家庭成员既可以选择守家在地的个体经营或成为合作社的雇员以获得劳动报酬，也可以选择融入城市生活进城上班，使农民可以带着土地财产权转移就业，真正实现"持股进城"。总体而言，以土地经营权入股满足了农户"离地不失地、离地不失权"的土地诉求（郭晓鸣，2014），入股成为股东不仅提高了财产性收入、拓展了就业面，更使得家庭收入构成日趋合理，有效分散了因农业生产周期性、弱质性特点所带来的经营风险。

表 5 - 1   我国农村居民人均收入及构成比例

年份	人均纯收入（元）	经营性收入比重（%）	工资性收入比重（%）	财产性收入比重（%）	转移性收入比重（%）
1994	1221.0	21.54	72.23	2.34	3.90
1995	1577.7	22.42	71.36	2.60	3.63
1996	1926.1	23.40	70.74	2.21	3.64
1997	2090.1	24.62	70.46	1.13	3.79
1998	2162.0	26.53	67.81	1.41	4.26
1999	2210.3	28.52	65.53	1.43	4.53
2000	2253.4	31.17	63.34	2.00	3.50
2001	2366.4	32.62	61.68	1.99	3.71
2002	2475.6	33.94	60.05	2.05	3.97
2003	2622.2	35.02	58.78	2.51	3.69
2004	2936.4	34.00	59.45	2.61	3.93
2005	3254.9	36.08	56.67	2.72	4.53
2006	3587.0	38.33	53.83	2.80	5.04
2007	4140.4	38.55	52.98	3.10	5.37
2008	4760.6	38.94	51.16	3.11	6.79
2009	5153.2	40.00	49.03	3.24	7.72
2010	5919.0	41.07	47.86	3.42	7.65
2011	6977.3	42.47	46.18	3.28	8.07
2012	7916.6	43.55	44.63	3.15	8.67
2013	8895.9	45.25	42.64	3.29	8.82

数据来源：中国统计年鉴 2014。

　　另外，土地股份合作制还增强了集体经济实力并完善了其运行机制。以家庭联产承包责任制为基础的土地集体所有制的制度内涵要求村集体能够提供完备的公共产品服务和公益服务，并对农业生产予以适当的统一引导，以弥补小农经济的不足。但是随着分田到户与村办企业的改制，很多村集体入不敷出，已经难以提供应有的公共服务（杨珊，2011）[①]，成了"空壳村"（郝迎灿，2014）[②]，不仅降低了村集体的凝聚力，还制约了农业现代化的进程。而通过组建土地股份合作社，以入股的形式参与不但可以尽可能地调动农村自有资源（如人力、技术、资金等生产要素），还可以突破村集体等行政区域的地缘限制，拓展集体经济所能支配的生产资源，以更好地撬动产业发展；按比例提取公积金、公益金的制度设计也为村集体提供农田基础设施建设、农业技术推广等公共服务打下了坚实的经济基础。如图5-1所示，股份合作制的引入还增强了村集体的风险管控能力：股东代表大会、董事会与监事会三会的设立使得合作社的运营更符合现代企业的特质，股东代表大会的决策权、董事会的执行权与监事会的监督权三权分立，可以将安全机制、经营机制和监督机制有机结合到一起，让权力运行有边界，切实保护各方合法利益，从而强化了集体资产经营者的自我约束能力。

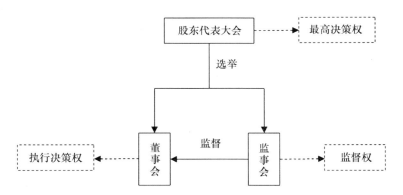

图5-1　农村土地股份合作社的组织机构

---

　　① 杨珊：《土地股份合作社中农民土地利益实现的法律探讨》，《西南民族大学学报》（人文社会科学版）2011年第11期。

　　② 郝迎灿：《助力空壳村"脱壳"》，《人民日报》2014年12月31日第14版。

　　综合来看，土地的股份化一方面可以进一步稳固农户的承包权，即入股的是土地经营权这一概念界定相当于又一次为农户原有的承包权做了背书，且通过土地股份合作社这一集体经济组织既实现了农业的规模经营，增强了集体经济实力，也通过"三会"等形式完善了经营机制，强化了对各方合法利益的保护；另一方面，经营权入股也拓展了原有土地流转的方式，有利于进一步放活经营权，农户让渡经营权的同时也获取了股份分红的资格，不论他是否继续农业经营，土地怎样开发利用，入股农户均可以获得一份稳定的股份分红，土地的实际经营者还可以利用经营权来获得抵押贷款，为农业的现代化发展谋求金融支持。

　　此外，还可以新制度经济学角度阐述农地股份合作制产生的动因。依据新制度经济学的制度变迁理论，农村城市化、工业化的不断发展导致土地潜在利润、"外部利润"和增值收益的产生，"外部利润"内在化的实现需要打破原有土地制度的均衡，产生新的制度需求，新的土地制度产生后又达到暂时均衡。因此，"外部利润"的不断出现及其内在化动机决定了农村土地制度需求与供给，农村土地制度始终处于变迁过程。

　　关于农村土地股份合作制制度变迁，新制度经济学中的基本理论——诺斯的制度变迁模型提供了很好的启发。根据诺斯模型的假定，制度变迁的诱致性在于相关行为主体期望获取最大的"外部利润"或"潜在利润"。之所以会存在"外部利润"，是因为现有的社会经济资源配置没有达到帕累托最优状态，现有的制度安排不能够实现帕累托改进，要使"外部利润"内在化，或者说要获取"外部利润"，就必须进行制度的改革与创新。当然，制度创新需要初级和次级行动团体，这是制度创新所需的必要条件之一。当各行为主体发现制度创新成本小于制度创新预期收益时，才会有动力实施制度的创新。具体来说，农村土地股份合作制流转是一种由乡村集体和部分农民自发形成的诱致性制度变迁，是部分制度创新主体采取集体行动的结果，具有典型的诱致性制度变迁的内在动因。从农村土地股份合作制的形成机理来看，它也表现为从制度均衡到非均衡再到均衡的变化过程（图5-2）。

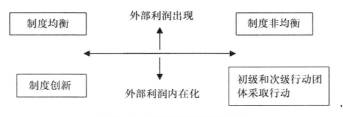

图 5 - 2 制度创新传递过程

1. "外部利润"或"潜在利润"的出现。"外部利润"或"潜在利润"是一种在现有制度安排下创新主体已看到但无法得到的利润，要真正获得该利润，必须进行制度创新。随着我国农村城市化、工业化进程加快和农村经济的发展，农民和农村集体经济组织面临各种获得"潜在利润"和"外部利润"的机会，其主要来自以下几个方面：一是在部分经济较发达地区和城市郊区，由于工业化、城市化、非农化的不断推进，使得这些地区的土地价值快速提升，这就为各社区（乡村）集体和农民创造了巨大的"潜在利润"和"外部利润"获取机会。二是社区（乡村）集体和农民通过有效组织、参与农村土地流转，进行股份合作经营，能够扩大农业生产经营规模，实现规模经济效益，促进农业生产成本下降，提高农业生产效率。基于此，社区（乡村）集体和农民出于对农业生产规模效益的追求，自发寻找最有效率的农村土地制度安排，这就促进了农村土地股份合作制流转模式的诞生与发展。三是农村土地股份合作制大大降低了交易费用，增强了农业生产抗风险能力。农村土地股份合作制使农户分散经营变成联合经营，相对于现行的土地集体所有、一家一户平均承包经营而言，大大提高了应对农业生产自然风险和市场风险的能力，减少了地方政府与分散农户进行谈判的成本，提高了农民在市场中的竞争地位。

2. "外部利润"或"潜在利润"内在化的困难。虽然在部分经济较发达地区和城市郊区存在各种"潜在利润"和"外部利润"，但是在现行的农村土地制度安排下，这些"外部利润"绝大部分由地方基层政府和集体组织占有，作为拥有农村土地承包经营权的农民只能获得其中的很小一部分，也就是说"潜在利润"和"外部利润"无法完全内在化。由于现行农村土地制度的低效率以及现有集体资产产权不清晰，导致部分地方政府在农地征用和非农化过程中将集体资产变卖、低价承包、贪污或挪用等，集体财产被少数个人吞食，引发的矛盾日益增多。这种因原有村

（组）集体组织所有的财产产权处置不当现象在一些城郊结合部地区的行政区划调整中表现得尤为突出。部分社区（乡村）集体经济组织以入股形式将部分农户的承包土地集中起来，统一规划，统一开发，再通过对外出让或出租等方式，获取土地价格或租金。这种土地股份合作制流转模式不仅能够确保农民土地权利不会丧失，而且还能够分享城市化、农地非农化所带来的各种"潜在利润"和"外部利润"，避免了以往征地制度的缺陷对农民产生的利益损害。

3. 初级行动团体和次级行动团体的积极参与。初级行动团体是一个由拥有农村土地承包经营权的农户自愿组织起来的制度创新主体。部分经济较发达地区和城市郊区的农户通过土地使用权入股，进行农业产业化规模化经营，能够给他们带来更多的增值收益，自愿组织起来成为一个个初级行动团体，追逐更多的"外部利润"。次级行动团体是一个帮助初级行动团体获取"外部利润"所进行一些制度安排变迁的决策单位，一般指地方基层政府。农村土地股份合作制流转模式首先在我国沿海等经济发达地区的农村出现，当然与当地的经济社会发展环境有关，但更离不开地方基层政府的积极引导和推动。农村土地股份合作制的顺利实施，首先得到乡村基层政府的大力支持，一些地方基层行政组织通过制定相关优惠政策为其提供明确的政策支持和规范，甚至直接参与股份合作企业的设立、管理以及监督等具体事务。地方基层政府（次级行动团体）的参与，一定程度上能够降低农村土地股份合作制制度创新的成本。正如诺斯指出的："给定同样数量的参与者，在政府安排下的组织成本可能要低于自愿安排下的成本。"

4. 制度创新主体成本—收益分析。新制度经济学的制度变迁理论认为，制度变迁本身是有成本的，土地制度的创新是各行为主体依据成本—收益分析权衡及其选择的结果。因此，有了"外部利润"和行动团体，还要对制度变迁所涉及的成本—收益进行比较分析，只有当制度创新的预期收益大于制度创新的成本（为获取这些收益而支付的成本）时，制度创新才有可能发生。具体来说，农村土地股份合作制的制度创新，是基层政府、农户和土地股份合作企业等各行为主体成本—收益权衡比较的结果，其中，基层各级政府承受的是社会成本与收益以及政治成本与收益，而农户和股份合作企业所承受的是个体成本与收益。以下运用诺斯等人所建立的"成本—收益模型"，对地方政府、农户和土地股份合作企业参与农村土地股份合作制的成本—收益进行理论分析。

（1）农户。假设农户土地使用权入股后未来年均预期入股收入为 R_i，支付入股后年均经营管理成本为 C_i；假设 C_o 为农户土地入股而发生的机会成本，C_b 为新土地制度安排下所不期望的决策下的"阻滞成本"。由净现值法可得：

$$pv = -C_o + \sum_{i=1}^{n} \frac{R_i - (C_i + C_b)}{(1+r)^i}$$

其中：pv 为农户土地入股所获得的净收益现值之和；R_i 为第 i 年预期收益；C_o 为农户参与土地入股的机会成本；C_i 为第 i 年所承担的预期经营成本；C_b 为入股后所不期望的决策带来的预期"阻滞成本"；r 为贴现率；n 为实行土地股份合作的总年限。

在经济较为发达的沿海地区（如广东、浙江、江苏等），农户土地使用权入股后，不仅可以得到土地股份收益，还可以在股份合作企业就业获取工资性收入，或外出务工收入；此外，土地股份合作制流转有利于改善社区公共设施环境，增强农民社会福利保障。因此，在实行土地股份合作制较为成功地区，农户入股后的整体收益得到显著提高且较为稳定，大多数入股农户所获得的收益与其承担的各种成本相比，其净现值远远大于0。也即农户制度创新的收益要大于成本。

（2）农村土地股份合作企业（组织）。对于农村土地股份合作企业（组织）来说，假设未来年均可获得股份经营的预期收益 R_i，而获得这些收入所支出的年均经营管理成本为 C_i，并假设 C_a 为企业新制度安排的初始成本（企业一次性付出，农户层次没有该成本，只共享企业带来的外部性），初始成本需从制度预期收益中得到补偿。由净现值法可得：

$$pv = -C_a + \sum_{i=1}^{n} \frac{R_i - C_i}{(1+r)^i}$$

现行的农村土地股份合作企业自身承担的经营管理成本是比较低的，其支出主要是企业经营过程中的各项生产性成本的支出。因为大部分土地股份合作制企业与村级（社区）集体经济组织和村（社区）委员行政组织关系紧密，基层行政干部事实上承担了土地股份合作企业的部分重要职责，在企业原料采购、市场营销以及融资等方面集两种角色于一身，减少了交易成本。从实际运作来看，许多农村土地股份合作制企业将土地集中起来以后，通过多种形式向社会公开招标，引进高效农业项目，进行规模经营，大大降低了农业生产成本。毫无疑问，农村土地股份合作制企业的土地产出效益应大大高于单个农户分散经营的土地产出效益，其预期每年净收益经折现后的价值也往往会大于企业成立初期的一次性成本投入 C_a。故其净现值也应远远大于 0，即农村土地股份合作制企业制度创新的收益要大于成本。

（3）地方政府。地方政府也是农村土地股份合作制制度创新的主体，它在制度创新过程中承担组织决策职能，是制度创新的主要推动者，其行为对制度创新的效果会产生直接影响。地方政府在制度创新中追逐利益的愿望最终体现在制度创新的供给上。假设地方政府支持、推行土地股份合作制年均可获得预期收益 R_i；获得这些预期收益需支付的初始预期成本为 C_e；土地制度创新可能会给其他利益集团带来损失而阻碍农村土地股份合作制的实施，产生预期"阻滞成本"C_d，伴随制度运行始终。由净现值法可得：

$$pv = -C_e + \sum_{i=1}^{n} \frac{R_i - (C_i + C_d)}{(1 + r)^i}$$

一般来说，农村土地股份合作制给地方政府带来的预期收益 R_i 主要有企业税收、土地租金收入以及其他社会和政治收益。单从经济角度来衡量，地方政府的经济收益或许不能够弥补推行农村土地股份合作制制度创新所支付的各项成本，预期收益净现值可能小于 0。但若综合经济社会效益来看，整个收益净现值可能大于 0，因为农村土地股份合作制的实行会带来产业结构的优化调整、区域投资环境的改善以及社区和谐和就业率提高等社会效益和政治效益。因此，农村土地股份合作制制度创新是十分必要、可行的。

通过对农村土地股份合作制制度创新所涉及各个利益主体的成本—收益分析可以看出，农户、土地股份合作企业、地方政府三个层次利益主体的 pv 值均为正数。这说明农村土地股份合作制制度安排使各个利益主体均有可能成为受益者，容易达成一致性意见，是一种典型的帕累托改进。如果部分利益主体 pv 值为正数，而另一利益主体 pv 值为负数，即说明农村土地股份合作制制度创新在增进部分人福利的同时损害另一部分人的利益，属于一种非帕累托改进；如果利益主体 pv 值均为负数，即说明农村土地股份合作制制度创新使各利益主体的利益受损，改变原有的土地制度安排而实施新制度是得不偿失的。这两种情况都会导致利益受损，阻止、抵抗制度创新，使制度创新无法实现。在一些经济发达、高效农业项目较多且潜力较大、产业结构调整较快的地区推行农村土地股份合作制，不仅给广大农户带来入股收入、工资性收入、外出打工收入等，而且也给农村土地股份合作组织和地方政府创造规模经济效益、社会效益、政治效益等各种效益，这些给农户、土地股份合作组织、地方政府带来的有形和无形的预期收益明显高于制度创新所支出的成本。因此，二、三产业比较发达的农村地区，农户、地方政府和农业龙头企业等都比较热衷于推行农村土地股份合作制这项农村土地新制度。

第二节 股份化基础上保留合作制的原因分析

"股份制"的引入令社员依照劳动贡献与入股份额的多少同股同利地参与股份合作社的盈余分配，从而破解了旧有合作社收益分配上平均主义的弊端，同时合作社根据股东大会审议制定的章程来确定盈余在集体与社员之间的分配比例，使得利益分配更趋公平合理。但土地股份合作社仍然要有"合作制"，因为股份制企业以盈利为目标，不能承载集体经济发展的"公平＋效率"双重目标的要求，土地股份合作社作为集体经济新的创新实践，仍然保留"合作"属性体现了集体所有、集体经营（共同经营），旨在建立一种增加社员收入的长效机制，其既以合作社为媒介整合了各种事关农业生产的资源要素，通过统一规划、规模经营来提高农业收益，也壮大了集体经济，为村集体提供公共服务奠定了坚实的经济基础。股份合作社虽然是某种程度上的公司化了的合作社，但其保护农民长远利益、增加农民经济收入的主旨没有发生改变。具体说来，土地股份合作社与股份制公司、传统专业合作社、家庭承包经营有以下区别与创新。

一 农村土地股份合作社与股份制公司的区别

土地股份合作社作为一种兼具股份制与合作制双重制度特征的新型集体组织形式，一方面与观念上的股份制公司的企业制度存在内在联系，另一方面又具备自身独到的创新优势。历史上股份制公司的出现是为了能够更好地聚敛资金并分散风险，与家族式企业相比其能够承载更大规模的项目与投资，本质上适应了资本扩张的需要，是资本追求超额利润的结果。与经济实力强大的集团组建股份制公司"扩充领地"的进攻性举动不同，股份合作组织发端于市场经济环境中处于弱势地位的群体，是为了"保住阵地"从而走向联合的一种自我防卫性行为（厉以宁，1992）。① 两者在经营目的、产权设置、管理方式和分配方式四个方面都有所不同，其区别如表 5 - 2 所示。

表 5 - 2　　　　　　　　土地股份合作社与股份制公司的区别

	股份制公司	土地	创新优势
经营目的	利润最大化	利润最大化并兼顾公平	更注重社员福利的最大化
产权设置	对股份购买额一般不设限制（非上市公司股东 1 ~ 50 位），股权差异较大	社员股权相对均衡，认购一股即取得社员资格，对社员购买股份有最高份额的限制	可预防"一股独大"与少数社员"通谋"
管理方式	劳动者几乎都是雇用的，对企业无所有权	劳动者既可以是对合作社拥有所有权的股东，也可以是和合作社没有关系的被雇用者	更能调动劳动者的积极性，凝聚力更强
分配方式	净盈利按股份多寡分配，奉行资本多数决	依照按劳分配为主并结合照股分红的原则	更多地体现劳动者在合作社中的地位

二　农村土地股份合作社与传统专业合作社的区别

在我国经济转型期间，股份制改革不但为市场注入了活力也建立起了现代企业制度，而农村经济改革过程中也理应吸收股份制的先进因素。首先，股份合作社最突出的贡献就在于其是对农村土地产权制度创新的尝试，土地承包经营权通过入股得以进一步细化为承包权与经营权，社员让渡土地经营权以获取股份对价，合作社的经营收益一部分留给集体，另一部分派给个人，进而实现了集体与社员利益的最大化（吴玲，2007）②。其次，股份合作社每年都会按照章程从净盈利中提取一定比例的公积金与公益金，一方面可以用来弥补往年的经营亏损，另一方面也可以用来进一步地平整土地、兴修水利，让合作社能够持续稳步发展（葛立成、解立

---

① 厉以宁：《中国经济改革与股份制》，北京大学出版社 1992 年版，第 180 页。
② 吴玲：《中国农地产权制度变迁与创新研究》，中国农业出版社 2007 年版，第 325 页。

平，2000)。① 表5－3所示即为土地股份合作社与传统专业合作社的区别。

表5－3　　　　　　　　　　土地股份合作社与专业合作社的区别

	专业合作社	股份合作社	创新优势
土地制度	对土地仍为事实上的支配，集体所有权被虚化	入股后承包经营权细化为承包权与经营权，属于观念上的支配，进而明确了经营权，稳固了承包权，使产权更加明晰	一定程度上解决了由于家庭承包制"两权分离"而带来的产权问题，使集体与社员均分享到了土地收益
入社形式	主要以资金、技术或农机具入社，属于债权性质的权利	主要以土地经营权入股，属于物权性质的权利	物权性质的土地承包经营权比债权性权利更稳定、更富有流动性，可以增强合作社的经营预期与资产组织能力
持股份额	一般等额持股	允许股东之间持股存在差距，但对最高持股数量有一定限制	在原有合作社一人一票的基础上引进了一股一票，避免了绝对的平均主义
分配制度	按劳分配	按劳分配与按资分配相结合的双重分配	能更好地聚拢农村生产要素，保障合作社长远发展
管理制度	没有保障劳动者实行当家作主地位的具体形式及物质基础，劳动者主人翁身份是抽象与虚拟的	一是身份的双重性；二是民主管理的平等性；三是生产经营的自主权；四是物质利益分配的公平性	捍卫了劳动者的合法权益，真正保证了劳动者当家做主的地位

三　农村土地股份合作社与家庭承包经营的区别

与家庭承包经营相比：首先，股份合作社构建的是一种高于家庭经营的类企业化农业组织，无论是合作社自营还是流转给经营大户都降低了现代要素（农业技术与农业机械的使用）的单位成本，扭转了传统小农经济"单打独斗"的不利局面。其次，由于过去以家庭为生产单位且经营规模较小，农户们没有资金也没有动力改善土地状况；即使经营大户通过

---

① 葛立成、解立平：《市场化进程中的制度创新——浙江农村股份合作经济研究》，浙江人民出版社2000年版，第88—89页。

土地流转获得了一定规模的土地，但是由于流转协议期限较短，大户们同样不会在农业基础设施建设上投入过多资金。由土地股份合作社牵头则可以承担起较大规模的农业基础设施建设任务，如气象基础设施、仓储设施、水利建设与道路建设。表5－4所示即为土地股份合作社与家庭承包经营的区别。

表5－4　　　　　　　　土地股份合作社与家庭承包经营的区别

	家庭承包经营	股份合作社	创新优势
投资机制	模式封闭、投资渠道及形式单一	表现为多方主体的联合：涉农部门与村集体、农户之间；农户与农户之间；农户、合作社与实际经营者之间	突破了农村集体所有制的限制，理论上可以吸收全社会的资金、设备、技术与人才参与到农业生产中来，松动了城乡之间的要素流动壁垒
经营机制	以家庭为生产单位，满足家庭需要外有限地进入市场，形式上"单打独斗"	以合作社牵头，汇聚土地、资产、专利、劳动等生产要素，瞄准市场精准定位，是市场机制下的"抱团取暖"	提高了农业市场化、集约化、规模化经营的水平
建设机制	主要由农户或经营大户根据自身需要进行相应基础建设，缺乏资金与建设动力	以股份合作社为基本力量，长期运作的条件下充分调动实际经营者的积极性，通过集体统一提供公共服务，前瞻性地进行基础设施建设	以股份合作社的形式稳定了土地长期经营的预期，可以充分调动相关利益主体的积极性来推动农业基础设施的建设，合理利用集体资源，更具前瞻性与全局性

第三节　社员视角下农地股份合作社运行绩效分析

一　数据来源

进行综合评价研究的数据主要利用笔者所在课题组于2014年对江苏省农民土地合作社中入股农户的问卷调查的数据，本章在考虑二、三产业发展差异的基础上，选取江苏省南京市、泰州市、徐州市和淮安市进行问卷调查，根据4个地区的具体实践情况，随机抽取一定数量的农村土地股份合作社，并在这些农村土地股份合作社中抽取一定数量的典型农户进行问卷调查。样本涉及4个市，23个县（区），135个镇，488个农村土地股份合作社，996 户社员农户。通过筛选，共获得有效问卷 909 份，问卷的有效率为 91.16%。有效样本的区域分布为南京 289 个、泰州 235 个、徐州 331 个、淮安 54 个，分别占总有效问卷数的 31.79%、25.85%、36.41%、5.94%。

二 研究方法

层次分析法由美国著名运筹学家萨蒂（A. L. Saaty）于 1971 年首次提出，并在 1982 年的中美能源、资源与环境学术会议上，由其学生高兰尼柴（H. Gholamnezhad）向我国的学者推荐了此种方法。层析分析法以其定性与定量相结合地处理各种决策因素的特点，以其系统灵活简洁的优点，迅速在我国多领域得到了广泛应用。层次分析法是通过逐层分解和细分评价目标，在对相关指标进行评判得分，并乘以相应权数后得出最终结论的分析方法。层次分析法中同层次因素两两比较需要咨询专家团来进行独立打分，并进行一致性检验，如若未通过一致性检验，则需要专家团队重新讨论设定，直至通过检验为止，因此其权重判断矩阵的确定相对客观。此外，该方法计算过程相对简单，拥有相对固定的模型，通用性和推广性较强，比较适合社员对农村土地股份合作社进行综合评价。

以层次分析法构造系统模型时，大体可以分为以下四个步骤：一是建立层次结构模型。通过分析系统中各因素的相关关系，自上而下地分解成若干递进式的层次结构。一般而言，最上层为目标层，最下层为方案层/对象层/决策层，中间可以有多个层次，通常为准则层或指标层。二是构造判断矩阵。从层次分析法的第二层开始，对于从属于同一个上层每个因素的同层次因素，用两两比较法和 1~9 比较尺度构造判断矩阵，直到最后一层。三是计算权向量并进行一次性检验。首先对每一个成对比较矩阵计算最大特征根 λ_{max} 以及对应的特征向量；然后利用一致性指标 $C.I$，随机一致性检验指标 $R.I$ 和一致性比率 $C.R = \frac{CI}{RI}$ 做一致性检验；若通过检验（即 $C.R < 0.1$ 或 $C.I < 0.1$）则将上层的权向量归一化处理之后作为单排序权向量；若未通过检验，则需要重新构造判断矩阵。四是根据各层次权重进行综合评分。根据构建的结构模型，按照上述步骤从上至下对各模块分别进行计算，得出每一元素对应上一层的权重，经

过逐层计算，则可计算出底层的元素对于最上层的权重值。将各指标值
与综合权重值相乘，累计得分结果则可以得出综合值，即被评价对象的
综合评价值。下面将按照层次分析法的建模步骤来构建社员对农地股份
合作社综合评价模型。

三　农村土地股份合作社综合评价层次结构模型构建

对于层次分析法而言，良好的结构层次模型对能否给予完好的评价具
有十分重要的意义，该流程为最关键的一步。对于具体对象而言，要将评
价内容具体化，采用核心指标高度概括评价内容，科学分析后层层分解为
具体指标，并将各指标进行综合权衡。根据社员对农村土地股份合作社的
评价内容，可构建出层次结构模型，如表5-5所示。

表5-5　　　**社员对农村土地股份合作社综合评价层次结构模型**

目标层	指标层		对象层
社员视角下农村土地股份合作社绩效评价	盈利能力（A_1）	社员农户的收入提高水平（A_{11}）	农户所在农村土地股份合作社
		社员农户对农村土地股份合作社分红的满意程度（A_{12}）	
	运营风险（A_2）	社员农户对农村土地股份合作社运行满意程度（A_{21}）	
		社员农户对农村土地股份合作社的风险判定（A_{22}）	
	宣传普及（A_3）	社员农户对农村土地股份合作社章程的了解程度（A_{31}）	
		社员农户对农村土地股份合作社运行情况的了解程度（A_{32}）	
	组织治理（A_4）	董事长的形象满意程度（A_{41}）	
		股东（社员）代表大会年召开次数（A_{42}）	
		董事会召开次数（A_{43}）	
		财务公开次数（A_{44}）	

结合农村土地股份合作社的具体实践，本书基于社员农户视角，选择
从盈利能力、运营风险、宣传普及和组织治理4个准则选取指标。（1）
就盈利能力而言，根据福利经济学和制度经济学的分析，农村土地股份合
作社是村集体追求外部利润的必然结果，直接目的是提高土地的增值收
益，使效率最大化，因此，让社员对农村土地股份合作社绩效进行评价的
时候，要考虑利润以及收益提高的程度。在科学性、代表性和可获性的原

则下，本章将其进一步分解为"社员农户的收入提高水平"、"社员农户对农村土地股份合作社分红的满意程度"两个指标。（2）就运营风险来说，社员视角下农村土地股份合作社绩效的好坏，与农村土地股份合作社的运营情况有着紧密关联。农村土地股份合作社的运行状态良好，盈利风险较低，能给农户带来稳定的增值收益，势必会提高农户对农村土地股份合作社的绩效评价。反之，则绩效评价较差。因此，本章将其继续分解为"社员农户对农村土地股份合作社运行满意程度"与"社员农户对农村土地股份合作社的风险判定"两个指标来表征农村土地股份合作社的运营风险水平。（3）对于考量宣传普及来讲，反映政府层面以及农村土地股份合作社实际运营者的宣传普及力度，农户能否对自己所托付的农村土地股份合作社的经营情况有具体的认知与了解，是对农村土地股份合作社的运行状况好坏的直接测度。本章将其分解为"社员农户对农村土地股份合作社章程的了解程度"与"社员农户对农村土地股份合作社运行情况的了解程度"两个指标来表征农村土地股份合作社的宣传普及程度。（4）从组织治理角度出发，农村土地股份合作社有其特有的组织治理结构，因此其治理的效率高低对考察农村土地股份合作社的综合评价有十分重要的影响。本章从农户视角出发，继续细分为"董事长的形象满意程度"、"股东（社员）代表大会年召开次数"、"董事会召开次数"、"财务公开次数"4个指标来表征农村土地股份合作社的组织治理。综上所述，本章从"评价目标"、"评价指标"、"评价对象"3个层面和"盈利能力"、"运营风险"、"宣传普及和组织治理"4个维度构建了一套"三层四维"，包含10个指标的社员对农村土地股份合作社综合评价层次结构体系。

四　指标权重的确立

根据上述构建的社员对农村土地股份合作社综合评价层次结构模型，同层每个指标的两两判断矩阵是通过咨询农业部农村经济研究中心、南京农业大学和南京大学5位专家，用两两比较法和1～9比较尺度法打分获得的，并全部进行且通过了判断矩阵的一致性检验。根据上述方法，对每一层次的权向量做归一化处理后得出各个指标的权重，如表5-6所示。

表 5-6　　　　　社员农户对农村土地股份合作社综合评价指标体系

目标层		指标层	权重	综合权重
社员视角下农村土地股份合作社绩效评价	盈利能力（A_1）	社员农户的收入提高水平（A_{11}）	0.341	0.454
		社员农户对农村土地股份合作社分红的满意程度（A_{12}）	0.113	
	运营风险（A_2）	社员农户对农村土地股份合作社运行满意程度（A_{21}）	0.092	0.276
		社员农户对农村土地股份合作社的风险判定（A_{22}）	0.184	
	宣传普及（A_3）	社员农户对农村土地股份合作社章程的了解程度（A_{31}）	0.013	0.078
		社员农户对农村土地股份合作社运行情况的了解程度（A_{32}）	0.065	
	组织治理（A_4）	董事长的形象满意程度（A_{41}）	0.013	0.192
		股东（社员）代表大会年召开次数（A_{42}）	0.042	
		董事会召开次数（A_{43}）	0.032	
		财务公开次数（A_{44}）	0.105	

由表 5-6 发现，通过层次分析法权重计算，构成社员对农村土地股份合作社综合评价指标体系的 4 个一级指标——盈利能力、运营风险、宣传普及以及组织治理的权重分别为 0.454、0.276、0.078、0.192。从二级指标的权重可以看出更具体的情况，农户的收入水平是否提高（A_{11}）、农户对农村土地股份合作社分红的满意程度（A_{12}）、社员农户对农村土地股份合作社的风险判定（A_{22}）以及财务公开次数（A_{44}）的权重较大，而宣传普及（A_3）中的两个因素权重较小。这在一定程度上说明，影响社员对农村土地股份合作社综合评价重要因素有：农民加入农村土地股份合作社后收入是否显著提高，农村土地股份合作社的风险大小以及财务的透明度与公开度等。

五　农村土地股份合作社综合评价分值及区域特征

在计算农村土地股份合作社综合评价分值时，上述各指标除 A_{42}、A_{43} 和 A_{44} 为具体次数外，其余均采取五级李克特量表进行评价。对应分值的转化为：非常好 = 5 分；比较好 = 4 分；一般 = 3 分；比较不好 = 2 分；非常不好 = 1 分。由于各级指标均为正向指标，根据权重加权平均的最终得分高低便可直接衡量社员对农村土地股份合作社综合评价程度好坏。根据上述模型，结合所调查的问卷数据，计算出的社员对农村土地股份合作社综合评价的各指标的权重分值以及综合分值如表5-7所示。

表5-7　　　　各地区社员农户对农村土地股份合作社综合评价值

	综合评分值	南京	泰州	徐州	淮安	总样本
盈利能力（A₁）	0.5～1.0分	8 (2.77%)	9 (3.83%)	30 (9.06%)	0 (0.00%)	47 (5.17%)
	1.0～1.5分	165 (57.09%)	128 (54.47%)	223 (67.37%)	40 (74.07%)	556 (61.17%)
	1.5～2.0分	17 (5.88%)	10 (4.26%)	8 (2.41%)	1 (1.85%)	36 (3.96%)
	2.0～2.5分	99 (34.26%)	88 (37.45%)	70 (21.15%)	13 (24.07%)	270 (29.70%)
	均值（一般水平期望值）	1.61 (1.36)	1.65 (1.36)	1.44 (1.36)	1.49 (1.36)	1.55 (1.36)
运营风险（A₂）	0～0.5分	16 (5.54%)	16 (6.81%)	17 (5.14%)	4 (7.41%)	53 (5.83%)
	0.5～1.0分	212 (73.36%)	186 (79.15%)	243 (73.41%)	48 (88.89%)	689 (75.79%)
	1.0～1.5分	61 (21.11%)	33 (14.04%)	71 (21.45%)	2 (3.70%)	167 (18.37%)
	均值（一般水平期望值）	0.838 (0.773)	0.765 (0.773)	0.857 (0.773)	0.804 (0.773)	0.824 (0.773)
宣传普及（A₃）	0.1分以下	3 (1.04%)	1 (0.43%)	17 (7.36%)	0 (0.00%)	21 (2.31%)
	0.1～0.2分	71 (24.57%)	25 (10.64%)	97 (41.99%)	19 (35.19%)	212 (23.33%)
	0.2～0.3分	115 (39.79%)	118 (50.21%)	151 (65.37%)	24 (44.44%)	408 (44.88%)
	0.3～0.4分	100 (34.60%)	91 (38.72%)	66 (28.57%)	11 (20.37%)	268 (29.48%)
	均值（一般水平期望值）	0.257 (0.234)	0.272 (0.234)	0.228 (0.234)	0.227 (0.234)	0.249 (0.234)
组织治理（A₄）	0～0.5分	118 (40.83%)	121 (51.49%)	155 (46.83%)	41 (75.93%)	435 (47.85%)
	0.5～1.0分	138 (47.75%)	112 (47.66%)	174 (52.57%)	13 (24.07%)	437 (48.07%)
	1.0～1.5分	6 (2.08%)	2 (0.85%)	0 (0.00%)	0 (0.00%)	8 (0.88%)
	1.5～2.0分	27 (9.34%)	0 (0.00%)	2 (0.61%)	0 (0.00%)	29 (3.19%)
	均值（一般水平期望值）	0.634 (0.577)	0.518 (0.577)	0.512 (0.577)	0.388 (0.577)	0.545 (0.577)

	综合评分值	南京	泰州	徐州	淮安	总样本
综合评价（A）	1.0～2.0分	5（1.73%）	6（2.55%）	13（3.93%）	0（0.00%）	24（2.64%）
	2.0～3.0分	117（40.48%）	79（33.62%）	160（48.34%）	35（64.81%）	391（43.01%）
	3.0～4.0分	106（36.68%）	132（56.17%）	133（40.18%）	17（31.48%）	388（42.68%）
	4.0～5.0分	48（16.61）	18（7.66%）	25（7.55%）	2（3.70%）	93（10.23%）
	5.0分及以上	13（4.50%）	0（0.00%）	0（0.00%）	0（0.00%）	13（1.43%）
	均值（一般水平期望值）	3.327（3.00）	3.209（3.00）	3.035（3.00）	2.908（3.00）	3.165（3.00）

注：1. 各层次的综合评价值均为具体评分乘以所在层次权重获得；2. 根据组织治理中具体的次数调查结果，其期望水平仍为3左右，因此处理时一般期望水平为一般水平（3分）乘以所在层权重获得。

由表5-7可知，江苏省社员农户对农村土地股份合作社的综合评价主要有以下两个特征。

1. 总体而言，4个市的社员对农村土地股份合作社的综合评价水平一般。除组织治理略低于一般水平外，其他各层次指标以及综合评价值均略高于一般水平的评价值。特别是在社员对农村土地股份合作社盈利能力的总体评价中，两极分化明显，有61.17%的社员给予所在农村土地股份合作社的盈利能力的评级处于1.0~1.5分范围，略低于一般水平；而有29.70%的社员给予所在农村土地股份合作社2.0~2.5分的评价，明显高于一般水平。

2. 4个市各层次评价值各有其特征。其具体特征表现如下：（1）综合评价的均值在一般水平上下波动，依南京、泰州、徐州和淮安顺序递减。数据显示，其分值依次为3.327、3.209、3.035和2.908，淮安为唯一一个低于一般水平的城市。（2）就盈利能力而言，南京、泰州评分较高，徐州、淮安较低。从表5-7中可以看出，南京与泰州的得分为1.61和1.65；而徐州和淮安的得分为1.44和1.49。就得分区间而言，给予所在农村土地股份合作社高评价的多来自于二、三产业相对发达的南京和泰州，而给予低于一般水平评价的多来自二、三产业相对落后的徐州和淮安。南京与泰州评价处于2.0~2.5分区间的农民数分别占34.26%和

37.45%，而徐州和淮安仅为21.15%和24.07%。（3）运营风险评价方面，泰州所受评价较低，其他3市较为相近。泰州市的运营风险评价得分为0.765，作为4市中运营风险评价唯一低于一般水平的城市，说明泰州的农村土地股份合作社的运行风险相对较高。（4）南京和泰州宣传普及工作做得好，淮安和徐州相对较差。淮安和徐州的宣传普及的评价值明显低于南京与泰州的评价值。可见，徐州和淮安尚有一部分农民对农村土地股份合作社的运行与政策了解得并不清晰，这与两个城市社员对所在农村土地股份合作社低评价不无关系。（5）组织治理评价结果整体较差，依南京、泰州、徐州和淮安顺序递减。4个城市中，除南京的组织治理的评价高达0.634，高于一般水平外，剩余3个城市均低于一般水平，淮安则低至0.388。可见，大部分地区的农村土地股份合作社并不注重其组织治理。

第四节　农村土地股份合作社运行绩效的影响因素分析

一　变量选取与设计

由于农民对农村土地股份合作社综合评价是农民的主观评价，根据行为学理论，黄宗智（1990）提出中国的农民既不是完全追求家庭利益最大化的蔡雅诺夫式的生产生计者，也不是完全意义上的舒尔茨（Schultz）的自身利润的追求者，而是两者的综合。因此，研究农户对农村土地股份合作社的综合评价的影响因素自然要从农民自身和家庭状况出发。此外，农户入社后的体验自然直接影响其对农村土地股份合作社的评价。考虑到研究资料的限制，以及学者们有过一定程度的研究，笔者本着因素重要、数据可行的原则，选取了一些关键变量用于研究。

一是反映社员农户自身特征的变量。农户的特征主要包括农户的性别、年龄、受教育程度、风险偏好程度以及职业的非农程度。通常来讲，受教育程度越高的农户越能在二、三产业谋职，对新事物的接受能力越强，从而对农村土地股份合作社评价越高。而农户的风险偏好与农民从事职业对农民评价的影响应该呈现一定的地区差异，因为：其一因素各个地区二、三产业经济呈现出一定差异，农户对农村土地股份合作社的经济评价不同，自然对其风险态度不一，从而导致综合评价值的差异性；其二，不同地区产业发展的差异性导致一些地区间农业发展的差异性，不同职业的农户对农村土地股份合作社的评价应该各有其特点。

二是反映社员农户家庭经营特征的变量。农户的家庭经营特征主要包括家庭劳动力人数、家庭收入在当地水平、家庭从事非农事业人数比例以及家庭拥有养老保险人数比例。理论上来讲，家庭从事二、三产业比率越高以及养老保险比例越高，农户越有入股农村土地股份合作社的动机，从而评价值也越高。

三是反映农户入社后情况的变量。入社情况变量主要包括入社的自愿程度、是否拿到入社补贴、入社是否受到家庭成员影响、分红是否增加过、对社员的熟悉程度、对董事长的熟悉程度、入社的土地规模以及入社的方式。

四是反映地区因素变量。主要是为了控制地区间其他因素的差异，由于上述分析中发现农户的综合评价值存在某种地区梯度，因此此处不设虚拟变量。

二　研究方法

由于在此研究中被解释变量选择了上述的农村土地股份合作社的绩效评价的具体数值，且由于这些数值趋近于连续，不再是简单的离散选择，不能选用离散选择模型，而应该选择一般的多元回归分析。在回归分析中，如果有两个或两个以上的自变量，就称为多元回归。事实上，一种现象常常是与多个因素相联系的，由多个自变量的最优组合共同来预测或估计因变量，比只用一个自变量进行预测或估计更有效，更符合实际。因此，多元线性回归比一元线性回归的实用意义更大。多元线性回归模型的一般形式为：

$$Y_i = \beta + \sum_{k=1}^{n} \beta_i x_{ik} + u_i (i = 1, 2, 3, \cdots, n)$$

其中，k 为解释变量的数目，β_i 为回归系数。

三　描述性统计分析

各变量的描述性统计见表 5 - 8。

表 5 – 8   相关变量及其含义

变量 分类	变量名称	变量含义	平均值				
			总样本	南京	泰州	徐州	淮安
农户自 身特征	农户的性别	男 =1；女 =0	0.837	0.869	0.804	0.801	1.000
	农户的年龄	具体数值	46.630	47.358	48.655	44.17	48.226
	农户受教 育水平	小学 =1；初中 =2； 高中（中专）=3； 大专 =4；本科及以上 =5	2.636	2.521	2.755	2.677	2.472
	农户从事行业	纯农业 =1； 从事农业外还兼职其他 =2； 已不再从事农业 =3	2.331	2.059	1.819	1.890	1.964
	农户风险 承担能力	风险偏好 =1； 风险中性 =2； 风险规避 =3	2.293	2.398	2.226	2.232	2.400
农户家 庭经营 特征	家庭收入水平	很低 =1； 比较低 =2； 一般 =3； 比较高 =4； 很高 =5	3.186	3.128	3.213	3.207	3.254
	家庭劳动 力人数	家庭 16 岁 以上成员数	3.614	3.531	3.491	3.752	3.741
	家庭非农 人数比例	农户家庭从事非 农业人数比例（%）	0.526	0.531	0.573	0.475	0.611
	家庭拥有养 老保险比例	农户家庭拥有养老 保险人数的比例（%）	0.602	0.646	0.701	0.490	0.621
农户 入社 情况	入社自愿程度	不自愿 =1； 较低 =2； 一般 =3； 较高 =4； 完全自愿 =5	4.055	4.361	4.474	3.508	4.000
	是否拿 到了补贴	是 =1；否 =0	0.914	0.989	0.929	0.833	0.926
	是否受到 家庭影响	是 =1；否 =0	0.436	0.489	0.251	0.567	0.135

变量分类	变量名称	变量含义	平均值				
			总样本	南京	泰州	徐州	淮安
农户入社情况	分红是否增加	是=1；否=0	0.621	0.684	0.684	0.559	0.358
	对社员熟悉程度	很低=1；比较低=2；一般=3；比较高=4；很高=5	3.422	3.523	3.706	3.169	3.182
	对董事长熟悉程度	很低=1；比较低=2；一般=3；比较高=4；很高=5	3.427	3.909	3.172	3.134	3.764
	入股的土地规模	入股的土地规模（公顷）	0.303	0.242	0.327	0.339	0.701
	入社的方式	只有土地=1；多元化入股=0	0.768	0.841	0.843	0.633	0.900
	地区因素	南京=1；泰州=2；徐州=3；淮安=4	2.163	—	—	—	—

从表5－8中可以看出，首先，农民自身特征变量主要表现为：一是受访农民大多数为男性，年龄均值达到46岁左右。4个市的受访农民中，男性比率均在80%以上，淮安由于样本较小，受访农户均为男性；受访农民年龄徐州最为年轻，平均只有44.17岁，其他3个市均在47岁以上。二是农民从事行业多元化发展。在4个市中，虽然仍有一大部分农户从事纯农业，但多数农民开始从事非农兼职，在南京大部分人已经不再从事农业工作，转投其他行业。三是农民风险承担能力弱，倾向于低风险投资，4个市的均值均在2.2以上，表明绝大多数农户都规避风险较高的项目。

其次，就农民家庭经营状况而言，其主要特征有：一是受访农户家庭生活水平在当地为一般水平。4个城市的受访农户对自身家庭水平的评定较为相似，均在3.2上下波动。二是家庭非农从业水平一般，养老保险普及率低。4个城市的受访农民家庭劳动力人数均在3.5人以上，但是非农从业比率除淮安外均在60%以下，这就表明每个家庭至少有1~2个成员从事农业工作；每家的养老保险比率泰州覆盖相对较高，达到70.1%，徐州最低，只有49%。截至2013年年底，我国基本养老保险参保人数为8.19亿，覆盖率为79.7%，就整体而言，4个城市的农民享有的养老保险覆盖率远低于此水平。最后，农户加入农村土地股份合作社情况具有如下特征：其一，农户大部分拿到入社补贴，农户入社自愿程度总体较高。从数据中可以看出，农民是否拿到入社补贴与其入社自愿程度高低呈同方向变动。对于入社补贴发放率最低的徐州，其社员入社自愿程度只介于一般与较愿意之间。其二，农民对所处农村土地股份合作社的社员与董事长熟悉程度较高。究其原因，主要是我国现行的农村土地股份合作社都具有社区性质，即由原来所在村集体进行组织和规划，村民之间本身就很熟悉。其三，农民入社方式仍以土地入股为主。传统的入社方式为纯土地入社，而随着农村土地股份合作社的发展，入社方式不再仅限于土地入股，资产等入股方式也开始出现。但就目前而言，绝大多数农民都仅限于土地入股。

四 模型估计及结果分析

本章利用Stata11统计软件，对2014年农户调查的数据进行了多元线性回归处理。将数据代入进行筛选和检验，并进一步分别对南京、泰州、徐州和淮安数据进行回归检验，得出最后不同地区的估计结果（表5-9）。

表5-9 模型参数估计结果

变量分类	自变量	总样本	南京	泰州	徐州	淮安
农户自身特征	农户的性别	-0.034 (0.060)				
	农户的年龄	0.005* (0.003)				
	农户受教育水平	0.033 (0.029)	-0.04 (0.057)	0.062 (0.053)	0.099** (0.045)	0.007 (0.144)
	农户从事行业	-0.000 (0.996)				
	农户风险承担能力	-0.088 (0.036)	-0.059 (0.077)	-0.121** (0.060)	-0.168*** (0.053)	-0.050 (0.143)

续表

变量分类	自变量	总样本	南京	泰州	徐州	淮安
农户家庭经营特征	家庭收入水平	0. 202 *** (0. 043)				
	家庭劳动力人数	0. 003 (0. 019)	0. 021 (0. 038)	0. 091 ** (0. 037)	- 0. 045 (0. 028)	- 0. 057 (0. 087)
	家庭非农人数比例	- 0. 276 *** (0. 072)				
	家庭拥有养老保险比例	0. 230 *** (0. 062)				
农户入社情况	入社自愿程度	0. 161 *** (0. 026)				
	是否拿到了补贴	- 0. 027 (0. 092)	- 0. 925 (0. 646)	0. 403 *** (0. 152)	0. 0211 (0. 105)	0. 278 (0. 372)
	是否受到家庭影响	0. 107 (0. 045)	0. 129 (0. 086)	- 0. 079 (0. 089)	- 0. 133 * (0. 073)	0. 555 ** (0. 264)
	分红是否增加	0. 271 *** (0. 049)				
	对社员熟悉程度	0. 149 *** (0. 031)				
	对董事长熟悉程度	0. 055 (0. 027)				
	入股的土地规模	0. 079 (0. 0500)	0. 252 (0. 174)	0. 018 (0. 231)	- 0. 003 (0. 111)	0. 215 *** (0. 066)
	入社的方式	- 0. 080 (0. 056)	- 0. 016 (0. 115)	0. 176 * (0. 106)	- 0. 073 (0. 081)	- 0. 019 (0. 341)
	地区因素	- 0. 050 ** (0. 029)				
	_ cons	1. 042 *** (0. 305)	1. 025 (0. 887)	0. 799 (0. 552)	1. 617 *** (0. 464)	1. 225 (1. 351)
	MProb > F			均为 0. 0000		
	R - squared	0. 684	0. 669	0. 651	0. 624	0. 808

注：括号内数字为变量的显著水平（sig.），***、**、* 分别表示在 1%、5%、10% 水平上显著。

从各个模型的整体检验结果看，各方程有效性经 F 检验，均十分显著（Prob > chi2 = 0. 000）。但根据 R - squared 可以发现模型的预测准确率一般。其原因可能为模型忽略了同一个村庄的农户土地入股意愿之间存在着很强的相互影响力，即研究个体之间是不完全独立的，因此这种忽略有可能影响研究结论的准确性。根据表 5 - 9，回归结果具体情况为：

（1）4 个城市的农民受多种相同因素影响其对所在农村土地股份合作

社的综合评价。首先，在农户自身特征因素中，年龄与农户对农村土地股份合作社的综合评价正相关，影响程度较低。但是农户的性别、风险承担能力以及农户从事的行业与农村土地股份合作社的综合评价相关性不能通过显著性检验。其次，在农户家庭经营特征要素中，家庭收入水平、家庭非农人数比例以及家庭养老保险的比例均通过显著性检验。其中，家庭收入水平以及家庭养老保险比例与农村土地股份合作社运行绩效评定正相关，主要是由于家庭收入水平越高，养老保险比例越高，家庭的生活保障越高，农户越敢从事新的尝试，并且收入水平高得多从事二、三产业工作，农地闲置，农户更愿意把农地流转给集体处理。然而值得注意的是，农户家庭非农从业比例越高，农户对农村土地股份合作社的绩效评定反而越差。最后，在农户入社情况特征中，农户入社资源程度、分红是否调整以及农户对社员的熟悉程度均与农户对农村土地股份合作社评价正相关。农户入社的自愿程度越高，农户对农村土地股份合作社运行的综合评定越高；农户入社的自愿程度越低，农户对农村土地股份合作社运行的综合评价就越低。农户对农村土地股份合作社的社员熟悉程度以及分红有增值与农村土地股份合作社的综合评价成正比。前述分析提到，农村土地股份合作社是村集体追求外部利润的必然结果，直接目的是提高土地的增值收益，使效率最大化。那么，当分红定期增加时势必大大提高农户对农村土地股份合作社的认可度。

（2）一些特定因素对农民评价农村土地股份合作社的影响在 4 个城市存在差异性。一是徐州农户受教育水平与农户的综合评价正相关。在总体回归中未通过显著性水平检验，但是在分地区回归中，徐州通过了 5% 的显著性检验，与农村土地股份合作社综合评价正相关，即农户受教育水平越高，对农村土地股份合作社的运行障碍越低。其原因在于户主的文化程度越高，越容易在二、三产业中谋职，收入水平越高，接受新事物的能力和风险承受能力也越强，并且能够较好地了解和理解农村土地股份合作社政策，越能了解到其风险小，并且能够为之带来收益，从而对农村团队股份合作社的评价提高。但是由于南京和泰州的农村土地股份合作社起步较早以及教育普及度相对较高，这种文化水平差异带来的影响被弱化。而淮安样本数较小，文化水平差异没有被拉开。二是家庭劳动力人口数、入社是否拿到补贴与入社的方式正向影响泰州的农户评价。其原因可能在于苏中地区的农村土地股份合作社已经发展到一定的瓶颈期，即农村土地股份合作社的制度发展跟不上其本身的发展，制度不够完善，对多元化的入股方式不能够很好地兼容，土地之外的入股方式带来的收益较低，着实影响着农户对农村土地股份合作社的认知；而苏北地区发展较晚，仍处于上升期，越是多元化的入股方式带来的收益可能越高，农户越是愿意以多种方式参与到股份合作社中去。三是入社土地规模正向影响淮安农民对农村土地股份合作社的综合评价。淮安在 4 个市中农业最为发达，其第一产业占比高达 12.1%，是农业大市，部分农民拥有土地较多，其人均入股土地规模为 0.701 公顷，远高于其他 3 个市，从而导致农户间入股量被拉开，使其对农村土地股份合作社评价的影响通过显著性水平检验。四是在徐州和泰州，越是风险规避的农户对农村土地股份合作社的评价越低。通过上述统计性数据发现，泰州和徐州的养老保险覆盖率正好为 4 个市中最高和最低，分别为 70.1% 和 49.0%。就徐州而言，农民对农村土地股份合作社的了解程度尚低，家庭社会保障不完善，自然认为农村土地股份合作社的风险较高，从而降低其对农村土地股份合作社的评价。然而就泰州而言，其社会保障较为完善，二、三产业较为发达，农户选择性居多，并且农民对农村土地股份合作社较为了解，了解到其组织治理等方面存在问题，从而对其风险大小评定提高，这与前面泰州的运行风险评价值较低相符合，降低了其对农村土地股份合作社的综合评价值。

（3）在地区因素中，二、三产业相对较落后的地区其综合评价值相对越低。其主要原因在于二、三产业与农村土地股份合作社的发育存在循环因果效应。苏南、苏中地区二、三产业较为发达，农户家庭的非农就业高，对土地依赖性少，农户非常自愿地将土地入股给农村土地股份合作社，以避免抛荒带来的经济损失；农户的入股又使得大量的劳动力转移到二、三产业，并且使得土地形成规模化生产，提高土地生产效率，促使经济快速发展。而苏北地区，农户从业选择性小，对土地依赖性大，而农村的社会保障制度尚不健全，农户本身入股意愿相对较低，大大降低了农户对农村土地股份合作社的绩效评价。

第五节 本章小结

根据上述研究，本章得出以下结论：

1. 社员对农村土地股份合作社的综合评价水平一般。除组织治理略低于一般水平外，其他各层次指标以及综合评价值均略高于一般水平的评价值。

2. 4 市在盈利能力、运营风险、宣传普及、组织治理以及综合评价值上呈现地区差异。一是综合评价值依南京、泰州、徐州和淮安顺序递减；二是南京、泰州盈利能力与宣传普及评价明显高于徐州和淮安的评价；三是运营风险的评定中徐州最高，泰州较低，南京和淮安 2 市水平相当；四是组织治理水平普遍较低。

3. 存在共同因素影响 4 市农民对农村土地股份合作社综合评价。一是农民特征变量中，农民的年龄与农民对农村土地股份合作社的综合评价同向变动；二是农户家庭经营特征中家庭收入水平与养老保险比率与农村土地股份合作社综合评价值正相关，而家庭非农就业比例与其负相关；三是在农民入社情况中，农民入社自愿程度、入社后分红是否增加以及社员对社员的熟悉程度均正向影响着农民对农村土地股份合作社的综合评价值。

4. 影响 4 市农民对农村土地股份合作社综合评价的因素存在差异性。一是徐州农户受教育水平与农户的综合评价正相关；二是家庭劳动力人口数、入社是否拿到补贴与入社的方式正向影响泰州的农户评价；三是入社土地规模正向影响淮安农民对农村土地股份合作社的综合评价；四是徐州和泰州，越是风险规避的农户对农村土地股份合作社的评价越低。

第六章　非社员视角下农村土地股份合作社的入社响应及影响因素研究

第一节　非社员农户农村土地股份合作社入社响应分析

一　影响未入股农户决策响应的主要因素假设

"响应"即外部成员对某一新兴制度的选择，农户是否加入土地股份合作社，本质上是对经营方式的选择：如果农户希望加入即说明其做出了积极的决策响应；反之，即为消极的决策响应。根据已有研究成果，本章将影响农户是否做出积极决策响应的因素分为四大类。

1. 农户基本特征，主要包括农户的年龄、受教育程度、有无养老保险与职业属性。（1）理论上来讲，农户的受教育程度越高，其越能理解并善于利用新兴事物，就越倾向于加入土地股份合作社。（2）关于年龄，其对农户响应决策的影响方向并不明确，这是因为一方面在我国农村，农民的年龄与受教育程度负相关，根据前述讨论，年龄大的社员其选择加入可能较低；另一方面年龄越大的社员，其经营能力较差、面临的实际困难较多，更希望获得土地股份合作社的帮助，相比年轻的农户可能更倾向于加入。（3）土地对于农户乃至家庭来说是最后一道保障，土地入股虽然可以获取一份稳定的股份分红收入，但也将农民与土地相分离，使农户在入社期间失去了对原有土地的控制，此时完善的养老保险会解除农户的后顾之忧，因此拥有养老保险的社员其选择响应的可能性更高。（4）随着改革开放的深入，城乡二元结构的调整，农户非农收入比例不断提高，如果选择土地入股则将减少土地对于农户的束缚，使得获取更多非农收入成为可能，所以具有兼业农户、非农业户职业属性的农户可能会比纯农业户更倾向于加入。

2. 农户家庭情况，主要包括非农收入占家庭收入比例、家庭人数和承包土地规模。（1）随着我国现代化的不断推进，农村家庭非农收入不断提高，农业经营收入对于一个家庭来说的重要性已经不断弱化，非农收入比例高的家庭对于土地入股这一形式更易做出积极的响应。（2）家庭成员也会深刻影响到农户入股的决策，家庭人数较多的农户其家庭收入中非农收入比例可能较高，进而提高入股的可能；但另一方面家庭人数较多也可能面临更大的就业压力，务农将成为一项很好的就业选择，此时农户就会倾向于不入股。（3）家庭承包的土地规模越小，其经营细碎化的问题就越严重，农户更有可能做出积极的响应；但另一方面，家庭承包土地规模越大，农户拿出一部分土地试水的可能性也越大，所以家庭承包土地规模对农户响应影响的方向也不明确。

3. 对土地股份合作社的了解程度。2010 年 1 月 1 日起江苏省实施的《江苏省农民专业合作社条例》在国内第一次定义了土地股份合作社的内涵，作为一种新兴制度，土地股份合作社与一般的专业合作社在相关政策上必然存在差异，而农户对其了解程度的高低势必影响到自身的行为决策。从具体运行上来说，农户以土地经营权入股获得的保底分红虽然没有自己经营的收益高，但农户也从农业劳动中解放了出来，使得进一步获得非农收入成为可能，如果土地股份合作社运营良好还有机会获得收益分红。因此，本章认为农户对土地股份合作社相关政策了解程度越高，其做出积极响应决策的可能性也将越高。

4. 之前是否流转过土地。土地股份合作社的出现使得土地这一资源不再"沉淀"，其将农户的土地汇总进行规模经营的同时也为土地流转提供了媒介，被一些村干部形象地称为"一脚踢"（孙中华等，2010）。如果农户之前流转过土地，无论其是流入方还是流出方，都将对土地流转有更清晰的认识，也更可能对土地入股这一形式做出积极的响应。

二　数据来源与样本描述性统计

本章选取淮安地区的 7 个区县作为样本区域，向其中的未入股农户发放问卷 800 份，共回收有效问卷 744 份，具体样本分布如表 6 - 1 所示。

表 6 - 1　　　　　　　　　　　　调查样本分布

	洪泽县	盱眙县	涟水县	清浦区	淮阴区	淮安区	金湖县	样本数
农户（户）	110	114	216	40	34	220	10	744
所占比例（%）	14.8	15.3	29.0	5.4	4.6	29.6	1.3	100

　　其中，对土地股份合作组织做出积极响应即愿意加入的农户占样本总量的 52.15%，共 388 户，说明农户对于土地入股这一形式仍持有保留态度，有必要进一步研究影响其决策响应的相关因素。通过对 744 户农户的调查数据进行分析可知：

　　1. 参与调查的农户平均年龄为 46.99 岁，其中 30 岁及以下农户只有 21 人，占 3.5%，50 岁以上农户 276 人，占 41.2%，具有较为明显的老龄化倾向（见图 6 - 1）；农户中具有大专以上学历的有 22 人，占比仅 2.96%，平均受教育程度均值为 2.08，即初中文化水平，说明农户整体受教育程度偏低（见表 6 - 2）；样本农户中共 316 户具有养老保险，占 42.47%；兼业农户、非农业户分别占比 34.95% 和 22.58%，但均值为 1.88，说明样本农户的职业属性仍较多偏向农业。

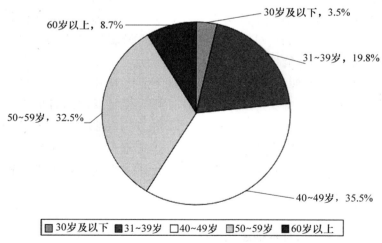

图 6 - 1　未入股农户年龄分布情况

表6-2　　　　　　　　　　　未入股农户受教育程度

受教育程度	小学及以下	初中	高中	大专及以上
人数	194	315	213	22
所占比例（%）	26.07	42.34	28.63	2.96

2. 农户家庭平均人数为4.35人，平均非农工作比例为34.96%，说明在农村大部分劳动力仍然在从事与农业相关的工作；农户家庭承包土地规模平均为8.23亩，但规模在5亩以下的家庭占比为40.5%，共301户，规模在5～10亩的家庭占比45.0%，共335户，说明在农村土地经营规模狭，细碎化问题突出（图6-2）。

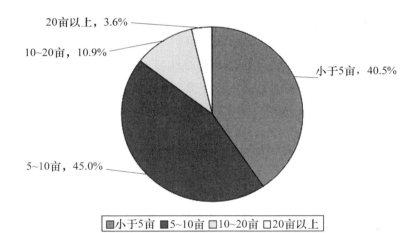

图6-2　未入股农户家庭承包土地规模情况

3. 农户对土地股份合作社相关政策的了解程度均值为1.95，但表示了解的农户只有118户，占15.86%，说明对于土地股份合作制的宣传仍存在不足。共114户农户曾经流转过土地，占样本总量的15.32%，也一定程度上说明了当下农村土地流转难仍是制约规模经营的一大难题（张红宇，2002①；黄祖辉、王朋，2008②）。

① 张红宇：《中国农地调整与使用权流转：几点评论》，《管理世界》2002年第5期。
② 黄祖辉、王朋：《农村土地流转：现状、问题及对策——兼论土地流转对现代农业发展的影响》，《浙江大学学报》（人文社会科学版）2008年第3期。

三　计量模型的选择与变量设置

因为非入股农户的决策响应为 0~1 型变量，其中：1 代表农户做出了积极的决策响应，即愿意加入土地股份合作社；0 代表农户做出了消极的决策响应，即不愿意加入土地股份合作社。因此本章拟采用二元逻辑模型，并通过采用最大似然估计法对其回归参数进行估计，二元逻辑模型的基本形式如下：

$$P_i = E(y = 1 \mid y_i)$$
$$= 1/(1 + e^{-y_i})$$

其中，P_i 代表农户对土地股份合作社做出不同决策响应的概率，假设 $E(y = 1 \mid y_i)$ 代表给定的一个 y_i 值，再假定 $y_i = \sum_{j=1}^{n} \beta_j x_{ij} + \varepsilon_i$，且 $e^{-y_i} = \dfrac{1 - P_i}{P_i}$，则有 $\ln \dfrac{1 - P_i}{P_i} = y_i$，此时其为一个线性的估计模型，$\beta_j$ 表示影响因素的回归系数，j 表示第 j 个影响因素的编号，n 表示影响农户响应选择的因素个数，x_{ij} 为自变量，ε_i 为误差项。

由于离散选择模型自身的特点，此时仍应计算二元逻辑模型各变量的边际贡献值。

实证模型中各变量的具体设置如表 6-3 所示。

表6-3　　　　　**影响非入股农户决策响应的变量设置情况**

变量名称	变量定义	最小值	最大值	均值
非入股农户的年龄	具体数值（岁）	23	71	46.99
受教育程度	1 = 小学及以下；2 = 初中；3 = 高中；4 = 大专及以上	1	4	2.08
是否具有养老保险	0 = 没有；1 = 有	0	1	0.42
职业属性	1 = 纯农业户；2 = 兼业农户；3 = 非农业户	1	3	1.88
家庭非农工作比例	具体数值（%）	0	100	34.96
家庭人数	具体数值（个）	1	8	4.35
家庭承包土地规模	具体数值（亩）	0	250	8.23
股份合作社相关政策了解程度	1 = 不了解；2 = 一般；3 = 了解	1	3	1.95
之前是否流转过土地	0 = 没有；1 = 有	0	1	0.15

注：由于农户家庭非农收入比例较难衡量，故本章用其家庭非农工作比例代替。

第二节　实证结果与分析

一　回归结果分析

本章采用二元逻辑模型对影响非入股农户决策响应的相关变量进行了回归分析，具体操作分两步进行：第一步将所有变量引入回归方程，并检验回归系数的显著性以得到初步模型（模型1）；第二步则去除若干未通过检验的变量再重新进行回归分析，直到方程中变量回归系数基本显著为止，得到最终模型（模型2），模型回归的结果如表6-4所示。

表6-4　　　　　　　　　　　二元逻辑模型的回归结果

	模型1		模型2	
	回归系数	Z统计量	回归系数	Z统计量
非入股农户的年龄	-0.9532 ***	-3.83	-0.9457 ***	-4.94
受教育程度	1.2228	1.54	—	—
是否具有养老保险	1.8268 ***	3.39	1.7731 ***	3.25
职业属性	1.4497 ***	2.94	1.4779 ***	3.14
家庭非农工作比例	1.0115 ***	2.61	1.0118 ***	2.68
家庭人数	1.0544	0.76	—	—
家庭承包土地规模	-0.9837 ***	-2.92	-0.9844 ***	-2.87
股份合作社相关政策了解程度	5.8768 ***	9.51	6.0688 ***	9.81
之前是否流转过土地	1.1011	0.37	—	—
Loglikelihood	-395.5603		-397.1546	
PseudoR^2	0.2319		0.2288	
LRstatistic	238.91 ***		235.72 ***	

注：***表示Z统计检验在1%的显著性水平下通过检验。

由估计结果可知：（1）随着农户年龄的增大其反而不愿加入土地股份合作社，其在1%条件下通过了显著性检验。（2）农户是否具有养老保险、职业属性和家庭非农工作比例均在1%条件下通过了显著性检验，且影响为正。（3）农户家庭承包土地规模越大反而越不愿加入土地股份合作社，且在 1% 条件下通过了显著性检验。（4）农户对土地股份合作社的相关政策越了解就越倾向于加入，其在 1% 条件下通过了显著性检验。

二　边际贡献值分析

由于离散选择模型本身的特殊性，上述变量的系数不能充分衡量该变量对农户决策响应的影响程度，需要计算各个变量的边际贡献值，模型 2 中各变量的边际贡献值如表 6 – 5 所示。

表 6 – 5   模型 2 中各变量的边际贡献值

	边际贡献	
	回归系数	Z 统计量
非入股农户的年龄	– 0.0102 ***	– 5.25
是否具有养老保险	0.1029 ***	3.34
职业属性	0.0702 ***	3.21
家庭非农工作比例	0.0021 ***	2.73
家庭承包土地规模	– 0.0028 ***	– 2.92
股份合作社相关政策了解程度	0.3239 ***	13.02

注：*** 表示 Z 统计检验在 1% 的显著性水平下通过检验。

由估计结果可知：（1）农户的年龄每增大 1 岁，其做出积极决策响应的概率就将降低 1.02% ；相比没有养老保险的农户，具有养老保险的农户做出积极决策响应的概率要高 10.29% ；农户的职业属性每向非农化靠拢 1 个单位，其加入土地股份合作社的可能性就将提高 7.02% 。（2）农户家庭中非农工作比例每提高 1% ，其入股土地股份合作社的可能性就提高 0.21% ；而农户的家庭承包土地规模每增大 1 亩，其做出积极响应的概率反而下降 0.28% 。（3）农户对土地股份合作社相关政策的了解程度每提高 1 个单位，其做出积极响应的概率就将提高 32.39% 。

综合表 6 – 4 和表 6 – 5 的结果可知：（1）年龄较小的农户更倾向于对土地股份合作组织做出积极的响应，这是因为年龄较大的农户就业途径较窄，其更愿意自营土地而非拿土地入股。（2）具有养老保险的农户更倾向于加入土地股份合作组织。土地不但是农业经营的重要生产资料，对农户来说更具有社会保障的功能，而在土地入股期间农户将失去对土地的控制，此时如果具有养老保险将减少农户入股的后顾之忧。（3）农户的非农化职业倾向越高，家庭非农工作比例越高，其做出积极响应的概率也将越高。这是因为相比农业收入，外出打工等非农收入不但更丰厚且面临更小的风险，此时土地对其就业与保障的效用降低，农户也愿意将土地入股以换取额外的稳定分红。（4）家庭承包土地规模越大的农户反而更倾向于做出消极的响应。这可能是因为承包土地规模较大的农户更易实现规模经营，说明土地股份合作组织更适宜弱势农户，且能够一定程度上起到解决农村土地细碎化的作用。（5）农户对土地股份合作社相关政策越了解其越倾向于选择加入。土地股份合作组织将股份因素引入传统的合作社，是对传统制度的创新，可以在更大范围内给予农户以实惠。此时，农户对土地股份合作制越了解，其越能看到预期可能获得的收益，就更容易做出积极的响应。（6）农户的受教育程度与家庭人数对入股响应没有通过显著性检验，这说明作为理性人的农户，只要符合一定的条件并相信在入股后能获得稳定的收益就将做出积极的响应；之前是否流转过土地也不是影响农户响应的显著变量，这可能是因为虽然不是每一户农户都进行过土地流转，但土地流转这一形式在农村并不鲜见，农户对其已经有较为清晰的认识，而土地入股虽然有利于土地流转，但土地入股与土地流转毕竟不同，即使农户之前有过土地流转的经验也不意味着其将选择以土地入股。

第三节　本章小结

根据上述分析，本章可得到以下结论：

从样本的统计结果来看：（1）农户老龄化倾向明显，整体受教育程度较低，且农户整体的职业属性仍较多偏向农业。（2）农户家庭平均承包土地 8.23 亩，但规模在 5 亩以下的家庭占比高达 40.5%，农村土地经营规模小，细碎化问题突出。（3）了解土地股份合作社相关政策的农户仅占样本总量的 15.86%，说明现今对于土地股份合作制的宣传仍存在不足；只有 15.32% 的农户曾经流转过土地，说明当下农村土地流转难仍是制约规模经营的一大难题。

从实证结果来看：（1）农户对土地股份合作社的相关政策越了解，

其越倾向于入股，这是影响最为显著的因素。（2）农户具有养老保险，其职业属性越倾向非农化，就越倾向于入股。（3）农户家庭承包土地规模越小，家庭非农工作比例越高，同样越倾向于入股，但其影响程度则相对较小。

第七章　农村土地间接金融的
实现途径分析

第一节　理论分析

在我国集体土地所有制下，农地间接融资是指农户依托农地净现值或未来一段时间产生的现金流作为信用担保向银行机构进行抵押信贷融资，或交由金融中介机构（如土地抵押信用合作社和信托机构）作为发行土地证券的担保来筹集社会资金，一般由资金需求方通过金融中介机构与资金初始供给方间接发生融资关系。

一　农村土地间接金融的实现途径

农村土地间接融资最主要的特点是资金供应者和资金需求者分别与金融中介发生直接融资关系，而二者之间建立的是间接融资关系。其可能的实现方式主要包括农地抵押、通过农地抵押信用合作社发行土地债券、农地信托融资。

1. 农地抵押。在我国集体土地所有制下，农民拥有的仅仅是农用地的承包经营权和宅基地使用权，这些是农民的重要财产，也是他们能够抵押的主要财产，因而，对于一般农户，目前可能的农地抵押融资方式主要指农地经营权抵押信贷和宅基地使用权抵押信贷。虽然我国法律法规限制农地经营权抵押，但在央行政策的鼓励下，近几年我国多个地区相继开展了农地抵押试点工作。

2. 农地间接证券化。农地间接证券化是指农业企业将土地委托给金融机构作为担保，由金融机构以自己的名义发行土地证券。国外土地证券化已有多年历史，一般是通过金融中介进行土地证券化运作，如德国的土地证券化主要是通过成立土地抵押信用合作社，以抵押的土地为保证发行土地证券。而美国的土地证券化则主要采取不动产投资信托基金的形式，即以发行收益凭证的方式汇集特定多数投资者的资金，由专门投资机构进行投资经营管理，并将投资综合收益按比例分配给投资者。借鉴国外土地证券化的经验，我国农户可以先组成土地信用合作社，以社员的农地承包经营权为抵押，通过发行抵押债券或受益凭证来筹集社会资金，作为社员农户或土地经营大户（或企业）的生产投资资金来源。土地证券或土地受益凭证的发行是面向社会的，极大地拓宽了它们的融资和流通范围，使其更具流动性和社会资金配置优化能力。农地证券化虽然具有融通社会资金、促进土地集约经营、繁荣金融市场等长处，但是目前我国实施农地证券化面临较严峻的障碍。一是农地证券的发行需要依托于具有一定广度和深度的土地市场，但我国尚无大范围内统一的土地市场；二是农地证券化是一个复杂的高度专业化的系统工程，需要业务水平发达、服务质量较高的金融中介来运作土地的证券化，而我国目前金融中介的发展水平难以满足要求；三是我国缺乏直接针对资产证券化的法律法规，更遑论牵涉农民基本民生的农地证券化（黄小彪、郑长博、冉成彦），这些障碍说明在我国现阶段进行农地证券化的时机还远未成熟。

3. 农地信托融资。西方的土地信托是建立在土地私有的前提下，而在我国特殊的土地所有制下，农地信托实际上是农村土地承包经营权信托，指农村土地的承包方作为委托人，基于对特定的人或者服务机构（即受托人）的信任而将土地承包经营权转移于受托人；受托人以自己的名义依法对土地承包经营权及其项下的土地实施占有、使用、管理或者处分，并将因此而获得的收益归属于特定的受益人（通常就是委托人自己）（张丽华、赵志毅）。我国农村地区尚未真正开展农地信托，虽然 2001 年绍兴县设立了土地信托服务组织，但从其开展的信托服务内容来看，实质上依然是土地流转服务中介。借鉴国外土地信托模式，我国现有的农地信托试点模式要想发展到足以充当间接融资手段，可以通过如下途径：委托人将农地承包经营权或经营权委托给信托机构，让其代理以农地作为抵押担保，向银行类金融机构进行抵押信贷或向市场发行农地债券以获取经营投资资金；或者由受托人发行土地信托受益凭证，受益凭证代表对信托财产（土地承包经营权）的受益权，委托人销售受益凭证所得资金用来经营土地。农地信托融资需要农地抵押业务的支撑，而发行土地债券或土地受益凭证都属于农地证券化，而农地的证券化在我国实践条件尚未成熟。

通过比较上述三种农地间接融资的实施途径，不难看出，农地抵押是农地间接融资的基础；在我国现有条件下，其可行性也相对较高。目前，国内积极探索农地抵押融资制度的构建，并大胆进行试点活动。总体上而言，相关试点主要集中于农村承包地和宅基地的抵押业务。农村承包地和宅基地的抵押固然能够为解决农民贷款难问题、促进农村经济和生产发展起到一定帮助，而农村土地制度的改革与创新，也使得农村土地金融有了进一步创新的空间。笔者认为，农地股权投资促进了农业规模经营，而且农户拥有的土地股权具有成为融资手段的潜质，因而农地股权投资不仅仅是能够改善农地福利的农地直接融资方式，还在一定程度上为农地间接融资的创新与深化提供了可能。

二　承包地经营权抵押的金融属性

在间接资金融通过程中，金融担保就是为了保证金融合同的履行，保障债权人实现债权，而以第三人的信用或特定财产保障债务人履行债务的行为。而其中债务人或者第三人不转移某些财产的占有，将该财产作为债权的担保的行为称为抵押。债务人不履行债务时，债权人有权依法以该财产折价或者以拍卖、变卖该财产的价款优先受偿。抵押是建立在某些特定的物之上的，是一种债的担保形式。提供抵押财产的债务人或第三人称为抵押人；所提供抵押财产称为抵押物；债权人则为抵押权人，因此享有的权利称为抵押权，为担保物权的一种。抵押设定之后，在债务人到期不履行债务时，抵押权人有权依照法律的规定以抵押物折价或以抵押物的变卖价款较其他债权人优先受偿。抵押物可以是动产或不动产，但法律禁止流通或禁止强制执行的财产不得作为抵押物。抵押物是否移转占有，各国民法规定不一，在中国，抵押一般不移转占有。对动产或移转占有而设立的担保称为质押。抵押一经设立生效，即在抵押权人和抵押人双方产生权利义务：抵押权人除了享有优先受偿权外，有权占有或监督抵押物，有权请求抵押人偿付自己保管抵押物所支出的费用，并有权限制抵押人对抵押物的处分，但抵押权人不取得对抵押物的使用权。抵押人则享有对抵押物的处分权，但须事先征得抵押权人的同意，并有义务妥善保管自己占有的抵押物。就同一抵押物剩余的担保价值，抵押人有再设定抵押的权利。抵押由于主债履行，抵押物灭失、抵押权实现而消灭。

农村承包地经营权抵押贷款在集体土地所有权、承包权和经营使用权三权分置的基础上，并未改变家庭承包经营制度的实质，只是进一步将集体土地所有权的占有权、支配权、受益权、处置权分离，将农地经营权作为一种抵押物，作为融资主体的担保财产中的一种，因此以承包地经营权抵押融资是一种金融行为，承包地经营权抵押具有金融属性。

第二节　承包地经营权等农村综合产权发展和改革政策梳理与评价

我国现行法律框架关于土地经营权抵押的规定散见于《担保法》《农村土地承包法》及其相关解释和《物权法》中。现行《担保法》第 34 条和 37 条分别对允许和禁止抵押的财产做出了明确界定。其中规定，抵押人依法承包并经发包方同意抵押的荒山、荒沟、荒丘、荒滩等荒地的土地使用权可以用于抵押。第 37 条规定，耕地、宅基地、自留地、自留山等集体所有的土地使用权不得抵押，排除了"四荒地"之外的其他土地使用权（承包经营权）作为抵押权标的物的可能。

而 2002 年通过的《农村土地承包法》先是将农村土地分为两类，即采取农村集体经济组织内部分配的家庭承包地和采取招标、拍卖、公开协商等方式承包的荒山、荒沟、荒丘、荒滩等农村土地，并在此基础上规定相关制度。该法第 49 条规定，通过招标、拍卖、公开协商等方式承包的农村土地，经依法登记取得土地承包经营权证或者林权证等证书的，其土地承包经营权可以依法采取转让、出租、入股、抵押或者其他方式流转。

《农村土地承包法》与《担保法》的不同之处在于：第一，在《担保法》规定的"四荒"标准基础上，把能够成为抵押标的的四荒地承包经营权取得方式明确规定为招标、拍卖、公开协商等形式，进一步固定了法律明文允许抵押的土地使用权的范围。第二，在对以家庭承包方式取得的土地承包经营权能否抵押的问题上语焉不详，似乎为未来留下了立法余地。但是，2005 年最高人民法院颁布的《关于审理涉及农村土地承包纠纷案件适用法律问题的解释》中却明确规定，"承包方以其土地承包经营权进行抵押或者抵偿债务的，应当认定无效"。对因此造成的损失，当事人有过错的，应当承担相应的民事责任，以司法解释的形式对《农村土地承包法》中的疏漏进行了补正。

土地经营权能否抵押也是贯穿物权法草案制定与讨论的热点争议之

一。在全国人大关于《中华人民共和国物权法（草案）》修改情况的汇报（四读）中提到，草案三次审议稿第二百零六条规定，耕地和宅基地使用权不得抵押。对此，有不同意见。有的赞成草案的规定。有的认为，农民贷款很难，可用于抵押的财产有限，应当允许以承包经营权作抵押。法律委员会研究认为，承包地涉及农民的基本生活，如果允许承包地抵押，农民一旦不能偿还贷款，将失去承包地，从而引发严重的社会问题。因此，抵押问题应与转让问题作通盘考虑，允许土地承包地经营权有条件地作抵押。据此，法律委员会建议增加规定："土地承包经营权人有稳定的收入来源的，经发包方同意，可以将土地承包经营权抵押。实现抵押权的，不得改变承包地的用途。"（草案四次审议稿第一百三十五条）允许了土地承包经营权有条件地成为抵押财产。第四次审议稿出来后，引起了广泛的社会反响和热烈的学界讨论。最后，全国人大在 2006 年 8 月 22 日关于《中华人民共和国物权法（草案）》修改情况的汇报（五读）中转变了立场，认为我国地少人多，必须实行最严格的耕地保护制度。目前，我国农村社会保障体系尚未全面建立，土地承包经营权和宅基地使用权是农民基本生产、生活保障。从全国范围看，放开土地承包经营权抵押和宅基地使用权转让的条件尚不成熟。至于农民贷款难的问题，应通过完善农村金融服务体系来解决。从而放弃了物权法草案第四稿中允许土地承包经营权抵押的立场。这一决议一直维持到了第八次审议，最终形成了现行《物权法》的相关规定，即第 128 条"土地承包经营权人依照农村土地承包法的规定，有权将土地承包经营权采取转包、互换、转让等方式流转。流转的期限不得超过承包期的剩余期限"，第 133 条"通过招标、拍卖、公开协商等方式承包荒地等农村土地，依照农村土地承包法等法律和国务院的有关规定，其土地承包经营权可以转让、入股、抵押或者以其他方式流转"，以及第 180 条："以招标、拍卖、公开协商等方式取得的荒地等土地承包经营权可以抵押"，确认并巩固了《担保法》禁止以家庭承包方式取得的土地承包经营权抵押的基本立场。

　　直到 2008 年中国共产党十七届三中全会颁布了《中共中央关于推进农村改革发展若干重大问题的决定》，明确提出按照依法自愿有偿的原则，允许农民以转包、出租、互换、转让、股份合作等形式流转土地承包经营权，发展多种形式农村土地流转。2010 年 7 月，中国人民银行、银监会、证监会和保监会联合下发了《关于全面推进农村金融产品和服务方式创新的指导意见》，提出要探索推出农村土地承包经营权和宅基地使用权抵押贷款，在不改变土地集体所有制性质、不改变土地用途和不损害农民土地承包权益的前提下，探索开展相应的抵押贷款试点，丰富"三农"贷款增信的有效方式和手段。

在中央政策号召和区域试点授权下，近年来，各地方政府积极开展土地承包经营权流转实验，大量关于土地经营权抵押的制度创新都以政策性文件的面目出现在试点区域。

以成都市的土地承包经营权抵押实验为例，成都市在 2009 年到 2010 年陆续制订下发了包括《关于成都市农村产权抵押融资总体方案》（成办 2009 年发 59 号）、《成都市农村土地承包经营权抵押融资管理办法（试行)》、《成都市农村土地承包经营权抵押贷款工作方案》（成办 2010 年发 96 号）等在内的一系列规范农村土地承包经营权抵押的政策性规范文件，作为指导成都土地承包经营权抵押贷款试点的基本依据。

随后，为赋予农民对承包土地的用益物权，盘活农村土地资产，探索农民增加财产性收入渠道，2015 年，国务院印发了《关于开展农村承包土地的经营权和农民住房财产权抵押贷款试点的指导意见》（以下简称《意见》）。《意见》明确，开展农村承包土地的经营权和农民住房财产权（以下统称"两权"）抵押贷款试点坚持依法有序、自主自愿、稳妥推进、风险可控的原则，按照所有权、承包权、经营权三权分置和经营权流转有关要求，以落实农村土地的用益物权、赋予农民更多财产权利为出发点，深化农村金融改革创新，稳妥有序开展"两权"抵押贷款业务，有效盘活农村资源、资金、资产，增加农业生产中长期和规模化经营的资金投入，为稳步推进农村土地制度改革提供经验和模式，促进农民增收致富和农业现代化加快发展。《意见》提出了试点的五项主要内容：（1）赋予"两权"抵押融资功能。维护好、实现好、发展好农民土地权益，落实"两权"抵押融资功能，盘活农民土地用益物权的财产属性。（2）推进农村金融产品和服务方式创新。在贷款利率、期限、额度、担保、风险控制等方面加大创新支持力度。（3）建立抵押物处置机制。允许金融机构在保证农户承包权和基本住房权利前提下，依法采取多种方式处置抵押物，完善抵押物处置措施。（4）完善配套措施。试点地区要加快推进农村土地承包经营权、宅基地使用权和农民住房所有权确权登记颁证，建立完善农村土地产权交易平台，建立健全农村信用体系。（5）加大扶持和协调配合力度。在货币政策、财政政策、监管政策、保险保障等方面，加大扶持和协调配合力度。

第三节　承包地经营权等农村综合产权抵押贷款实践模式

经过几年的地方探索实践，全国各地试点地区呈现多样性的发展模式，杜娜娜（2012）按照担保机构性质差异将现今试点农地经营权抵押贷款运行模式划分为土地金融公司模式、土地信用社模式和政府集中担保模式。明道江（2014）则将其分为单一农户抵押模式和多模拟过户联合抵押模式、第三方和农户的反担保抵押模式和农户入股抵押模式。另有部分学者认为，农地抵押贷款试点运行模式可划分为基金担保＋土地经营权抵押模式、农村土地信用社为承贷主体模式、农村土地流转收益保证贷款模式和农村土地经营权直接抵押贷款模式四种贷款模式（权虎、陈霞、马义玲，2014；童彬，2014），具体模式如下。

一　土地金融公司主导模式

贵州湄潭是土地金融公司主导模式的代表，贵州省湄潭县是我国第一批推行农地承包经营权抵押融资的地区，湄潭县在地方及中央政府政策与资金支持下，成立了国内第一个土地金融公司，向土地经营个体投放农地承包经营权抵押贷款，旨在向县域非耕地资源开发项目提供资金支持。

土地金融公司的最终构想是建成德国的土地银行模式，土地金融公司实质是一种非营利性质的合作金融组织，而实际挂牌为自主经营、自负盈亏的股份制金融企业。业务范围包括：通过集股方式扩大资金储备，对土地使用权进行集中发放整治、开发中长期贷款，并受政府委托办理贴息贷款；对抵押后无力赎回的土地进行土地使用权出租、拍卖；协助政府与乡村连片整治开发土地资源。（图7-1）

湄潭土地金融公司模式的特点是：其一，因地制宜，侧重于近山丘陵地带土地非耕地资源的有效开发；其二，贷款担保形式多样化，建立包括财政担保、事业单位担保、经济实体担保等多种形式的担保模式；其三，政府直接介入金融机构——金融公司的管理经营；其四，初始融通资金主要来源于地方财政支持及信托公司借款。

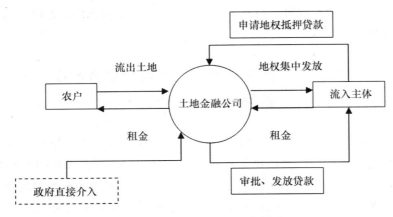

图 7 - 1　土地金融公司运行模式

　　土地金融公司模式中，实现农地承包经营权流转融通的核心机构是土地金融公司，土地金融公司负责土地的集中发放整治、土地承包经营权流转的监管、土地抵押贷款资金的筹措及贷款发放、资金的收回工作，实质上土地金融公司是一个具有基础性中介职能、保障和监管性职能、金融服务职能的综合性介质。而政府对于土地金融公司采取的措施是直接介入管理。由于中间介质多属性叠加，其所需的管理能力、信息收集能力、技术能力、资金管理能力相比单一属性中间介质更高，而承受风险愈加提高。而承担金融机构职能要求土地金融公司同时具有相应资金获益来源以及稳定的增值手段。这三点也成为湄潭模式最终以失败告终的主要原因：（1）由于土地金融公司主要资金来源于财政补助、缴纳土地使用费、信托投资公司支持，多种资金落实不到位，缺乏长效可持续资金源最终导致资金链断裂，土地金融公司破产。（2）政府的过度干预管理，导致公司经营中心偏移，背离建立初衷。（3）缺乏相应第三方监管体制和成熟的经济环境，导致出现大量资金和土地承包经营权无法收回现象，土地金融公司并没有能力胜任金融机构和基础中介机构等多项职能，造成经营出现问题。

二　土地信用社主导模式

　　宁夏同心县是土地信用社主导模式的代表，作为国家重点扶持开发贫困县之一，当地存在农户普遍缺乏有效抵押物，难以筹措资金，造成农业规模化经营受阻，加剧贫困的恶性循环。在这一背景下，由政府引导和农民自发组织成立"土地承包经营权抵押协会"即土地信用社进行集中联保申请贷款，实现了有效的耕地融资功能，改善了农户的经营环境。

土地信用社主导模式实际是一种传统联保与土地抵押相结合的土地流转融资方式。成立农户土地抵押协会，农户采用土地承包经营权入股方式，成为会员，资金需求会员采用协会内多户联保形式，以协会名义签订土地承包经营权抵押协议，信用社发放贷款实现资金融通。如果存在贷款未能偿还现象，则由担保人还贷，并同时获得相应土地承包经营权。土地信用社主导模式特点是农户与集体的承包关系不随抵押流转的变化而变化，抵押实际为土地经营使用权，而所有权实际归属土地信用社所在村集体组织，实质上是一种"抵押＋保证＋信用"的模式。（图7－2）

这一模式中，土地信用社作为担保机构实现的功能是一种促成地权和信用集中以及与银行间的协议关系，由于农户获得的土地承包经营权抵押贷款协议是以土地信用社的名义实现的，实际上土地信用社充当的是一种信用中介机构即基础性的中介机构。与土地金融公司区别在于将金融机构职能与基础性中介机构职能的分离，有效降低单个机构承担的风险。而政府作为整个机制的监督机构，并未有明确的部门参与土地流转融资过程，这一机制中政府职能较弱。同时，土地信用社是小范围内农户自发或组织建立的自主保障组织，可控性强，但其作用范围较小，并不是一种规范的整体市场行为。

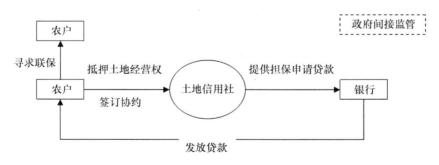

图7－2　土地信用社主导运行模式

三　政府直接担保模式

湖北天门地处江汉平原，是湖北著名粮棉油和精瘦肉猪生产基地，全市耕地总面积188.43万亩，人均耕地面积1.34亩，2012年农业总产值

101.23 亿元，占地区总产值的 31.51%，主要农作物机械化水平为 71%，每亩耕地产出 2632.80 元。2009 年天门开始开展大规模的农村土地流转，组织包括出租、股份合作、双向转包等形式土地流转。

　　天门土地承包经营权抵押主要分为三种：完全形式的土地承包经营权抵押、"土地抵押 + 行业协会担保" 以及 "土地抵押 + 农业担保公司担保"。贷款人为当地国有商业银行以及农信社。为了保证抵押贷款发放收回安全性，政府设定了包括金融机构、保险公司、担保公司、政府贴息、财政风险补偿的 5 层风险防范机制。（图 7 - 3）

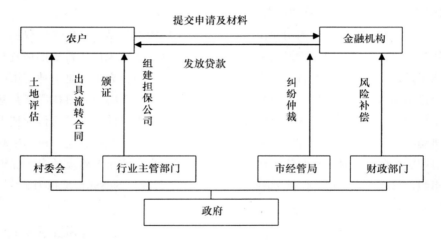

图 7 - 3　政府直接担保运行模式

　　天门模式实质是一种由政府集中审核确权的土地抵押贷款模式，是现今土地改革试点最为广泛采取的一种运行模式。贷款按照土地流转—政府颁证—交易双方自行土地评估—申请贷款—审核资质—放贷的流程进行贷款办理。由村委会负责土地流转及价格公证；行业主管部门负责核发农村土地经营权证，组建担保公司；市经管局负责处理贷款纠纷和仲裁；财政部门负责对金融机构进行风险补偿。在这一模式下，政府总领全局，实质在未成立单独的中介机构的条件下兼任产权交易中的基础性服务机构与保障和监督机构。这是一种宏观控制性较强的运行机制，系统的作用范围比较广、市场操作规范性比较强。政府作为担保方最大优势在于降低了银行部门的操作风险，理论上提高了金融机构的放贷积极性。

遗憾的是，由于后期响应程度一直较低，2012 年天门各金融机构停止办理此项业务，土地承包经营权抵押贷款试点匆匆暂停。首先，通过已有文献研究分析，最主要原因在于当地农业经济、金融水平发展较低，土地流转需求较低，导致贷款实际申请发放水平相应较低，农地承包经营权抵押贷款无法持久推行；其次，土地确权工作未在当地集体普及推广，制约了大多数农地可抵押性；最后，地方政府介入过多导致后续金融机构、辅助配套没有积极跟进，资金、补贴也未得到落实。

四　农村产权交易中心（农交所）担保模式

在简单政府直接担保基础上，通过经验总结，诞生了新型政府集中担保模式，其中最有代表性的是以综合农业产权交易中心为核心的武汉模式。2009 年武汉农村综合产权交易所成立，作为依附在武汉市农业局下非营利性公司制法人，为全市农村产权交易提供场所、配套设施、咨询、投融资等综合服务。共开设包括土地承包经营权、"四荒地"使用权、林地使用权、养殖水面承包经营权等在内九种产权的交易。根据产权所有形式、交易程度等由农户选择相应场内交易或场外交易形式，交易产权须统一通过农交所进行确权登记方可获得相应政策保障，需要进行抵押融资的产权须得到农交所的颁证凭证进行贷款申请。同时为了方便农户规范顺利交易，农交所与十多家中介机构开展合作，提供农村产权资本评估、询价、经纪代理、纠纷仲裁、快捷金融等业务，实现了平台的服务多元化。这是政府集中担保农地抵押融资较为典型的案例。（图 7 - 4）

农交所担保模式是一种传统政府集中担保模式的衍生，实质是将传统分散于各分管政府部门的职能部分集中于一个专业机构——农交所，实现由农交所发现、引导、促成、监督土地流转抵押融资全过程。在这一模式下，承担基础性中介结构职责的组织已不再是传统政府部门，而是专业的非营利性组织——农交所。而与金融公司不同的是，农交所实质是一个有形的多产权交易市场，职能上趋向于基础性中介与简单服务性中介，通过颁发土地鉴证凭证间接促成贷款发放，而实质贷款安全性监管部门仍为传统金融机构，同时与土地信用社担保模式区别是农交所不出面与银行进行交涉，实际贷款申请主体仍为土地流入方，加强了资金供求双方的联系性，与传统政府担保模式的共性是农交所担保模式并没有摒弃传统土地、工商、司法等监管部门的监督管理中介职能，而是进一步细化各方职能，强调了传统政府部门监督引领土地流转融资的宏观性，而农交所和金融机构的监督更趋向于微观性（即单笔具体产权的流转和贷款的发放回收）。

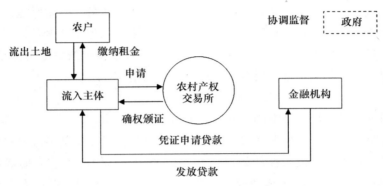

图 7-4 农村产权交易所担保模式

五　经典模式职能比较和总结

通过对"土地金融公司主导模式"、"土地信用社主导模式"、"政府集中担保模式"、"农村产权交易中心（农交所）担保模式"运行机制和运行状况分析比较，结果见表 7-1。

表 7-1　　　　　　　　　　四种经典模式运行机制比较

模式	代表地区	辖区级别	基础性中介机构	服务性中介机构	保障和监管性机构	运行效果
土地金融公司主导模式	贵州湄潭	县级	土地金融公司	无	土地金融公司	失败
土地信用社主导模式	宁夏同心	县级	土地信用社	无	土地金融公司、金融机构	小范围运行、发展较缓
政府直接担保模式	湖北天门	市级	政府	无/私人机构	政府、金融机构	大范围运行、效果因地而异
农村产权交易中心（农交所）担保模式	湖北武汉	市级	农交所	农交所	政府、金融机构、农交所	大范围运行、发展较快

土地金融公司主导模式以公司制模式建立土地流转资金融通平台，以现代公司的运作形式实现效率最大化的出发点是理想的，但是实行试点的

产权市场化程度较低、导致需求不足的经济现实，是导致土地金融公司主导模式最终破产的主要因素。土地金融公司模式将土地抵押贷款运行机制功能机构高度集中于土地金融公司，配套服务性中介不足，在现行中国行政介入较高的农村社会体系中，并不是较为切实有效实现土地市场化和融资多样化的有效手段。

土地信用社主导模式，是一种由下而上农户自发组织形成的土地抵押担保融通模式，是传统联保模式在土地经营权流转融资层面上的衍生，最大特点是通过集中担保的手段实现土地担保物的可行性。土地信用社仅仅作为土地抵押贷款运行机制中的担保中介。中介功能较少，形式单一，在现行的试点中，仅有个别试点正在运行此模式。

政府直接担保模式，是一种统一确权市场化程度较高的土地抵押贷款运行机制，是近几年随政策开放应运而生的主流运行模式。这一模式将土地抵押贷款运行步骤分化到政府各职能机构工作中，由于政府统一充当担保方导致金融机构风险降低，直接提升了推广的合理性和可行性。但实际试点运行情况因地而异，譬如天门试点运作失败而浙江一带试点发展较快，这也与试点当地经济发展和市场化水平直接相关。而这一模式由于传统职能部门直接介入土地抵押贷款运作可能会增加政府工作负担、后续中介机制职能发展深化较为困难。

农村产权交易中心模式是政府直接担保模式的一种衍生，这一模式也是在政府统一充当农村产权流转担保方形式下产生的，将原先政府直接参与职能体系分立成立专门机构，形成多功能的中介机构组织，这一模式并不否认传统金融机构、村集体、政府机关的监督保障职能，而是进一步将基础性中介机构、服务性中介机构专业化，形成高效率的产权流转市场，是当前国情下较为成熟的一种农村土地抵押贷款运行构想。

第四节　本章小结

本章主要从三个方面叙述了农村土地间接金融的实现途径：

1. 通过理论分析，并联系一定的实际情况，总结出农地间接金融方式主要分为农地抵押、农地间接证券化以及农地信托融资三种方式，并论证了农地抵押这种主要间接融资方式的金融属性。

2. 对近些年国内关于农村土地经营权以及其他产权抵押的政策和法

律进行了梳理，理清了国内政策从禁止抵押到逐渐放开并开放试点的过程，并进行了相应的评价。

3. 对现有的试点地区的农地经营权抵押贷款模式进行了总结，发现现行的农地经营权抵押贷款主要分为土地金融公司主导模式、土地信用社主导模式、政府直接担保模式以及农村产权交易中心（农交所）担保模式。并对四种模式的抵押贷款模式进行了比较，总结出了各个模式的特点后，发现土地金融公司主导模式基本发展失败，土地信用社主导模式在小范围运行，但是发展较缓；而政府直接担保模式大范围运行，可是效果因地而异；最后，农村产权交易中心（农交所）担保模式大范围运行，发展较快。

第八章 农村承包地经营权等农村综合产权可抵押的作用机理研究

第一节 抵押品的金融属性与承包地经营权等农村综合产权的可抵押性

在我国的集体经济之下，土地承包经营权还没有被定位为一种纯粹的个人财产权利，农民和村集体并不将所承包的土地权利作为一项特定的财产加以利用，土地使用权的市场流转没有内在动力，有限的土地资源得不到充分的利用。农村土地承包经营权是一项用益物权，这是物权法所确定的，其具有物权的一般属性；但是"集体所有不能脱离集体成员而独立存在，存在的目的是为全集体成员服务，农民集体组织无论是采用统或者分的经营方式，其生产资料都是由集体成员直接占有和使用，经营目的是直接为了全体成员的利益，经营成果也是全体成员所享有"，从而使农村土地承包经营权体现了与其他用益物权不同的属性，如：身份性、在内容上几近于所有权、期限的长久性等。

农村土地承包经营权的特殊性如承包期限的长期性、内容近似于所有权是其可以成为抵押物标的有利因素，但是其身份性的特性是阻碍其成为抵押物标的因素。然而，农村土地承包经营权的身份性有逐渐淡化的趋势，因为承包期限的长久化带来的必定是土地流转市场的繁荣，土地流转市场的繁荣又会促进农村土地交换价值的实现。长此以往，农村土地承包经营权的财产性将逐渐加强，身份性将逐渐淡化直至消亡。因此承包期限的长久性和在内容上的近似于所有权决定了农村土地承包经营权具备处分权权能，其可以用来作为抵押物的标的。

第二节　信息不对称、契约理论与农户—
银行抵押贷款决策模型分析

　　现对银行农户抵/质押贷款业务中的银行决策进行建模。其中申请贷款的企业包含两种类型：履约企业为完全履行约定的企业，违约企业指不能按时或全面履行合同约定的企业。银行与企业的借贷合同（γ）可以描述为关于贷款额（B）、贷款利率（r）、抵/质押品的贷时评估价值（C）的一个三元组：$\gamma = (B, r, C)$。

　　在我国，商业银行的贷款利率是由中央银行规定的，可作为外生变量，那么与银行决策相关的借贷合同可描述为贷款额和抵押品价值的二元组：$r = (B, C)$。并设 k 为抵/质押品的评估价值与实际价值的修正系数。模型假设：

　　假设1　银农户之间是完全市场条件下的博弈分析，即不存在政府干预市场的行为；

　　假设2　银农户双方都来自大群体的随机配对；

　　假设3　银农户之间是抵押或质押贷款；

　　假设4　博弈双方的得益是完全信息的；

　　假设5　银农户双方都满足有限理性假设，但当 $K \times C \geqslant B \times (1 + R)$ 时，理性的农户会按时、足额偿还银行贷款本息，不会出现违约情况。设农户的期望收益函数为 $R(Act, B, C, n)$。Act 表示农户行动，属于｛履约，违约｝；B 表示农户获得的贷款额，C 表示农户提供的抵押品价值，n 为自然决定的状态。

　　$R(履, B, C, n)$ 表示农户在获得贷款为 B，提供抵押为 C，自然状态为 n 的情况下的履约收益，$R(违, B, C, n)$ 表示农户在获得贷款为 B，提供抵押为 C，自然状态为 n 的情况下的违约收益；设农户申请贷款额为 B_0，银行抵/质押贷款实际中，抵/质押品的评估价值高于贷款额，否则银行不会对其发放贷款，故应有约束 $C \geqslant B$。银行放款额不高于农户申请借款额。银行可以根据以往的统计资料，确定市场中履约农户和违约农户所占的比例。设履约农户所占比例为 L，则违约农户占 $1 - L$。银行对各类型的农户，可以做出贷与不贷的决策。在不考虑资金的时间价值、机会成本、变现的情况下，有银行的收益矩阵（表8-1）。

表 8 - 1 银行收益矩阵

银行收益		农户	
		履约农户（L）	违约农户（$1-L$）
银行	贷	$B \times \tau$	$k \times C - B$
	不贷	0	0

根据最优决策模型，银行按照如下模型［P］进行贷款决策：

［P］：$\max \{ l \times B \times r + (1 - l) \times (K \times C - B) \}$

$s.t. (IR) \min \{ R(履, B, C, n), R(违, B, C, n) \} \geqslant 0$

$(IC) \{ R(履, B, C, n) \geqslant R(违, B, C, n)$

$B \leqslant B_0$

$C \geqslant B$

其中（IR）为参与约束，（IC）为激励相容约束。在这一决策模型下，根据银行现有的贷款流程，如果 A 和 B 获得了相同的信用评级，向银行申请相同的贷款额，并投资到相同的项目上，那么银行一般会对两家做出相同的贷款决策。现在银行通过调查等途径，获得了一些在农户信用评级过程中没有考察的新信息，这减少了银农户间的信息不对称状况。然而，银行在按照模型［P］进行实际贷款决策时，往往把自身的信息状况停留在信用评级的状况下，忽略了未考察的新信息的引入造成信息不对称状况的变化，以及进而对银行贷款决策所产生的影响。比如银行获得了关于农户信用评级可信度的信息，模型评价结果会选择信用度较高的贷款方提供贷款决策。但是在实际中，关于农户信息不对称等其他因素并没有对银行实际决策产生影响，A 农户会因为某些原因导致得不到贷款。因此，虽然有些地区已经开展农村土地承包地经营权抵押，但是对于农户用地抵押获得该权利却没有一个切实可行的评估机制，也没有一个专门的评估机构，其价值也往往因为贷款主体的选择而存在着很大的不确定性和随意性，贷款主体对承包地经营权的估价也只是初级的、机械的、简单的估价方法。评估机制的缺失为银行权力寻租也提供了空间，这样会造成银行与农民的双重风险，不利于农村土地经营权抵押制度的长足发展。

对一般农户而言，通过家庭承包方式取得的农地经营权不得抵押。在一些地区的农地经营权抵押贷款试点中，由省市司法机构出台与全国性法律有所违背的专门条例支持家庭承包方式取得农地经营权的抵押，或允许以农地经营权入股专业合作社和农业企业并以组织名义进行变相抵押等方式。这些地方法规有力推动了当地试点，但必然存在法律和政治风险。在法律风险方面，如果严格依照全国性法律，大部分农户与金融机构之间的抵押合同均属无效，金融机构不具有抵押权，也就无权处置农地经营权抵押物。在政治风险方面，虽然在农地金融创新加快推进的大背景下，中央政府实际上默许了越来越多的地方政府因地制宜的改革，但地方政府制定不符合全国性法律的地方法规和条例，这在一定程度上属于越位越权。

农户在做出是否还款的策略之前，需预测金融机构的应对措施。金融机构选择积极处置抵押物的条件为：

设定金融机构处置抵押物的成本为 A_f；

$$L_A r - C - A_f > -L_A - C$$

当政府法律暴露时，农户与金融机构签订的抵押合同被宣布无效，金融机构丧失抵押权，不能对农地经营权进行拍卖，处置成本达到无穷大，如下式：

$$\mathrm{Lim}\, A_f = +\infty$$

农户因而了解到金融机构无法处置农地经营权抵押物，逆向归纳到上一个决策结，农户的策略是选择不还款。金融机构也对农户的策略具有完全信息，在第二个决策结上的策略是选择不放贷。农户预测到如果自己选择农地经营权抵押贷款将会被拒绝，因此只能选择传统贷款。在现行法律仍然禁止通过农地流转方式取得农地经营权的抵押的情况下，一旦发生法律或政治风险，金融机构无权处置农地经营权抵押物，农户的农地抵押借款行为因而恶化，农地经营权抵押担保不能发挥解决规模经营农户融资问题的作用。

第三节　利益相关者理论、博弈论与异质性农户—银行—政府—市场抵押贷款博弈模型分析

一　农户与银行博弈模型分析

在对抵押贷款进行决策时，作为理性参与人，农户和银行都会在追求个人效用最大化的前提下进行选择，最终达到博弈双方的均衡状态。

（一）农户以土地经营权抵押贷款的决策分析

假设市场中有金融机构和融资农户，农户有意向用农村土地经营权向金融机构申请 n 年的 L 万元的抵押贷款，贷款用于农业生产经营投入，利率为 i（$0 < i < 1$）。农户所获收益与融资资金量 L 成函数关系 $H(L)$，农户增加的利润为 π，于是 $\pi = H(L) - L(1 + i)$。当农户增加的收益 $\pi < 0$ 时，即 $H(L) < L(1 + i)$，农户没有偿还贷款的能力。这种情形的出现，并不是由于道德风险，而是在生产经营过程中，农户遇到了自然风险与社会风险的威胁（如自然灾害、市场风险等）。

当农户增加的收益 $\pi > 0$ 时，即 $H(L) \geqslant L(1 + i)$，农户就具有了偿还贷款的实力。同时，农户就会面临偿还或不偿还贷款两种选择。若农户选择不偿还贷款，提供贷款的金融机构的利益就会受到损害。由于金融机构与农户之间信息具有非对称性，为了防止自己的利益受损，金融机构则会选择不提供抵押贷款策略。于是，农户就很难获取抵押贷款，金融机构同时也失去了相应的利息收入。因此，为了让金融机构充分相信自己有偿还贷款的能力和意愿，农户则会选择抵押方式，以便获得生产所需的资金。假如当农户抵押贷款时，农村土地抵押评估价格为 C，贷款期满后，农村土地价值则为 $C(1 + t)$，t 为农村土地价值增长率。当 $t > 0$ 时，农村土地价值会增长；当 $t < 0$ 时，农村土地价值会下降，并具有以下关系：

$$H(L) < L(1 + i)$$
$$\text{或 } H(L) \geqslant L(1 + i) \tag{8-1}$$

由式 8-1 可知，若农户决定不偿还贷款时，其收益为 $L(1 + i)$；若农户决定偿还贷款时，其收益为 $C(1 + t)$，也就是说农户决定不偿还贷款的机会成本为 $C(1 + t)$。当 $L(1 + i) < C(1 + t)$ 时，农户不偿还贷款时的收益小于其机会成本 $C(1 + t)$，因此，农户一定会选择偿还贷款。

（二）金融机构对土地经营权抵押贷款的决策分析

在农村金融市场的信用机制不够健全的情形下，金融机构为了避免其利益被具有信息优势地位的农户所侵害，它主要依靠抵押方式进行贷款的发放。在贷款行为发生之前，金融机构会要求农户提供价值量为 $C(1 + t)$ 的农村土地作为抵押品，或要求具有经济偿还能力的农业农户等提供担保，使 $L(1 + i) < C(1 + t)$，于是也存在如下关系：

$$H(L) < L(1 + i)$$

或 $H(L) \geqslant L(1 + i)$

$$L(1 + i) < C(1 + i) \tag{8-2}$$

由式 8-2 可知，农户在考虑不偿还资金时会非常慎重，进而将两种行为（偿还、不偿还）合并为一种行为（偿还）。同时，金融机构在提供贷款时，也会尽力寻找绩优农户，以减轻因事后信息非对称而发生的道德风险，以降低其受损额。为此，出于维护自身利益的需要，金融机构必将提升抵押门槛，让自己处于无风险的状态。这种决策行为将导致两种情形：一是会造成抵押物品的浪费，如在上述模型中表现为 $L(1 + i) < C(1 + t)$，抵押品浪费的最小数额为 $C(1 + t)$；二是投资者缺少搜寻信息的动力，浪费了其固有的信息资源。这两种情形的产生均会给整个社会造成损失。

由于农业生产经营具有较大风险，农户在选择使用农村土地经营权进行抵押贷款时，一旦出现 $L(1 + i) > C(1 + t)$ 的情况，必然导致农业的自然及市场风险直接转化为贷款风险，此时不管 $H(L)$ 是否大于 $L(1 + i)$，在偿还贷款时农户中会产生不偿还行为的可能，但是金融机构很难有能力确保 $L(1 + i) < C(1 + t)$。因此，为了降低贷款风险发生的概率，金融机构就会寻找价值较高的农村土地作为抵押。

（三）抵押贷款博弈模型构建

假设：金融机构与农户两者获取的信息是不对称的，当农户获取的资本收益大于其贷款本息之和时，金融机构有发放贷款与拒绝放贷款两种选择，农户也有失信与守信两种选择。若农户失信概率为 P_1（$0 < P_1 < 1$），诚信概率为 $1 - P_1$；若金融机构发放贷款的概率为 P_2（$0 < P_2 < 1$），拒绝放贷款的概率为 $1 - P_2$。则有如下几种情形：

（1）诚信农户获取贷款后，资本收益 $H(L)$ 与抵押农村土地收益 $C(1 + t)$，扣除到期还本付息后，其获取的收益总额为：

$$\pi = H(L) - L(1 + i) + C(1 + t)$$

（2）失信农户获取贷款后，没有偿还债务，贷款本息 $L(1 + i)$，农户抵押农村土地被拍卖，损失了农村土地收益 $C(1 + t)$，并受到信用记录惩罚 R。因此，获取的收益总额为：

$$\pi = H(L) - C(1 + t) - R$$

（3）若金融机构拒绝发放抵押贷款，失信农户的机会成本为 $L(1 + i)$，但获取抵押物收入为 $C(1 + t)$，失信农户的收益总额为：

$$\pi = C(1 + t) - L(1 + i)$$

诚信农户机会成本是 $H(L) - L(1 + i)$，其获取抵押物的收益是 $C(1 + t)$，金融机构发放贷款收益为利息 Li，总收益为：

$$\pi = L(1 + i) - H(L) + C(1 + t)$$

（4）金融机构若发放贷款给失信的农户，其损失本息收入为 $L(1 + i)$，获得处置抵押农村土地收入为 $C(1 + t)$，总收益额为：

$$\pi = C(1 + t) - L(1 + i)$$

若向诚信的农户提供贷款，收益为利息 Li。银行若不提供贷款，机会成本是 Li。

综上所述，可得出金融机构与农户之间的博弈支付矩阵（表 8 - 2）。

表 8 - 2　　　　　　　　金融机构与农户之间的博弈支付矩阵

银行/农户	失信（P_1）	诚信（$1 - P_1$）
贷款（P_2）	$C(1 + t) - L(1 + i)$，$L(1 + i) - C(1 + t) - R$	Li，$H(L) - L(1 + i) + C(1 + t)$
拒贷（$1 - P_2$）	$-Li$，$C(1 + t) - L(1 + i)$	$-Li$，$L(1 + i) - H(L) + C(1 + t)$

（四）博弈双方的理性选择

假定农户在失信情形下，期望效用为 U_{11}；在守信情形下，期望效用为 U_{12}。

$$U_{11} = P_2[L(1 + i) - C(1 + t) - R]$$
$$+ (1 - P_2)[C(1 + t) - L(1 + i)] \tag{8-3}$$

$$U_{12} = P_2[H(L) - L(1 + i) + C(1 + t)]$$
$$+ (1 - P_2)[L(1 + i) - H(L) + C(1 + t)] \tag{8-4}$$

满足纳什均衡的条件是 $U_{11} < U_{12}$，即：

$$P_2 < \frac{2L(1 + i) - H(L)}{4L(1 + i) - 2C(1 + t) - 2H(L) - R} \tag{8-5}$$

根据上述推导，分析式（8 - 5）的各个变量可知：

（1）若其他变量固定不变，$H(L)$ 变小时，P_2 值减小；金融机构向农户提供贷款的意愿减弱。

（2）在其他变量固定不变的情况下，抵押物农村土地价值 $C(1 + t)$ 大幅下降时，P_2 值减小，金融机构向农户提供贷款的意愿减弱。

（3）若其他变量固定不变，如个人信用体系不完善，在违约时，农户受到的信用惩罚 R 较轻，P_2 值减小，金融机构向农户提供贷款的意愿会不太强烈。农户的理性选择假定金融机构提供贷款的效用为 U_{21}，金融机构拒绝提供贷款的效用为 U_{22}，则：

$$U_{21} = P_1 [C(1 + t) - L(1 + i)]$$
$$+ (1 - P_1) L_i \qquad\qquad (8-6)$$

$$U_{22} = P_1 (- L_i)$$
$$+ (1 - P_1) (- L_i) \qquad\qquad (8-7)$$

作为理性人，只有当 $U_{21} > U_{22}$ 时，金融机构才会有向农户发放贷款的意愿。由于 $U_{22} = -Li < 0$，因此，当 $U_{21} > 0$ 时，金融机构才会决定向农户发放贷款。整理相关公式可得：

$$P_1 [C(1 + t) - L(1 + i)] + (1 - P_1) L_i > 0 \qquad (8-8)$$

$$P_2 < \frac{2L(1 + i) - H(L)}{4L(1 + i) - 2C(1 + t) - 2H(L) - R} \qquad (8-9)$$

根据公式（8-9）可知：农村土地价值 $C(1 + t)$ 较高时，农户失约概率 P_1 就会较大；相反，农户失约概率较小。

二　农户、政府、银行博弈模型

在农村产权抵押贷款行为发生过程中，农户、信用社以及政府三个主体之间的关系复杂微妙，任何一个主体的策略行动都会对其他两个主体的行为产生影响：一方面，三者通过农村产权抵押贷款互利互惠；另一方面，三者在互惠互利的同时又存在着很多矛盾，由此产生三方博弈。然而，无论农村产权抵押贷款采用何种模式，三者的相互关系都可以简化为一个模式，在这一博弈中，任何一方都无法事先明确彼此采取的策略，三方掌握的信息均是不完全的。

模型假设：（1）参与人分别为农户、信用社、政府。三者均是理性的"经济人"，以实现自身效用最大化为目标，其中农户和信用社以获取经济利益为主要目标，而政府的目标则是维护社会稳定以及促进广大农户生活水平稳步提高。（2）第一阶段选择向信用社申请贷款（若农户不向信用社申请贷款，则农户、信用社、政府的收益均为0，故分析时不考虑这一情形）；第二阶段，信用社选择批准或不批准农户的贷款申请；第三阶段，政府选择对信用社进行检查或者不检查。（3）农户具有产权证，但由于产权抵押贷款模式发展不成熟，信用社在放贷时仍要考虑农户资信，因此将农户分为资信好和资信差两类，资信好的农户能够按期还款，资信差的农户到期不能还款。（4）农户还款类型分为按期还款与到期不还款，不考虑延期还款。（5）政府对信用社的监督检查可以准确认定农户是资信好的还是资信差的，即能够明确信用社是否应该批准农户的贷款申请。（6）农户、信用社、政府之间不存在串谋。

根据模型假设，模型主要考虑三个阶段，根据每个阶段参与人可选择的策略，通过博弈树分析可以得出农户、信用社、政府三方博弈的 8 种不同情形。（图 8 - 1）

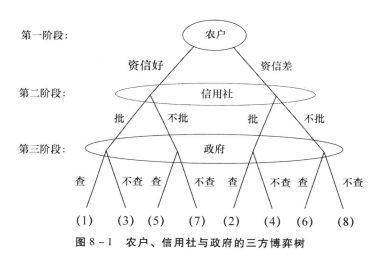

图 8 - 1　农户、信用社与政府的三方博弈树

根据图 8 - 1 可以进一步得到农户、信用社、政府在这 8 种不同博弈中的得益，如表 8 - 3 所示。

表 8 - 3　　　　　　　　农户、信用社与政府的三方博弈

博弈树分支	得益		
	农户	信用社	政府
1	$G - I + R$	$I - S$	$N - F$

续表

博弈树分支		得益	
2	$G+C+I-R-H-M$	$-C-I-S-L$	$M+L-N-F$
3	$G-I+R$	$I-S$	N
4	$G+C+I-R-H$	$-C-I-S$	$-N$
5	0	$-S-L$	$L-F-N$
6	$-H$	$-S$	$N-F$
7	0	$-S$	$-N$
8	$-H$	$-S$	N

注：博弈树分支中的（1）～（8）分别对应上图中的（1）～（8）。

符号定义：

C：农户贷款的数额。
I：农户支付给信用社的贷款利息。
G：农户的盈利。
S：信用社对农户资信审查的成本。
F：政府对信用社监督检查的成本。
R：农户因按时还款所得到的守信回报；$-R$：农户因没有按时还款所得到的不守信惩罚。
L：信用社没有批准资信好的农户的贷款申请或批准了资信差的农户的贷款申请时受到的处罚。
N：政府对信用社监管到位所得到的声誉上的无形收益，即信用社批准了资信好的农户的贷款申请或者没有批准资信差的农户的贷款申请；$-N$：政府声誉上的无形损失，即信用社没有批准资信好的农户的贷款申请或者批准了资信差的农户的贷款申请。
M：政府对农户的处罚，即农户属于资信差的仍向信用社申请并获得贷款，$-M$后归政府所有。
H：伪装成本，即资信差的农户为了取得信用社的贷款而伪装成资信好的农户所花费的成本。
P_1为资信好的农户的比例，$1-P_1$为资信差的农户的比例，其中$0<P_1<1$。
P_2为信用社批准农户贷款申请的比例，$1-P_2$为信用社不批准农户贷款申请的比例，其中$0<P_2<1$。
P_3为政府对信用社进行监督检查的比例，$1-P_3$为政府对信用社不进行监督检查的比例，其中$0<P_3<1$。

模型求解：

（一）资信好的农户所占的最优概率

1. 信用社批准或者不批准农户贷款申请时的期望收益分别为 E_1 和 E'_1，根据三方博弈模型可以得出：

$$E_1 = P_1 P_3 (I - S) + P_1 (1 - P_3)(I - S)$$
$$+ (1 - P_1) P_3 (-C - S - I - L)$$
$$+ (1 - P_1)(1 - P_3)(-C - S - I)$$
$$E'_1 = P_1 P_3 (-L - S) + P_1 (1 - P_3)(-S)$$
$$+ (1 - P_1) P_3 (-S)$$
$$+ (1 - P_1)(1 - P_3)(-S)$$

根据理论进行分析可得，当 $E_1 = E_1'$ 博弈达到纳什均衡，可以得到均衡时资信好的农户最优概率：

$$P_{11} = \frac{C + I + P_3 L}{C + 2I + 2 P_3 L}$$

2. 政府对信用社进行检查或者不检查时的期望收益分别为 E_2 和 E'_2，根据三方博弈模型可以得出：

$$E_2 = P_1 P_2 (N - F) + P_1 (1 - P_2)(-N - F + L)$$
$$+ (1 - P_1) P_2 (-N - F + L)$$
$$+ (1 - P_1) P_2 (-N - F + L + M)$$
$$+ (1 - P_1)(1 - P_2)(N - F)$$
$$E'_2 = P_1 P_2 (N) + P_1 (1 - P_2)(-N)$$
$$+ (1 - P_1) P_2 (-N)$$
$$+ (1 - P_1)(1 - P_2)(N)$$

根据理论进行分析可得，当 $E_2 = E_2'$ 博弈达到纳什均衡，可以得到均衡时资信好的农户最优概率：

$$P_{12} = \frac{P_2 (L + M) - F}{P_2 (2L + M) - L}$$

（二）政府检查信用社的最优概率

1. 资信好农户与资信差农户的期望收益分别为 E_3 和 E_3'，根据三方博弈模型可以得出：

$$E_3 = P_3 P_2 (G - I + R) + P_2 (1 - P_3)(G - I + R)$$
$$E'_3 = P_3 P_2 (C + G + I - R - M - H)$$
$$+ P_2 (1 - P_3)(C + G + U - R - H)$$
$$+ (1 - P_2) P_3 (-H)$$
$$+ (1 - P_2)(1 - P_3)(-H)$$

按照理论分析，当 $E_3 = E_3'$ 时博弈达到纳什均衡，由此可得政府对信用社检查在博弈均衡时的最优概率：

$$P_{31} = \frac{H - P_2(2H + 2R - 2I - C)}{P_2 M}$$

2. 信用社批准或者不批准农户贷款申请时的期望收益分别为 $E'_4 = E_4$ 根据三方博弈模型可以得出：

$$E_4 = P_3 P_1(I - S) P_1(1 - P_3)(I - S)$$
$$+ (1 - P_1) P_3(-C - S - I - L)$$
$$+ (1 - P_1)(1 - P_3)(-C - S - I)$$
$$E'_4 = P_3 P_1(-S - L) P_1(1 - P_3)(-S)$$
$$+ P_3(1 - P_1)(-S)$$
$$+ (1 - P_1)(1 - P_3)(-S)$$

按照理论分析，$E_4' = E_4$ 时博弈达到纳什均衡，由此可得在博弈均衡时政府对信用社检查的最优概率：

$$P_{32} = \frac{(1 - P_1)C + (1 - 2P_1)I}{(2P_1 - 1)L}$$

综上可以看出三方的博弈模型的混合策略纳什均衡分别为 (P_{11}, P_{21}, P_{31})、(P_{11}, P_{21}, P_{32})、(P_{11}, P_{22}, P_{31})、(P_{11}, P_{21}, P_{32})、(P_{12}, P_{21}, P_{31})、(P_{12}, P_{21}, P_{32})、(P_{12}, P_{22}, P_{31})、(P_{12}, P_{22}, P_{32})。

第四节　本章小结

本章首先通过产权经济学角度，说明了承包期限的长久性和在内容上的近似于所有权决定了农村土地承包经营权具备处分权权能，其可以用来作为抵押物的标的，从而证明了农村土地经营权作为抵押物的可行性。随后，依据信息不对称、契约理论以及博弈论对农户与银行之间贷款博弈的分析，构建了银行收益矩阵。并且进一步运用利益相关者理论论述了异质性农户、银行以及政府三方在农村土地抵押贷款上的博弈模型，并求解出三方的博弈模型的混合策略纳什均衡分别为 (P_{11}, P_{21}, P_{31})、(P_{11}, P_{21}, P_{32})、(P_{11}, P_{22}, P_{31})、(P_{11}, P_{21}, P_{32})、(P_{12}, P_{21}, P_{31})、(P_{12}, P_{21}, P_{32})、(P_{12}, P_{22}, P_{31})、(P_{12}, P_{22}, P_{32})。

第九章　农村承包地经营权等农村
综合产权抵押贷款
试验区制度设计

第一节　经济机制设计理论

　　经济机制设计理论是最近二十年微观经济领域中发展最快的一个分支，在实际经济中具有很广阔的应用空间。有观点认为，机制设计理论可以看作是博弈论和社会选择理论的综合运用，假设人们的行为是按照博弈论所刻画的方式，并且按照社会选择理论对各种情形都设定一个社会目标，那么机制设计就是考虑构造什么样的博弈形式，使得这个博弈的解最接近那个社会目标。简单地讲，经济机制设计理论是研究在自由选择、自愿交换、信息不完全及决策分散化的条件下，能否设计一套机制（规则或制度）来达到既定目标的理论。

　　机制设计理论起源于赫尔维茨（Hurwicz）1960 年和 1972 年的开创性工作，它所讨论的一般问题是，对于任意给定的一个经济或社会目标，在自由选择、自愿交换、信息不完全等分散化决策条件下，能否设计以及怎样设计出一个经济机制，使经济活动参与者的个人利益和设计者既定的目标一致。从研究路径和方法来看，与传统经济学在研究方法把市场机制作为已知，研究它能导致什么样的配置有所不同，机制设计理论把社会目标作为已知，试图寻找实现既定社会目标的经济机制。即通过设计博弈的具体形式，在满足参与者各自条件约束的情况下，使参与者在自利行为下选择的策略的相互作用能够让配置结果与预期目标相一致。

　　机制设计通常会涉及信息效率和激励相容两个方面的问题。信息效率是关于经济机制实现既定社会目标所要求的信息量多少的问题，即机制运行的成本问题，它要求所设计的机制只需要较少的关于消费者、生产者以及其他经济活动参与者的信息和较低的信息成本。任何一个经济机制的设计和执行都需要信息传递，而信息传递是需要花费成本的，因此对于制度设计者来说，自然是信息空间的维数越小越好。激励相容是赫尔维茨1972 年提出的一个核心概念，他将其定义为，如果在给定机制下，如实报告自己的私人信息是参与者的占优策略均衡，那么这个机制就是激励相容的。在这种情况下，即便每个参与者按照自利原则制订个人目标，机制实施的客观效果也能达到设计者所要实现的目标。

现代经济学的一个基本假定是每个人在主观上都追求个人利益，按照主观私利行事。机制设计理论在信息不完全的情况下将该假定进一步深化，认为除非得到好处，否则参与者一般不会真实地显示有关个人经济特征方面的信息。赫尔维茨（1972）给出了著名的"真实显示偏好"不可能性定理，他证明了即使对于纯私人商品的经济社会，只要这个经济社会中的成员的个数是有限的，在参与约束条件下（即导致的配置应是个人理性的），就不可能存在任何分散化的经济机制（包括竞争市场机制）能够在新古典类经济环境下导致帕累托最优配置并使每个人有激励去真实报告自己的经济特征。当经济信息不完全并且不可能或不适合直接控制时，人们需要采用分散化决策的方式来进行资源配置或做出其他经济决策。这样，在制度或规则的设计者不了解所有个人信息的情况下，他所要掌握的一个基本原则，就是所制定的机制能够给每个参与者一个激励，使参与者在最大化个人利益的同时也达到了所制定的目标。这就是机制设计理论的激励相容问题。具体来说，就是假定机制设计者（委托人）有某个经济目标作为社会目标，比如资源帕累托最优配置、社会福利最大化或者是某个经济部门或企业主追求的目标，设计者采用什么样的机制或者制定什么样的游戏规则就能保证在参与者参与，并且满足个人自利行为假定的前提下，激励经济活动参与者（包括企业、家庭、基层机构等）实现这个目标。

如果做一个简单的概括，机制设计理论就是在把机制定义为一个信息交换系统和信息博弈过程之后，把关于机制的比较转化成对信息博弈过程均衡的比较。在研究初期，赫尔维茨主要是集中在机制的信息和计算成本方面，而没有考虑激励问题，马斯金（Maskin）等（1972）提出的团队理论在很大程度上填补了这方面的空白。此外，20 世纪 70 年代显示原理的形成和实施理论的发展也进一步推动了机制设计理论的深化。显示原理大大简化了机制设计理论问题的分析，在吉博德（Gibbard，1973）提出直接显示机制之后，迈尔森（Myerson，1979）等将其拓展到更一般的贝叶斯纳什均衡上，并开创了其在规制理论和拍卖理论等方面的研究。针对显示原理没有涉及多个均衡的问题，马斯金（1977）从中引申出了实施理论，目前该理论已经在包括社会选择、不完全契约等多个研究领域发挥了重要作用。

　　机制设计理论不仅让研究者能够在相对不严格的假定下系统地分析和比较多种制度，而且可以将很多现有的研究，如拍卖理论、规制理论、社会选择理论等纳入到统一的现代分析框架中。如在拍卖理论中，维克里（Vichrey，1961）提出了常见拍卖形式的收入等价原理，而迈尔森（1981）借助显示原理，证明了一个更加一般化的拍卖形式的收入等价原理。再如，垄断企业规制是一个非常重要的经济问题，针对原有理论对规制过程做出过多武断假定的局限，迈尔森（1982）等将规制过程看作是不完全信息的博弈过程，垄断者拥有管理者不知道的私人信息，从而对这一问题做出了开创性的研究。还有，在社会选择理论中，针对能否设计一个机制，或者说一个投票程序来诱使投票者真实显示自己偏好的问题，机制设计理论也给出了明确的答案。总之，机制设计理论将制度定义为非合作博弈，根据这些博弈形式的均衡结果，比较了不同的制度，从而使经济学家能够相对于某个最优标准来评价不同制度的表现。

　　上述应用之外，机制设计理论还为许多现实问题提供了理论解释，从而在很大程度上影响了经济政策和市场制度。由于用一个统一的模型把所有的经济机制放在了一起进行研究，机制设计理论的研究对象大到整体经济制度的一般均衡设计，小到某个经济活动的局部均衡设计；其研究范围涵盖了计划经济、市场经济以及各种混合经济机制。同时，机制设计理论中"设计者"的概念也是非常广泛的，既可以是宏观经济政策制定者或制度设计者，也可以是微观经济单位的主管领导。这使得机制设计理论具备了非常广泛的应用前景，将大到宏观经济政策、制度的制定，小到企业的组织管理问题纳入到统一的分析框架中，对现实问题具有很强的解释力和应用价值。比如对于实践中一些出发点很好的规章制度却得不到有效贯彻执行，甚至参与者还利用既有政策来最大化个人利益，从而造成巨大效率损失的问题，机制设计理论认为这不仅是因为物质和技术等的约束，最主要的还是设计的制度不满足激励相容，因而无法保证个人理性与集体理性的同时实现。

当前，我国正在进行的社会主义市场经济体制改革，无异于是在机制设计方面的一次大变革。机制设计理论对于我们深入理解"好的市场经济"与"坏的市场经济"，对于我们在改革中所遇到的诸如国企改革、税收改制、产权制度等许多现实问题都有值得参考和借鉴之处。经济机制设计理论所提供的新方法和新观点有助于分析和研究中国经济机制转型中可能出现的许多问题，并可预测这些问题可能带来的后果。改革中出现的许多问题也能通过这一理论进行解释。这一理论对中国的现行改革（无论是经济体制改革还是政治体制改革）将会有较大的帮助和启发。对各种经济机制的设计、比较和分析也都可以从这一理论中获得有益的启示。

第二节　试验区农地经营权等农村综合产权抵押
贷款运行机制：以江苏省东海县为例

一　农地产权交易系统

农地抵押贷款是农村金融市场上农村承包地经营权这一抵押物权与正规金融机构贷款产品的一种耦合及制度创新，其针对农村金融市场处于需求层次较低的个体经营主体为主要服务对象，完善了农村金融系统构成，而这一金融产品的运行与推广，离不开农村金融系统及其运行机制。

系统是由相互联系、相互依赖、相互制约、相互作用的事物和过程形成的统一整体，由诸多具有特定功能、相互有机联系的要素所构成。而运行机制是系统各构成成分相互联结、相互制约、运转从而达成总体功能的综合体系。农地承包经营权运行系统本质上是产权交易系统的一种，抽象层面上是一种由产权交易出让方、产权交易受让方和产权交易实现场所共同组成的交易体系，而市场运行机制是保证交易顺利实现的方式。（图 9 - 1）

产权交易主体由产权出让主体与产权受让主体两大部分组成。产权出让主体指产权的所有者，农地经营权交易中的产权出让主体是农村经济活动的各类经营个体。个体农户与农业经营团体为农村产权交易中主要土地承包经营权所有者及资金需求者。根据个体金融需求特征差异，一般将其分为贫困农户、传统种养型农户、市场型农户；而农村农业经营团体也可分为一般村集体、农民专业合作社、农村企业等。市场型农户逐渐演化为由专业种养大户、家庭农场，与农民专业合作社、农业企业构成的新型农业经营主体，其对农村金融表现的需求特征也与自身经济行为及金融需求层次存在相关性。下文在对农地抵押贷款运行机制研究中也将对产权出让方的资金需求情况进行分析研究。产权受让主体也就是产权交易之后的产权所有者，传统产权受让行为表现为以上涉及出让集体之间的经济行为，随产权改革的推行及农村经济发展需要，受让主体范围逐渐扩展到跨地区的农村经营个体、机构投资者（主要为各种金融机构）、个别工商企业等。

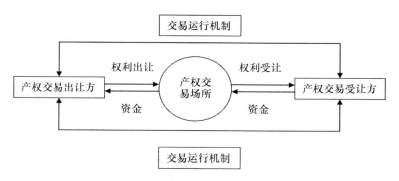

图 9-1 农村产权交易运行系统

农村产权交易场所。农村产权交易所通常是经当地市（县）政府批准依法设立，为农村各类产权流转交易提供场所设施、信息发布、组织交易类服务，对交易行为进行鉴证，履行相关职责的非营利性公司制企业法人。

产权交易机制是串联在产权交易个体、产权交易市场间保障交易顺利实现的形式规范以及各类中介机构的总称。在农地承包经营权交易中，主要实现的目标有两个：其一，保证以农村承包地经营权抵押贷款为载体，针对农户金融需求特征，实现信贷资金在供需主体之间的良性互动；其二，保障资金供给方资金的安全性及实现合理的利润目标。土地产权交易中介机构旨在服务参与产权交易的个体，提高农地金融的运行效率。根据其在土地产权交易中发挥的主要功能，土地产权交易中介机构主要可以分为基础性中介机构、服务性中介机构、保障和监管性机构等。基础性中介机构主要实现有形的土地交易平台功能，通过相关法律法规，制定出具体农地运行操作规程，实现土地交易的规范化、透明化。现行的农地金融基础性中介机构功能主要有受理委托、供求登记、发布信息、协商转让、指导鉴证等。基础性中介机构是土地金融运行过程中的核心组织，直接关系到土地流转和资金融通能否正常运行，在整个运行机制中发挥主要作用。服务性中介机构为协助农地产权交易融资提供各类辅助性服务，如土地价值评估、交易对方财务信息搜集及风险评估、法律咨询、市场信息搜集等。随着农村正规土地产权交易市场的建立和完善，此类中介机构将进一步功能多样化、专业化。保障和监督性机构是农地金融市场的主要风险控制方，对面临的风险进行前瞻性预测和针对性处理，是整个农地金融运行系统的重要一环，现行的保障和监督机构主要有政府和金融机构。政府主要承担农地产权交易中决策风险、制度及法律风险、金融安全风险及资金风险，是整个运行系统中的宏观监督者和"最后贷款人"，金融机构主要承担国家风险、利率风险、操作风险、欺诈风险等。国家风险指系统性风险，是农地金融运行中由于政策法律、宏观经济运行变化对当地农地金融市场造成的风险。根据各地区执行的农地产权交易资金融通模式的差异，各机构承担的职责和风险也呈现差异性。

二　东海农村综合产权交易所功能及运行

江苏省连云港市东海县农地经营权抵押贷款运行最大的特点在于以确权为基础实现规范集中交易，这一模式实施的核心在于东海农村综合产权交易所的诞生。（图 9 - 2）

东海农交所主要参照武汉模式，是农村产权交易所确权组织流转模式在县一级地区的衍生。在整合县原有乡镇土地流转中心基础上，充分整合资源，将其转变为乡镇农村产权交易中心，并成立了县一级的农村综合产权交易所（以下简称农交所），作为包括农地、农房在内的农村综合产权交易核心机构，其他乡镇产权交易中心作为其分支机构，提供农户个体及村集体产权交易咨询、登记、委托办理等事项，小笔交易业务（单宗流转土地 50 亩以下，流转低于一年的）在乡镇级产权交易中心完成后上报县级农交所，其他需由县级农交所监督交易与办理鉴证书。在各方配合下，农交所形成了集产权转让、出租、入股、担保抵押等多种功能于一体的较为成熟的金融中介机构。

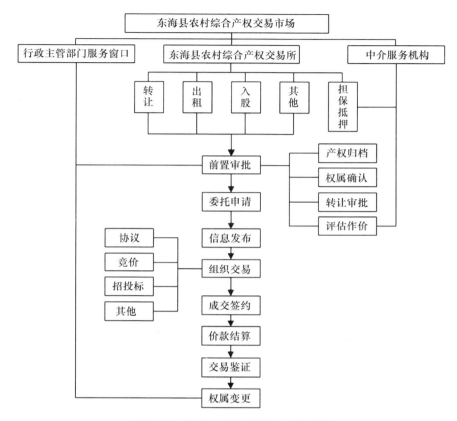

图 9 - 2　东海县农交所运作一般流程

东海县农村综合产权交易所计划交易的产权项目共有 10 类：农村土地承包经营权、农村房屋所有权及农村闲置宅基地使用权、村集体经济组织"四荒"使用权、村集体经济组织资产、村集体林地使用权和林木所有权、村集体经济组织养殖水面承包经营权、农村集体经济组织股权、农业类知识产权、农业生产设施使用权、二手农业工具。其中前 6 类是已经开展的交易项目。

交易方式根据交易属性遵循上报乡镇行政主管、中介服务机构前置审批、委托申请、农交所信息发布公示、采用协议竞价招投标等方式组织交易、交易成功签约、价款结算、农交所出具鉴证书、权属变更的严格流程进行，根据交易属性的区分交易方需要提交产权权属有关证明、转让（抵押、出租、入股）方资质证明及资料、标的物有效资料等相关农交所需要提交的资料，保障交易的公平、公正、可信和有效性。

三　东海县农地抵押贷款运行机制

　　农地抵押融资作为东海产权交易重要组成部分，实现土地流转和资金融通的基础在于两证的颁布和权利的认证，两证指集体土地使用证和农村产权交易鉴证书，前者是农户持有土地自由进入流转交易市场的保证，后者是土地承包方进行土地抵押融资的重要凭证。在县政府牵头、村集体配合、农交所监督规范工作、农信社最终办理贷款的多方参与下，东海农地经营权抵押融资模式正式确立，形成了县政府、农交所、村集体、银行共同支持的农地金融体系。（图9－3）

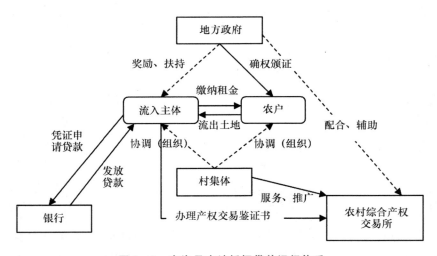

图9－3　东海县农地抵押贷款运行体系

　　1. 职能分工。地方政府部门、农交所等部门共同保障农地经营权抵押贷款正常开展，东海县委农工办负责日常政策下达以及纠纷案件牵头调节工作；国土部门统一管理土地使用权证的登记审核、换证、领证工作；劳动保障部门协助农民创业指导服务工作，以及失业农户的政策扶持工作；县农村产权交易所或乡镇农村土地流转交易中心（或农经站）负责流转土地产权价值评估和交易土地产权的登记、鉴证书发放工作；银行负责已申请贷款的审核、发放、管理工作；法院负责农地经营权抵押贷款纠纷的司法调解和审理工作；乡镇政府负责本区域宣传推广工作，协助产权初步统计摸底以及面积、质量认定等各项工作。

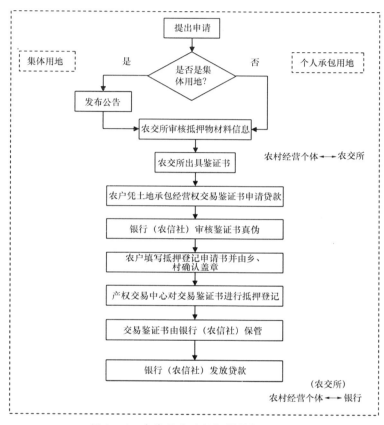

图 9 - 4　东海县农地抵押贷款操作流程

2. 运行流程。申请农村产权交易鉴证书，分为两种类型。在提出申请过程中，属于集体性资产性质用地，无纠纷情况下，需到达农村产权交易中心填写审批表、转出方承诺书，通过村民大会予以讨论得到2/3以上村民代表同意，村支两委、驻村人员签字，农经站长同意，将审批材料交由农交所，填写抵押方承诺书。东海县农村产权交易所对抵押（转让）申请进行登记，并将相关资料转交至农经部门窗口，由其对材料进行现场审查、权属确认，通过审查即可填写相关材料。村委会将初步方案报乡镇所在农村产权交易中心，由中心人员亲临待交易资产现场查看，宅基地、荒山、鱼塘等，要画出草图，并标注主要数据，拍照（照片可存电子档），记录在案，由交易中心工作人员和村会计一起拟出《公告》后报农交所审核，县级农交所审核通过后加盖电子印章发回交易中心，由中心打印后交由村，进行村内公告。信息交回农交所后，农交所进行资格审查，根据相关政策收取（免除）相应交易费用。

在提出申请过程中，属于个人性质农地，需经过和抵押方的直接协议确定抵押土地面积、价格等具体细节，填写承诺书、审批表同抵押方携相关资料到农交所、农村产权交易中心进行确权登记，经过农交所初步审批予以批准。

农户（主要是新型农业经营主体）凭在农村产权交易所鉴证的土地承包经营权交易鉴证书，方可向银行申请贷款，申请材料经办银行审核→农户填写抵（质）押登记申请书并由乡、村盖章→产权交易中心对交易鉴证书进行质押登记→农交所出具的交易鉴证书由经办银行保管。土地承包经营权价值依据流转签订（口头协定）地租与抵押年限乘积，质押率一般不超过成交金额的 60%，利率参照经办银行抵押贷款相关条例执行。

第三节　农村土地流转市场与农村产权交易所

尽管安全的农地产权是促进农业投资增长从而实现农业可持续发展的保障，但农地产权如果不可转让，农地资源的配置效率也就得不到改善，并且与土地的行政性调整相比，土地产权的自由流转不仅具有交易收益效应，而且具有更好的边际产出拉平效应。以土地权利为核心的整个不动产权利体系，都必须以满足市场的需求为其根本使命。物的交换价值是抵押权得以设立的基础，土地承包经营权的抵押，本质是土地权利流转，必须有相应的市场流转场所和机制才能实现权利的流通和增值。

良好的土地产权交易市场是土地承包经营权抵押权制度得以有效运转的前提和基础，它为市场主体提供公开的信息流动平台和土地承包经营权流转价格的形成机制，使双方当事人拥有平等交易机会，促进了土地承包经营权抵押制度的开展。规范的土地承包经营权交易市场至少应当具备以下几个要素：（1）准确高效的产权登记制度；（2）科学合理的产权价值评估体系；（3）公开有效的产权交易场所。早期农地产权交易是一种个别、自发的村集体内部的市场行为，没有固定的产权交易市场，但是随着规模经济的发展，产权交易需求量的逐步提高，个别、无组织的农村产权交易市场导致价格发现功能的下降、交易效率低迷，不再能满足部分产权交易频繁地区的需要，一些农村试点或非试点地区开始自发组织相应规模型交易市场。

传统的农村产权交易以私下交易为主，涉及的交易主体包括交易双方、集体组织和行政主管部门，交易双方达成交易意向后，向集体组织申请（集体组织常由村和组集体代表），获得批准后双方至行政主管部门变更产权权属，交易完成。值得一提的是，民间私下交易并不一定涉及资金流，补偿方式非常多样，期限种类也较为灵活。这一运行机制存在三方面的风险，即确权风险、信用风险和操作风险。确权风险是指交易双方对产权性质、价格和用途均为私下相互认可，并无中介机构对其确认并担保，因此，容易产生产权纠纷；信用风险是指交易中的任何一方违约造成另一方的损失，由于私下交易的缔约行为可能无书面证明或存在不规范，违约处置和补偿易产生纠纷；操作风险是指由于交易行为不当而造成的交易当事人损失，这一损失可以是经济成本，也可以是时间成本。

2012 年 5 月，江苏省东海县成立了全国第一家县级农村产权交易所，并于同年 9 月正式投入运行。农村产权作为一种特殊的商品集合，试点性地开始在县级层面开展交易，成为以武汉、成都为代表的省级农村产权交易所模式的有效补充，填补了高层交易与民间交易之间的断层。自 20 世纪 80 年代开始，学界始终在探索农村产权交易的可行模式，武汉、成都等省级农村产权交易所的建成和运行，为农村产权交易提供了新的思路，使农村产权交易从两个方面得以长足发展：一方面，农村产权交易回归到市场化角度上来，积极探索了产权交易的市场化条件，创造多种农村产权的交易基础；另一方面，在明确产权归属的前提下，建立现代农村产权制度以规范农村产权交易，保护交易双方的经济利益。两方面的综合发展在农村产权交易所这一概念上达到了较为完善的统一，形成了农村产权交易的微观经济基础，也提升了农村经济体系的市场化程度。

农村产权交易所的成立，从三个方面规范了农村产权交易市场和行为：（1）农村产权交易所扩大了受让方的地域范围，使得有意受让某项农村产权的个人或组织能够在不接触转让人的条件下获得产权交易的信息；（2）农村产权交易所降低了农村产权交易的风险，使得交易双方不因交易风险而放弃交易或抬高交易价格；（3）农村产权交易所为资本进退提供了场所，因而为农村产权抵押贷款和城乡统筹的社会保障体系的构建创造了条件。

就风险而言：（1）农交所模式增加了确权和估值等中介环节，中介服务环节的增加使得农村产权交易客体的权属性质受到农交所担保，非拍卖形式交易的农村产权由第三方机构提供较为客观的价值评估，保证交易双方的利益，也保证交易市场的有序；（2）农交所模式内化了农村产权交易的整个流程，将交易的信用风险转嫁给农交所，这也使得作为交易核心的农交所需要采取风险控制手段来防止违约；（3）农交所采用标准化的农村产权交易流程和合约，最大限度地减少交易的操作风险，也在一定程度上降低了交易成本。虽然农村产权交易所并不是农村产权交易的必要条件，但是农交所模式将农村产权交易带入了规范化管理阶段。

第四节　农村产权交易所与农村土地承包经营权等农村综合产权抵押贷款

农村产权交易所不仅促成了抵押关系的建立，让家庭承包地经营权真正地流动起来，而且也为抵押权的实现提供了场所和方式，抵押权人既可以通过与抵押人协议折价优先受偿，也可以通过公开的拍卖、变卖等方式以价款受偿，还可以变相地将家庭承包经营权转让给抵押人或第三方，通过其农业生产经营的农作物产值受偿，在不违反法律禁止性规定的框架内实现债权。（图 9 - 5）

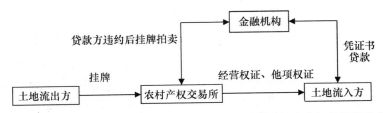

图 9 - 5　农村产权交易所与农村土地承包经营权等农村综合产权抵押贷款关系

如图 9 - 5 所示，土地流出方可以在农村产权交易所挂牌出售自己土地的经营权，土地流入方在农村产权交易所选取土地后，获得农村产权交易权颁发的农村土地经营权证以及他项权证。对于有贷款需求的土地流入方，在其他抵押与担保不足以足额贷款的情况下，可以用农村土地经营权证补位抵押补充物进行贷款。金融机构根据土地流入方的综合信用评价给予一定的额度，满足了规模经营农户的资金需求。当贷款方发生违约后，金融机构可以将土地经营权挂牌在农村产权交易所进行拍卖与转让，以挽回一部分损失。

可见农村产权交易所给了农村土地经营权一个真正能交易起来的市场，使得农村土地经营权能够真正流通起来；此外，农村土地交易所可以颁发土地经营权证，可以作为规模经营农户向银行申请贷款的有力保证；最后，在违约风险防范方面，可以很好地降低金融结构的损失。

第五节　本章小结

本章主要从三个方面阐述江苏农村土地承包经营权等农村综合产权抵押贷款试验区的制度设计，分别是经济机制设计理论，东海试验区农村综合产权抵押贷款的运行机制，以及农村土地流转市场、农村产权交易场所和农村土地经营权等农村综合产权抵押贷款的关系。

首先，通过对经济机制设计理论的分析发现，我国正在进行的社会主义市场经济体制改革，无异于是在机制设计方面的一次大变革。机制设计理论对于我们深入理解"好的市场经济"与"坏的市场经济"，对于我们在改革中所遇到的诸如国企改革、税收改制、产权制度等许多现实问题都有值得参考和借鉴之处。随后，以东海为例对试验区的农村产权抵押贷款的机制与过程进行阐述。最后，农村产权交易所的成立，无论是对农村综合产权交易市场的建立与完善还是对农地经营权等综合产权的抵押均具有十分重要的意义。农村产权交易所扩大了受让方的地域范围，使得有意受让某项农村产权的个人或组织能够在不接触转让人的条件下获得产权交易的信息；农村产权交易所降低了农村产权交易的风险，使得交易双方不因交易风险而放弃交易或抬高交易价格；农村产权交易所为资本进退提供了场所，从而为农村产权抵押贷款和城乡统筹的社会保障体系的构建创造了条件。

第十章　试验区异质性农户对农村承包地经营权等农村综合产权抵押贷款金融产品需求及影响因素实证分析

第一节　研究模型与数据来源

一　理论分析

影响农户融资意愿的因素很多，虽然土地的流转重新配置和抵押在很大程度上可以提高农业生产率，增加农户融资途径，但长期以来在一些地区政策的扶持下，并未得到预期效应，是什么原因导致农村土地抵押融资长期陷入"低效率波动"的困境呢？从有关文献中可以总结出以下几点影响因素。

1. 制度因素。从产权经济学角度来看，土地流转的基础是稳定的产权，不稳定的产权制度在理论和实际中都直接阻碍了农民参与土地抵押、租赁、转让等流转的热情，《土地管理法》第六十三条规定，农民集体所有的土地使用权不得出让、转让或者出租于非农业建设；《担保法》规定，宅基地使用权不得抵押；《物权法》第153条规定，宅基地使用权的取得、行使和转让，适用土地管理法等法律和国家有关规定。为了维持农村地区秩序稳定、保护耕地，现行国家相关政策法规明文对农村居民从所在村集体分得的土地限制自由流转、改变其农业用途，现行试点地区订立的地方关于农地流转措施实际都是不受现行法律规范完全保护的，农民也并未充分享有完整的农地使用权益，容易引发诸多问题，引起土地纠纷和矛盾冲突，影响包括东海地区在内的全国各经营权流转试点地区农地抵押融资的进一步推广以及农民的参与意愿。然而，一般情况下，当地政府又会在不与法律直接冲突下采取一定手段进行法

律纠纷的合理规避以及地方政策的保障，例如，东海地区当地政府协调
当地司法部门，协调国土部门并要求当地镇政府为流转土地保障确权登
记，在发生土地相关民事纠纷时介入调停，为提高农户参与意愿提供多
种政策支持，由于本章只研究东海县一个地区，政策支持上样本无差
异，故实证不代入此变量。

2. 农户禀赋。农户家庭土地资源禀赋，以及农户自身特征对其是否
参与农地抵押融资有较大的影响，农户资源禀赋是影响农户土地转入行为
的主要因素（刘克春、池泽新，2008）。影响农户融资及土地流转行为因
素很多，包括农户的人口特征、能力特征、年龄、家庭收入、自有资金规
模、学习和仿效能力、信息获得程度等，即一般研究农户借贷行为涉及个
体特征变量以及家庭特征变量等，这里本章在个体（户主）特征变量中
选取了性别、年龄、受教育程度，家庭特征变量选取了家中是否有人
（曾）担任村干部，农业就业人口占家庭总人口比重、家庭毛收入、农业
经营年限、区位因素。

（1）性别。一般认为，女性由于自身生理特征和农村地区较为传统
的社会因素影响，农业生产能力比之男性较弱，同时思想较为保守，进行
农地抵押的意愿较弱。

（2）年龄。一般认为，年龄越大，思想观念越加趋向于保守，投资
意愿薄弱，农业生产投入扩张热情较低，因此，参与农地抵押贷款意愿也
相对较弱。

（3）受教育程度。通常受教育程度越高，视野越开阔，接受新鲜事
物、学习新知识的速度越快，对新的金融产品收益预期也随之增长，倾向
于选择进行农地抵押融资。

（4）家中是否有人（曾）担任村干部。一般认为，家庭里有人担任
村干部，思想更为开放，更容易通过一些权限获得人力上的帮助，参与农
地抵押融资意愿更为强烈。

（5）农业就业人口占家庭总人口比重。农业就业人口占家庭总人口
比重越高，家庭对于农业生产生存的依赖性越高，通过农地抵押贷款来增
加农业生产性投入的意愿也越低。

（6）家庭毛收入。家庭收入水平越高，一定程度上说明家庭经营水
平越强，对于资金的需求以及生产水平的提高要求愈加强烈，参与农地抵
押贷款的意愿越高。

（7）农业经营年限。根据经济学的生命周期理论，在生产经营初期，对于各方面资源的支持需求强烈，由于经营个体成长不稳定，得到的资金、人力、资源的支持往往较少，金融机构往往不愿意放款给初创阶段的个体，因此对于农地抵押贷款的意愿越高。

（8）区位因素。区位因素也是影响农户借贷渠道选择的重要因素之一，农户与生产经营涉及所有环节的相关便利程度影响了其进行相关行为的参与意愿性，一般认为，区位条件好的农户对农地抵押融资需求比较大，这里选取了与农地抵押贷款取得直接相关的农交所、农信社距离远近两个变量。

（9）贷款特征因素。样本的惯有行为习惯会影响其经济选择，贷款期限，土地抵押作为长期的经济行为，土地作为一种稳定性较强的固定资产，一般抵押周期较长，达五年或十年以上，从事规模生产，资金的周转期限也相对较长，资金缺口较大，而小规模生产，资金投资用于日常正常小型生产资料的可能性较大，一般认为，借贷还款期限与进行农地抵押意愿呈正相关关系。

3. 土地流转相关因素。一切在农村地区实现的土地流转行为从根本上来说是为了实现土地集约，达到土地流转具有的交易收益效益和边际产出拉平效益，交易收益效益即土地流转实现土地交易性的提高，增加土地的投资价值，从而提高农民进行土地投资的积极性。边际产出拉平效益即通过把边际产出低的农户的土地流转到边际产出高的农户手中的方式，提高资源的配置效率。打破由原有家庭联产承包责任制度分配土地方式导致土地不断细碎化产生的不利影响，实现农业生产产业化，从而达到规模经济的效益，而土地关键的两个因素是交易费用以及土地规模因素，曹建华（2007）在研究农村土地流转的供求意愿与流转效率关系中提出了土地流转相关与土地面积以及地租的相关性，他认为土地流转意愿指标公式为：

$$D = (R_1 + S \times r)/R_2 + S(p - t) \times (\delta_2/\delta_1)$$

其中 S 为农地的流转面积，r 为单位流转土地面积租金，p 为从事农业生产经营活动单位土地面积的补贴，t 为从事农业生产经营活动单位土地面积的税费。农户在未真正实现古典经济学强调的规模经营最佳点时，流入土地可以减少其生产成本，增加收益，这时流入土地的意愿是增大的，与土地流转紧密相关的参与农地抵押贷款意愿也随之增大，这里引入总体经

营农地面积。① 而在中央减免农业税以后，农业生产成本降低，农户进行
农业生产经营的积极性提高了，同时，进行城市化转移的那一批劳动力弃
耕原有土地成本也降低，土地流转速度减缓。可见只有较高的流转收益才
能促进闲置细碎土地的流转，同时促使流入方寻求更多渠道获取资金支
持。因此，对土地流入方来说会有用农地经营权作抵押申请贷款的意愿，
用于支付租金和生产经营需求的资金。

4. 社会保障。中国农地在具有土地原有的资本属性前提下，更重要
的是充当农村地区社会保障的载体，由于中国农村地区长期以来在社会保
障体系构建方面处于严重滞后水平，在关于能否自由开放土地承包经营权
抵押的态度上，一直有学者采取保守的态度，有学者一直认为现阶段推行
土地抵押融资，会产生农村地区人口违约失地风险，银行在难以处置违约
农户土地时可能出现大量不良贷款以及可能引发严重的社会动乱问题，由
于农户存在土地养老的传统观念顾虑，对农地抵押等流转行为存在抵制，
完善的社会保障制度因此被视为推行土地经营权抵押的有效支持，有学者
指出，当土地不再作为唯一的生存与就业保障，农民对于土地的依附性降
低，推行农地抵押及其融资的实现效果将提高。因此，很多地区正在逐步
推广新型农村社会保障项目鼓励当地农户办理，借以弱化传统土地的社会
保障功能，促进耕地资源的解放和有效集中利用。因此，社会保险的拥有
水平也被认为是农户参与农地抵押融资的重要影响因素。一般认为，农户
现有的社会保险越充分，其面临流转土地存在的对投资风险的顾虑越低，
参与意愿性越高，本章选用了家庭人均养老保险以及医疗保险的办理额度
作为测度指标。

二　模型构建

为了研究自变量即各预计的因素对异质性农户参与农地抵押积极性
的影响程度，本模型的因变量是"是否意愿参与农地抵押贷款"，其取
值"是"或者"否"，是一个经典的离散型的二元选择问题，自变量并
不属于时间序列类数据，因此采用二项逻辑回归模型进行回归分析。分
别对规模农户和小农户做二项逻辑回归分析，以考察各变量对不同类别

---

① 由于问卷回收时在统计回答总体流入耕地面积上数据存在较大缺失，所以用总体经营耕
地面积来替代。

农户参与意愿的影响程度，明确促进或者阻碍东海地区农地抵押推广的主要原因。

逻辑模型的一般形式是：

$$\text{Logit}P = \beta_0 + \sum_{i=0}^{k} \beta_i x_i \qquad (10-1)$$

式（10-1）称为逻辑回归方程，其中，$x_i(i=1,2,\cdots,k)$ 为模型的自变量，即影响回归结果的各个因素，在本章中表示影响参与农地抵押融资意愿性的各类变量；$\beta_i(i=1,2,\cdots,k)$ 为技术系数，逻辑回归值 $P \in (0,1)$，是事件是否发生的概率值，本章中表示愿意参与农地抵押的概率值。换一个形式表达，逻辑二元选择模型发生时的概率可以表示为：

$$P = \frac{1}{1+e^{-(\beta_0+\sum_{i=1}^{k}\beta_i x_i)}} = \frac{e^{(\beta_0+\sum_{i=1}^{k}\beta_i x_i)}}{1+e^{(\beta_0+\sum_{i=1}^{k}\beta_i x_i)}} \qquad (10-2)$$

那么事件不发生时的概率可以表示为：

$$1-P = 1 - \frac{e^{(\beta_0+\sum_{i=1}^{k}\beta_i x_i)}}{1+e^{(\beta_0+\sum_{i=1}^{k}\beta_i x_i)}} = \frac{1}{1+e^{(\beta_0+\sum_{i=1}^{k}\beta_i x_i)}} \qquad (10-3)$$

由式（10-2）和式（10-3）可以得到事件发生时的概率和不发生时的概率之比：

$$\frac{P}{1-P} = e^{(\beta_0+\sum_{i=1}^{k}\beta_i x_i)} \qquad (10-4)$$

将两边同时取自然对数，得到线性函数：

$$\ln\left(\frac{P}{1-P}\right) = \beta_0 + \sum_{i=1}^{k}\beta_i x_i \qquad (10-5)$$

于是有：

$$\frac{P}{P-1} = \exp\left(\beta_0 + \sum_{i=1}^{k}\beta_i x_i\right) \qquad (10-6)$$

$$P = \frac{1}{1+\exp\left[-\left(\beta_0 + \sum_{i=1}^{k}\beta_i x_i\right)\right]} \qquad (10-7)$$

式（10-7）是（0,1）型 Sigmoid 函数，很好地体现了概率 P 和解释变量之间的非线性关系，二项逻辑回归模型本质是一个二分类的线性概率模型（Linear Probability Model，LPM）。

　　二项逻辑模型考虑的自变量主要包括四个方面：一是户主特征因素，二是家庭特征因素，三是土地流转特征因素，四是社会保障因素；其中户主特征因素以及家庭特征因素都属于农户禀赋，而本章只研究东海一个试点县，故区域政策不存在明显差异性，不考虑制度因素对样本意愿的影响。

三　数据来源

　　本章数据源于 2015 年 2 月到 6 月对东海县的实地问卷调研，囊括东海县下属所有 22 个乡镇、街道，分别是牛山街道、白塔埠镇、黄川镇、石梁河镇、青湖镇、石榴街道、温泉镇、双店镇、桃林镇、洪庄镇、安峰镇、房山镇、平明镇、驼峰镇、李埝乡、山左口乡、石湖乡、曲阳乡、张湾乡、开发区、种畜场以及李埝林场。按照各乡镇、街道的农业人口基数数量以及农业收入水平差异①随机抽取相应比例的样本量，为了保证抽取的样本存在明显的差异性以及研究性，本次问卷调查按照家庭农场主②、种植大户、专业合作社负责人、其他规模农户、小农户四类人群进行抽选，其中"其他规模农户"主要包含农业类个体经营户、养殖大户、农业行业小企业主等一类涉农行业人群，从生产经营规模来看，家庭农场主、种植大户、专业合作社主要负责人、其他规模农户都可划分为规模农户，小农户可划分为个体小农户。共发放问卷 3800 份，回收有效问卷 2640 份，问卷有效率为 69.47%。共涵盖家庭农场主 85 个、种植大户 339 个、专业合作社主要负责人 74 个、其他规模农户 122 个、小农户 2020 个。问卷内容涉及样本农户家庭特征、农业和非农业经营、收入、资产、借贷以及关于农地抵押贷款相关了解及意愿等信息。（表10 - 1）

---

　　①　抽取样本户的数量同样取决于两个方面，即样本村内的农户总数以及农户收入水平的差异。若该样本村户数较多，且农户收入水平差异较大，则所抽选的样本户数量较多，反之则较少。

　　②　这里抽选的家庭农场遵循东海县当地认定方法：《关于发展家庭农场加快推进土地流转的实施意见》（东农委〔2013〕3 号文）中"在工商部门登记的以农户家庭为经营单位，以家庭成员为主要劳动力，从事农业规模化、集约化、商品化生产经营，种植蔬菜面积 30 亩以上、粮棉油等大宗作物面积 150 亩以上、其他经济作物 50 亩以上，相对集中连片土地流转时间 10 年以上、初始投资规模达到 50 万元以上、3 年以上农业经营活动确定为家庭农场"。

表 10 – 1 样本农户的地区分布情况

	调查户数	家庭农场主数	种植大户数	专业合作社主要负责人数	其他户数	小农户数
房山镇	271	7	78	13	0	173
山左口乡	46	1	15	3	0	27
驼峰镇	59	4	12	1	0	42
石榴街道	110	8	5	3	8	86
安峰镇	225	1	11	6	2	205
桃林镇	76	0	4	2	6	64
洪庄镇	80	5	27	1	3	44
张湾乡	206	5	29	3	20	149
李埝林场	10	0	0	0	0	10
牛山街道	88	1	2	1	1	83
青湖镇	169	8	15	2	3	141
温泉镇	111	4	13	3	1	90
开发区	19	0	0	0	2	17
黄川镇	196	6	15	6	6	163
白塔埠镇	135	8	25	8	1	93
双店镇	129	8	14	2	0	105
石梁河镇	209	2	15	3	16	173
曲阳乡	219	8	21	2	23	165
石湖乡	99	3	1	1	4	90
平明镇	79	4	32	9	3	31
种畜场	21	1	1	1	4	14
李埝乡	83	1	4	4	19	55
合计	2640	85	339	74	122	2020

数据来源：根据调研数据整理。

第二节 描述性统计分析

一 试验区样本农户金融需求特征

（一）整体借贷状况：规模农户资金需求更为旺盛

从对 2640 个样本农户的 2015 年借贷整体调查来看，共有 1422 个样

本农户在 2015 年发生向外界借款行为。整体而言，在存在借贷行为的样
本农户中，10 万元以下的人群占借款人数的绝大多数，其中规模农户中
42.6% 的样本农户存在 10 万元以内的借款行为，40.8% 的个体小农户存
在 10 万元以内的借款行为。从借款量来看，样本农户对资金的需求并不
显著，20 万元以上的借贷农户比例并不大，相比较而言，规模农户比个
体小农户的借款需求更为明显，49.9% 的小农户未发生借贷行为，而规模
农户仅有 34.0%。从大额借款项目来看，专业合作社的借款数额相比其他
几类样本农户占有比例更大，存在 10 万 ~ 20 万元借款行为的农户占专业合
作社负责人总量的 22.9%，存在 20 万 ~ 50 万元借款行为的农户占专业合作
社负责人总量的 12.1%；其次是其他类型的规模农户，由于其他规模农户
多从事大型养殖以及涉农小企业经营，对于资金量需求相比较高，家庭农
场在高限额借款 50 万 ~ 100 万元（4.7%）以及 100 万元以上（1.2%）占
有量相比其他几类农户较大，在资金上可能存在更大潜在需求。（表 10 - 2）

表 10 - 2　　　　　　　　　　样本农户借款额度结构

	规模农户					小农户
	家庭农场主	种植大户	专业合作社主要负责人	其他	合计	
未发生借款（户）	35	92	23	61	211	1007
百分比（%）	41.2	27.1	31.1	50.0	34.0	49.9
小于 10 万元（户）	31	188	21	24	264	822
百分比（%）	36.5	55.6	28.4	19.7	42.6	40.8
大于等于 10 万元小于 20 万元（户）	10	33	17	20	80	120
百分比（%）	11.7	9.7	22.9	16.4	12.9	5.9
大于等于 20 万元小于 50 万元（户）	4	12	9	13	38	40
百分比（%）	4.7	3.5	12.1	10.7	6.1	1.9
大于等于 50 万元小于 100 万元（户）	4	12	3	4	23	23
百分比（%）	4.7	3.5	4.1	3.3	3.7	1.1
大于等于 100 万元（户）	1	2	1	—	4	8
百分比（%）	1.2	0.6	1.4	—	0.7	0.4
合计	85	339	74	122	620	2020

数据来源：根据调研数据整理。

（二）借贷用途：农业类生产扩张型投资存在潜在缺口

从借贷用途来看，在发生借贷行为的样本农户中，规模农户以农业类生产经营借贷为主（49.9%），其中家庭农场主、种植大户、专业合作社主要负责人农业类生产经营借贷分别占有 60.0%、54.2% 和 54.9%，其他类规模农户借贷用于非农业类生产经营投资居多，占 54.1%；小农户借贷主要用于一般生活类需求（58.1%）。（表 10 - 3）

表 10 - 3　　　　　　　　　　　样本农户借款用途状况

	规模农户					小农户
	家庭农场主	种植大户	专业合作社主要负责人	其他	合计	
一般生活需要（户）	16	103	17	16	152	589
百分比（%）	32.0	41.7	33.3	26.2	37.2	58.1
农业类经营需要（户）	30	134	28	12	204	247
百分比（%）	60.0	54.2	54.9	19.7	49.9	24.4
非农业类经营需要（户）	4	10	6	33	53	177
百分比（%）	8.0	4.1	11.7	54.1	13.0	17.5
合计	50	247	51	61	409	1013

数据来源：根据调研数据整理。

细化到农业借贷用途来看，规模农户和小农户相比较，用于农业投资的借贷更趋向于分散，投资需求具有多样性，小农户投资比例较为单一，集中于维系正常生产所需生产资料方面（65.6%）。其中，家庭农场主借贷主要用于交纳土地租金（26.3%）以及为扩大生产投资（34.2%）；种植大户借贷主要用于购置正常生产所需生产资料（24.8%）以及交纳土地租金（28.1%）；专业合作社主要负责人借贷主要用于土地租金支付（21.4%）以及雇用人工费用（25.0%）。家庭农场主与种植大户相比较倾向于扩张型投资，未来几年出现资金缺口概率较大。（表 10 - 4）

表 10 - 4　　　　　　　　　　样本农户借款农业类经营用途状况

	规模农户					小农户
	家庭农场主	种植大户	专业合作社主要负责人	其他	合计	
购置正常生产需要生产资料（户）	5	33	5	6	49	162
百分比（%）	15.8	24.8	17.9	53.8	24.0	65.6
土地租金（户）	8	38	6	3	55	32
百分比（%）	26.3	28.1	21.4	23.1	26.9	13.0
购置、租用大型农用设备（户）	2	11	5	1	19	21
百分比（%）	5.3	8.1	17.9	7.7	9.3	8.5
雇用人工费用（户）	3	22	7	1	33	12
百分比（%）	10.5	16.7	25.0	7.7	16.2	4.9
扩大生产经营投入（户）	10	24	5	1	40	17
百分比（%）	34.2	18.1	17.9	7.7	19.6	6.9
农业观光等副产业投入（户）	1	4	—	—	5	3
百分比（%）	5.3	2.9	—	—	2.4	1.2
其他（户）	1	2	—	—	3	—
百分比（%）	2.6	1.4	—	—	1.5	—
合计	30	134	28	12	204	247

数据来源：根据调研数据整理。

（三）借贷渠道倾向：趋于多样化，传统金融机构仍是主流

从样本农户借款渠道选择来看，整体而言，农信社、农商行一类传统金融机构和民间借贷仍是农村地区最为普遍的两种借贷渠道，而以商业信用为代表的内源性融资并不受到从事单一农业生产的样本人群的青睐，除去其他类型规模农户，剩余四类农户的商业信用借贷比例均低于 20%，相对而言，以第二产业、第三产业为经营主体的涉农企业中商业赊购、预收贷款借贷比例较高（21.3%），农村借贷仍以外源融资为主要借贷来源。规模农户的借贷渠道更趋向于多样化，单独来看，家庭农场主和专业合作社主要负责人更倾向于选择传统正规金融机构进行借贷，分别占有 82.0% 与 62.7%，这是因为传统金融机构发放贷款额度相比其他几类渠道较高，更适应于从事规模生产、

资金需求量较高的经营个体，传统正规金融机构融资门槛较高，家庭农场主、专业合作社主要负责人这两类经营个体经过工商部门认证、手续较为健全，更容易被正规金融机构认可；小农户一般生活性需求较大，资金需求量较低，一般亲戚、邻里低成本借贷基本可以满足其资金需求（61.3%）。（表10-5）

表10-5   **样本农户借款渠道选择**

	规模农户					小农户
	家庭农场主	种植大户	专业合作社主要负责人	其他	合计	
传统正规金融机构（户）	41	87	32	21	181	368
百分比（%）	82.0	35.2	62.7	34.4	44.3	36.3
商业信用（户）	3	11	8	13	35	24
百分比（%）	6.0	4.5	15.7	21.3	8.6	2.4
民间借贷（户）	25	130	24	37	216	621
百分比（%）	50.0	52.6	47.0	60.7	52.8	61.3
新型金融机构贷款（户）	8	43	5	5	61	43
百分比（%）	16.0	17.4	9.8	8.2	14.9	4.2
其他方式（户）	—	3	—	2	5	—
百分比（%）		1.2		3.3	1.2	

注：样本农户可能存在多笔借款状况，导致单类样本借款渠道百分比累加大于100%。

数据来源：根据调研数据整理。

（四）借贷缺口：现有借贷渠道满足程度较低，新型农业经营主体缺口显著

从样本农户目前资金需求的满足程度来看，63.9%的规模农户和79.1%的小农户认为现有资金需求能够基本满足；28.4%的规模农户和14.2%的小农户认为现有资金缺口较大；7.7%的规模农户和6.7%的小农户认为现有资金远不能满足需要。整体而言，现有的融资渠道基本能满足半数以上样本农户的资金需要，但仍有一定比例农户存在资金缺口较大以及远不满足等现象，其中规模农户相比个体小农户对于资金需求更大，又以家庭农场对于资金的需求最为明显，分别有37.5%的家庭农场主认为资金需求缺口较大，10.4%的家庭农场主认为目前资金缺口远不满足。种植

大户和其他规模农户也存在较为严重的资金短缺，说明新型农村个体规模
农户对资金的需求与实际融资取得资金量仍存在明显差距。（表 10 - 6）

表 10 - 6　　　　　　　　　　　　样本农户资金需求满足程度

	规模农户					小农户
	家庭农场	种植大户	专业合作社 主要负责人	其他	合计	
基本满足（户）	25	134	32	7	198	189
百分比（%）	52.1	65.0	74.4	53.8	63.9	79.1
缺口较大（户）	18	57	7	6	88	34
百分比（%）	37.5	27.7	16.3	46.2	28.4	14.2
远不满足（户）	5	15	4	—	24	16
百分比（%）	10.4	7.3	9.3	—	7.7	6.7
合计	48	206	43	13	310	239
百分比（%）	100	100	100	100	100	100

注：数据存在部分缺失。

数据来源：根据调研数据整理。

从样本农户的资金缺口程度来看，整体而言，样本农户的资金缺口以
20 万元以内为主，其中家庭农场主 10 万元以下的资金缺口占 38.9%，10
万 ~ 20 万元的资金缺口占 37.7%；种植大户 10 万元以下的资金缺口占
54.1%，10 万 ~ 20 万元的资金缺口占 31.8%；专业合作社主要负责人 10
万元以下的资金缺口占 28.3%，其他类样本农户 10 万元以下的资金缺口
占 43.8%，10 万 ~ 20 万元的资金缺口占 30.1%，规模农户整体 10 万元
以下、10 万 ~ 20 万元、20 万 ~ 50 万元、50 万 ~ 100 万元、100 万 ~ 300
万元、300 万元以上的资金缺口分别为 47.6%、32.2%、12.5%、5.1%、
2.2%、0.3%，同比小农户资金缺口较高。单独来看，家庭农场主、专业
合作社主要负责人、其他样本农户对资金需求迫切性相对强烈，家庭农场
50 万 ~ 100 万元、100 万 ~ 300 万元、300 万元以上资金缺口的人数分别
占 6.5%、2.6%、1.3%；专业合作社主要负责人 20 万 ~ 50 万元、50 万
~ 100 万元、100 万 ~ 300 万元资金缺口的人数分别占 24.5%、9.4%、
9.4%，其他农户包含企业主、养殖大户等 20 万 ~ 50 万元、50 万 ~ 100

万元资金缺口的人数分别占 9.6%、15.1%。50 万元以上的资金缺口依靠
一般亲友借贷难度较大，而传统的银行借贷产品额度较低，如联保贷款最
高限额一般在 30 万元左右。加之资质审核较为严格，农户在资金融通上
存在一定困难，尤其是新型农业经营主体在成长初期步履艰难。因此扩大
农民可抵押物范围、推广农村土地经营权抵押贷款、拓宽融资渠道，是解
决规模农户融资困难的切实手段。（表 10 - 7）

表 10 - 7　　　　　　　　　　样本农户资金缺口

| | 规模农户 | | | | | 小农户 |
	家庭农场主	种植大户	专业合作社主要负责人	其他	合计	
10 万元以下（户）	19	111	12	6	148	154
百分比（%）	38.9	54.1	28.3	43.8	47.6	64.1
10 万 ~ 20 万元（户）	18	66	12	4	100	57
百分比（%）	37.7	31.8	28.3	30.1	32.2	24.0
20 万 ~ 50 万元（户）	6	21	11	1	39	22
百分比（%）	14.3	10.3	24.5	9.6	12.5	9.4
50 万 ~ 100 万元（户）	3	7	4	2	16	5
百分比（%）	6.5	3.3	9.4	15.1	5.1	1.9
100 万 ~ 300 万元（户）	2	1	4	—	7	1
百分比（%）	2.6	0.4	9.4	—	2.2	0.5
300 万元以上（户）	1	—	—	—	1	
百分比（%）	1.3				0.3	
合计	49	206	43	13	311	239
百分比（%）	100	100	100	100	100	100

注：数据存在部分缺失。

数据来源：根据调研数据整理。

二　样本农户农地抵押贷款响应意愿分析

为了了解试点农户对农地抵押贷款响应意愿，本章对样本农户对农地
抵押贷款的认知进行简单的统计分析，发现在"是否知晓农村产权交易

所"问题和"是否知晓农地抵押贷款"问题的作答中，家庭农场主、种
植大户、专业合作社主要负责人、其他规模农户的差异并不显著，四类农
户同类问题答案选项人数比例极差在10%以内，说明不同类型规模农户
之间对于试点新型农地抵押贷款的认知水平程度类似；但小农户对农村产
权交易所和农地抵押贷款的认知情况明显低于以上四类农户；整体而言，
样本农户对于农地抵押贷款的认知不足，超过60%的样本农户对试点农
地抵押贷款及农交所一知半解或完全不知晓，说明试点当地在对新型农村
金融产品和政策的宣传上存在一定问题。

　　在回答"最终是否有意向申请金融贷款"问题上，五类农户对农地
抵押贷款响应程度从高至低排序为：家庭农场主（74.1%）、种植大户
（69%）、其他规模农户（67.2%）、专业合作社主要负责人（66.2%）、
小农户（51%）。家庭农场主在对农地抵押贷款响应方面表现最为强烈，
小农户与规模农户相比参与意愿较弱。（表10-8）

表10-8　　　　　　　　样本农户对农地抵押贷款的认知差异

测度	家庭农场主		种植大户		专业合作社主要负责人		其他规模农户		小农户	
	数量（人）	比例（%）	数量（人）	比例（%）	数量（人）	比例（%）	数量（人）	比例（%）	数量（人）	比例（%）
是否知晓农村产权交易所										
完全没听说	39	45.9	146	43.1	34	45.9	49	40.2	1217	60.2
知道名字	25	29.4	109	32.2	17	23	45	36.9	389	19.3
对位置、机构功能都有所了解	20	23.5	84	24.7	23	31.1	28	22.9	414	20.5
是否知晓农地抵押贷款										
完全没听说	25	29.4	78	23	24	32.4	41	33.6	1062	52.6
知道名字	37	43.5	136	40.1	36	48.6	50	41	711	35.2
对申请条件、办理流程都有所了解	23	27.1	125	36.9	14	19	31	25.4	247	12.2
申请农地抵押贷款意向										
有意向	63	74.1	234	69	49	66.2	82	67.2	1030	51
没有意向	22	25.9	105	31	25	33.8	40	32.8	990	49

　　数据来源：根据调研数据整理。

综上可以假定规模农户和个体小农户相比对农地抵押贷款响应存在显著差异性，然而具体差异性及相关因素对其影响程度无法确定，需要进一步通过实证检验的手段予以分析验证。由于不同类型规模农户间的响应差异较为微弱，故将家庭农场主、种植大户、专业合作社主要负责人、其他规模农户合并为规模农户与小农户进行分析比较。

三　变量选取和描述性分析

在代入模型进行检验前，先将因变量与自变量进行简单的描述统计分析，从是否愿意进行农地抵押融资结果进行比较，规模农户参与意愿均值为 0.69，小农户参与意愿均值为 0.51，整体而言，东海当地规模农户相比小农户对于农地抵押融资表现了更为积极的响应，这与第三部分东海样本规模农户比个体小农户表现更显著的资金融通渠道多样性与更严峻的资金短缺现象相对应。（表 10－9）

表 10－9　　　　　　　　　各变量含义及基本统计特征

变量名称	变量含义	规模农户		小农户		预测方向
		均值	标准差	均值	标准差	
被解释变量						
是否愿意进行农地抵押融资	愿意＝1；不愿意＝0	0.69	0.463	0.51	0.5	
解释变量						
户主特征因素						
性别	男＝1；女＝0	0.92	0.267	0.86	0.346	＋
年龄	户主年龄（岁）	45.9	8.819	47.47	8.735	－
受教育水平	小学以下＝1；小学＝2；初中＝3；高中、中专、中技＝4；大专以上＝5	3.27	0.683	3.14	0.673	＋
家庭特征因素						
家中是否有人担任村干部	是＝1；否＝0	0.35	0.477	0.28	0.451	＋
农业就业人口占总人口比重	在当地从事农业生产人口占家庭总人口比重	0.39	0.26	0.383	0.21	＋
农业经营年限	从事农业生产的年限	6.1	4.733	7.74	6.299	＋

续表

变量名称	变量含义	规模农户		小农户		预测方向
		均值	标准差	均值	标准差	
	解释变量					
	家庭特征因素					
家庭年毛收入 （2013 年）	10 万元及以下 =1；10 万~20 万元 =2； 20 万~50 万元 =3；50 万~100 万元 =4； 100 万~200 万元 =5；200 万元以上 =6	2.16	1.015	1.58	0.778	+
固定资产 （2013 年）	10 万元及以下 =1；10 万~20 万元 =2； 20 万~50 万元 =3；50 万~100 万元 =4； 100 万~200 万元 =5；200 万元以上 =6	2.89	1.192	2.44	1.038	+
农交所网点距离	1 公里以内 =1；2~5 公里 =2； 6~10 公里 =3；11~15 公里 =4； 16 公里以上 =5	3.06	1.318	3.17	1.333	-
农信社网点距离	1 公里以内 =1；2~5 公里 =2； 6~10 公里 =3；11~15 公里 =4； 16 公里以上 =5	2.82	1.154	2.87	1.207	-
还款期限	1 个月以内 =1；1~3 个月 =2； 3~6 个月 =3；6 个月~1 年 =4； 1~3 年 =5；3 年以上 =6	4.18	0.956	4.09	1.069	+
贷款承受 利率（月）	0~3‰ =1；3‰~6‰ =2； 6‰~9‰ =3；9‰~12‰ =4； 12‰~15‰ =5；15‰以上	2.7	1.427	2.6	1.44	+
	农地流转特征因素					
总体经营 耕地面积	总体经营耕地面积（亩）	95.21	101.501	16.567	11.696	+
是否以种植业 为主要收入来源	是 =1；否 =0	0.72	0.449	0.5	0.5	+
年均土地租金	400 元/亩以下 =1；400~600 元/亩 =2； 600~800 元/亩 =3；800~1000 元/亩 =4； 1000~1500 元/亩 =5；1500 元/亩以上 =6	2.17	1.318	1.25	1.278	+
平均土地 收益水平	500 元/亩以下 =1；500~1000 元/亩 =2； 1000~2000 元/亩 =3；2000~3000 元/ 亩 =4；3000~5000 元/亩 =5；5000 元/ 亩以上 =6	2.64	1.104	2.44	1.129	+
	社会保障					
年人均养老 保险水平	家庭年交纳的养老保险 总额除以家庭总人口之商	573.63	879.72	405.64	719.96	+
年人均医疗 保险水平	家庭年交纳的医疗保险 总额除以家庭总人口之商	123.01	402.253	98.93	256.155	+

数据来源：根据调研数据整理。

1. 从户主特征变量来看，规模农户性别均值为 0.92，小农户性别均值为

0.86；规模农户户主年龄为 45.9，小农户户主年龄均值为 47.47；规模农户受教育水平均值为 3.27。小农户受教育水平均值为 3.14。除受教育水平差异不显著以外，与小农户相比，规模农户更趋向于较为年轻的农村男性群体。

2. 从家庭特征变量来看，家中是否有人担任村干部，规模农户均值为 0.35，小农户均值为 0.28，说明规模农户与小农户相比在社会人际资源上具有细微的优势；农业就业人口占总人口比重和农业经营年限两类农户总体差异性不大；而家庭毛收入和固定资产方面，规模农户与小农户表现出较大的差异性，规模农户家庭毛收入和固定资产均值分别为 2.16 和 2.89，小农户家庭毛收入和固定资产均值分别为 1.58 和 2.44，说明与小农户相比，规模农户家庭经济条件优势较为显著；区位特征和贷款特征变量两类农户从整体上并未表现出太大差异。

3. 从土地流转特征变量来看，规模农户总体经营耕地面积均值为 95.21，小农户总体经营耕地面积均值为 16.567，经营耕地面积差异也是区分两类农户最基本的标准之一；是否以种植业为主要收入来源，规模农户均值为 0.72，小农户均值为 0.5，说明规模农户更趋向于以生产种植作物为经营主体，表现为经营土地的规模化与整体化；从流转土地的成本与收益来看，规模农户年平均土地租金为 2.17 即 400～600 元/亩范围内，个体小农户年平均土地租金为 1.25 即 400 元/亩以下范围内，说明规模农户有偿流入土地行为相比小农户更为普遍，农业经营生产中土地成本更高；平均收益水平中规模农户平均土地收益水平为 2.64，微高于小农户平均土地收益水平 2.44，这说明规模农户农业与小农户相比生产结构差异较小，单位生产经济收益差异不显著。

4. 从社会保障变量来看，规模农户家庭人均养老保险水平为 573.63 元/人，标准差为 879.72，个体小农户人均养老保险水平为 405.64 元/人，标准差为 719.96；规模农户家庭人均医疗保险水平为 123.01 元/人，标准差为 402.253，个体小农户人均医疗保险水平为 98.93 元/人，标准差为 256.155。这说明规模农户和个体小农户相比社会保障水平较高，个体办理保障水平跨度较大。

第三节　实证分析

本章采用 SPSS19.0 软件对调查数据进行了二元逻辑回归分析，从而研究各个因素对不同类型样本农户选择农地抵押决策的影响大小。本章采用向后: LR 法进行检验。表 10 – 10 中模型 1、模型 3 分别是规模农户、小农户所有变量代入回归方程检验结果，模型 2、模型 4 分别是规模农户、小农户最终剔除不显著变量代入回归方程检验结果。两个模型都具有较好拟合优度，具有统计意义。

规模农户部分样本，18 个变量中共有 11 个变量通过显著性检验。其中在 10% 水平下通过显著性检验的变量共有 3 个，分别是：家庭年毛收入（2013 年）、平均土地收益水平。在 5% 水平下通过显著性检验的变量共有 3 个，分别是：性别、年龄、固定资产（2013 年）。在 1% 水平下通过显著性检验的变量共有 6 个，分别是：农业就业人口占总人口比重、农交所网点距离、农信社网点距离、总体经营耕地面积、是否以种植业为主要收入来源、年均土地租金。

小农户部分样本，18 个变量中共有 13 个变量通过显著性检验。其中在 10% 水平下通过显著性检验的变量共有 1 个：贷款承受利率（月）。在 5% 水平下通过显著性检验的变量共有 2 个，分别是：家庭毛收入（2013 年）、还款期限。在 1% 水平下通过显著性检验的变量共有 10 个，分别是：性别、年龄、家中是否有人担任村干部、农业经营年限、农交所网点距离、农信社网点距离、总体经营土地面积、是否以种植业为主要收入来源、平均土地租金、年人均养老保险水平。

从实证结果来看，模型设计从整体上是有效的，各变量作用方向与预计基本保持一致。（表 10 – 10）

表 10 – 10　　　　　　　　　**模型最终评估结果**

变量名称	规模农户				小农户			
	模型 1		模型 2		模型 3		模型 4	
	回归系数	Exp（B）	回归系数	Exp（B）	回归系数	Exp（B）	回归系数	Exp（B）
户主特征								
性别	0.749**	2.115	0.774**	2.169	0.740***	2.097	0.744***	2.105
年龄	– 0.032**	0.969	– 0.030**	0.970	– 0.022***	0.978	– 0.023***	0.978
受教育水平	0.251	1.286	—	—	0.116	1.123	—	—
家庭特征	0							

变量名称	规模农户				小农户			
	模型1		模型2		模型3		模型4	
	回归系数	Exp（B）	回归系数	Exp（B）	回归系数	Exp（B）	回归系数	Exp（B）
户主特征								
家中是否有人担任村干部	0.060	1.062	—	—	0.355***	1.426	0.378***	1.459
农业就业人口占总人口比重	2.468	11.802	2.490***	12.065	0.322	1.380	—	—
农业经营年限	0.031	1.032	—	—	0.034***	1.034	0.034***	1.035
家庭年毛收入（2013年）	0.211	1.235	0.217*	1.243	0.177**	1.193	0.149**	1.161
固定资产（2013年）	0.199*	1.220	0.214**	1.238	-0.051	0.950	—	—
农交所网点距离	-0.165*	0.848	-0.180***	0.835	-0.238***	0.788	-0.235***	0.791
农信社网点距离	-0.244**	0.783	-0.239***	0.787	-0.243***	0.784	-0.244***	0.784
还款期限	0.142	1.152	—	—	0.112	0.020*	0.110**	1.116
贷款承受利率（月）	0.049	1.051	—	—	0.061*	1.033	0.069*	1.035
农地流转特征								
总体经营耕地面积	0.003**	1.004	0.003***	1.004	0.021***	1.021	0.022***	1.022
是否以种植业为主要收入来源	1.355***	3.875	1.327***	3.769	0.978***	2.659	1.012***	2.751
年均土地租金	0.378***	1.460	0.365***	1.441	0.132***	1.141	0.120***	1.127
平均土地收益水平	-0.219*	0.803	-0.194*	0.823	-0.075	0.928	—	—

续表

变量名称	规模农户				小农户			
	模型 1		模型 2		模型 3		模型 4	
	回归系数	Exp (B)	回归系数	Exp (B)	回归系数	Exp (B)	回归系数	Exp (B)
社会保障								
年人均养老保险水平	0.000	1.000	—	—	0.013***	0.985	0.013***	0.985
年人均医疗保险水平	0.000	1.000	—	—	0.000	1.000	—	—
Hosmer 和 Lemeshow 检验								
卡方 (df)	10.620 (8)				9.407 (8)			
显著性水平	0.224				0.309			
模型系数的综合显著性水平	0.000				0.000			
−2 对数似然值	537.984				2290.494			
Cox & Snell R 方	0.277				0.176			
Nagelkerke R 方	0.391				0.235			
模型预测准确率（%）	79.8				77.6			
初始预测准确率（%）	69.2				50.1			

注：*、**、***分别表示在 10%、5%、1%水平上显著。

数据来源：根据实证结果整理。

第四节　估计结果分析

一　户主特征因素

区分农户个体特征的主要因素是：性别、年龄、受教育水平。可以发现，规模农户和小农户在个体特征影响因素上具有较大共性：

1. 都存在性别与农地抵押参与意愿的正相关关系。表明无论规模农户还是小农户，女性选取农地抵押进行融资的可能性比男性低，从农村社会结构层面来看，男性作为农村地区农业生产的主力，也同时是绝大多数农村家庭的经济支柱，在交际、受教育机会上比女性更具有优势，较为开放，更容易接受新型的金融产品也更愿意承受农地抵押融资相应风险。

2. 都表现出年龄和农户对农地抵押贷款响应程度的负相关关系。年龄越小的样本越愿意尝试农地抵押贷款，年轻农户相比年长农户更具有冒险精神和尝试新鲜事物的勇气，而年长农户更愿意安于现状。但两者 Exp（B）值都微小于 1，这表明年龄因素并不是导致农地抵押参与意愿改变的必然因素。

3. 而受教育水平与预期结果存在偏差，两类农户数值都未通过受教育水平的显著性检验，说明接受教育程度的差异并不是导致参与农地抵押意向改变的直接原因。这可能是因为接受教育水平高的农村地区人口由于职业因素向城镇转移的趋势较强，现实遗留在农村地区的居民表现出的教育水平差异化现象并不显著；农户接受新事物的态度可能更多受到其他方面的生活经历影响而改变。

二　家庭特征因素

区分农户家庭特征的主要因素是：家中是否有人担任村干部、农业就业人口占总人口比重、农业经营年限、家庭毛收入、固定资产、农交所网点距离、农信社网点距离、还款期限、贷款承受利率。比较上述因素，可以发现：

1. 农村人际关系是影响小农户农地抵押融资的重要因素而非影响规模农户参与意愿的主要原因。农户生活在基于地缘、血缘形成的人际关系圈，农村的经济关系网络中，村镇集体权力对农户借贷行为起到重要影响，在缺乏担保物情况下，个人信用在借贷中起到关键作用，现实中金融机构对于有村集体干部背景的借贷人提供更多的隐性优惠，导致其借贷意愿更为强烈；规模农户拥有足够规模的土地抵押物和其他资产作为担保，社会资源优势对其参与农地抵押行为的影响相比弱化。

2. 农业就业人口占总人口比重与规模农户参与农地抵押融资存在较强关联性，而与小农户存在较弱的关联性。这可能与农户存在"厌农"现象有关，由于农业经营面临风险较高，细碎经营带来的收入较低，导致

除去进行规模经营的"职业农民"以外，农村大部分人口的收入结构中
农业生产占有的比重十分有限。对于小农户而言，农业作为一项副业，农
业劳动力比重实际对其进行农业转型贷款（即农地抵押贷款）行为影响
不大。相反，规模农户作为"纯农民"其收入与家庭农业劳动力比重捆
绑性较强，也对其农业专项借贷行为导向影响较强。

3. 农业经营年限对小农户和规模农户参与农地抵押融资的行为联系
较弱。两类农户 Exp（B）值都接近于 1，说明变量的影响是趋近中性的，
随着农业经营年限的增长，农户参与农地抵押融资的积极性不必然会
增加。

4. 家庭经济条件对规模农户参与农地抵押融资的意愿影响比小农户
更强。家庭毛收入、固定资产对规模农户选择农地抵押贷款存在较强正相
关性，表明经济因素对规模农户借贷行为的制约性更强，家庭收入条件较
好、拥有固定资产较多的规模农户更倾向于选择农地抵押融资。

5. 区位因素是农户借贷渠道选择的重要因素。两类农户中距离农地
抵押借贷办理机构较近的人群都对农地抵押贷款表现出较强的兴趣。

6. 与规模农户相比，小农户在选择农地抵押借贷时更关注贷款产品
本身的成本问题。这可能是因为小农户借贷额度较低，所以贷款渠道选择
面较广，往往在进行贷款时更多考虑"这种贷款方式合不合算"而非
"能不能贷到这么多钱"，所以对贷款利率和贷款期限变量表现出更强的
显著性。

三　农地流转特征因素

由检验结果可知，农地流转特征因素是影响农户农地抵押融资行为的
重要因素。（1）土地经营规模及经营模式对农户农地抵押融资具有较强
行为导向，经营大规模种植作物为主的农户更倾向于进行农地抵押融资。
（2）土地流转行为本身带来的成本和收益权衡对规模农户进行农地抵押
选择引导性更强。（3）回归系数和 Exp（B）值与变量方向预测略有偏
差，平均土地收益与意向性产生负相关性。说明土地成本和收益权衡中成
本对农户最终选择农地抵押借贷产生关键性作用。从事规模种植业生产经
营、单位土地地租较高、而单位土地收益较低的规模农户人群，由于付出
土地成本较高，因此资金回流效率低，生产经营资金缺口持续时间长，这
也与农地抵押产品设计（土地承包经营规模和租金缴纳年限决定贷款额

度，流转期限确定土地对于抵押金融机构价值）相匹配，所以其更受到这类经营农户的欢迎。

四　社会保障因素

由检验可知：（1）持有养老保险水平与医疗保险水平相比对农户参与农地抵押融资行为具有更强正相关性。（2）社会保障对规模农户作出农地抵押融资选择行为影响较小，而对个体小农户农地抵押融资行为影响较大。对于规模农户而言，持有丰厚的固定资产，土地的价值显然比一般社会保障更为"可靠"，故社会保障对其行为导向性被弱化。

第五节　本章小结

1. 农户参与农地抵押融资受到多重因素的影响。本章基于已有文献归纳，实证证实了农户个人禀赋因素、农地流转特征因素、社会保障因素对农户参与农地经营权抵押借贷存在不同程度行为导向。（1）区位因素是影响参与农地抵押借贷的重要因素，区位因素直接影响农户对于融资渠道的选择行为，获取方式是否便捷决定农户是否采取农地抵押进行融资。（2）经济因素测度农户资金需求的可能性，家庭收入水平和固定资产持有状况与农地经营权抵押贷款需求呈正相关，表明从事生产经营规模越大则对资金融通的要求越高。（3）农地流转特征因素决定农户借贷选择是否与农地抵押贷款设计相"对口"，实证证明大规模持有土地，承担较高土地成本存在资金流转困难的农业生产经营人群对农地抵押借贷抱有较高的兴趣。（4）农户年龄、性别、受教育程度等非经济特征对农户对农地抵押融资的认知和选择作用实际较小。

2. 规模农户和个体小农户对于农地抵押融资选择基准具有差异性。小农户选择是否参与农地抵押融资较为侧重凭借传统借贷个体禀赋因素，社会人际关系、借贷耗费的成本、个人经济条件都是其较为重视的因素，其选择农地承包经营权抵押贷款的依据倾向于"农地承包经营权抵押贷款这种借贷方式是否合算"；规模农户选择参与农地抵押融资更侧重于农业规模生产和土地流转特征因素，土地经营面积、自有固定资产水平、土地成本等是对其参与积极性具有重要影响的因素，规模农户更关注"农地经营权抵押贷款是否能满足其现行规模经营资金需求"。

　　3. 规模农户是新型农村产权抵押贷款的主要需求群体。东海试点地区样本农户基本借贷需求状况和关于农地抵押贷款的参与意愿描述性分析验证了这一说法。（1）规模农业需要持续稳定的资金流予以支持推动，规模农户的主要组成群体家庭农场、专业大户、专业合作社、涉农企业在资金需求上不同程度地暴露出农业生产投资资金缺口的存在，农民普遍存在筹措资金困难成为不争的事实。（2）规模农户由于筹措农业经营资金存在期限长、额度高、风险大的特点，增加了资金获取的难度，在融资渠道的行为选择上更倾向于尝试新型产权抵押融资，甘愿为获得大额的贷款承受损失土地使用权风险。（3）农地抵押贷款将原先牢固捆绑在村集体个人名头的固定资产盘活，将经营权与所有权、承包权相剥离开，扩大土地流入方财产权限，保障土地成为农村地区有效抵押物成为事实，其额度、期限设计正是迎合规模土地流转经营的特点。

　　本章检验了异质性农户对于农地抵押贷款参与意愿差异性问题，并研究了不同因素对异质性农户参与农地抵押贷款影响差异性。从农户视角分析了农地抵押贷款响应状况，从微观角度研究了农地抵押贷款运行机制运行情况。下文将从宏观角度，以农地抵押贷款相关执行机构视角研究农地抵押贷款运行机制的具体评价。

第十一章 试验区县乡(镇)村政府管理者对农村承包地经营权等农村综合产权抵押贷款运行效果评价

第一节 研究模型与数据来源

一 样本数据来源说明

本章所用数据来自 2015 年 2 月到 6 月对江苏省东海县农村金融改革综合试点区农地经营权抵押贷款综合运行水平调研。本章从相关执行机构方集中考察东海县农地经营权抵押贷款运行状况,根据东海县下属行政机构按照等量抽样方法,对 22 个乡(镇)及县级政府、信用社、产权交易中心主要负责人员进行随机抽样。回收有效问卷 418 份,问卷有效率为 83.6%。

二 指标的建立

对运行机制的综合评价可以理解为对机制实现运作目标的完成度考核,是机制运行过程和结果的多方体现,根据研究目的多样性,其考察的侧重点也存在差异性。本章核心在于从执行方角度考察东海试点农地经营权抵押贷款推行的可能性和可持续性。故根据上一章节影响农户对农地抵押贷款参与意愿相关因素,本章将评价指标归结为以下 5 个方面:

1. 贷款办理程序评价。贷款办理程序主要考察农地经营权抵押贷款办理步骤设计及细节是否合理,运行效率是否达到预计主观满意程度。按照《东海县农村产权交易管理办法》(东委办〔2012〕44 号)相关流程顺序解读 8 项主要评价指标,包含申请办理农村产权交易鉴证书、材料核

查、办理农地经营权抵押贷款整个运行环节。其中审批办理农村产权交易
鉴证书环节涉及村集体、地方政府、农交所三大机构互动配合，主要评价
指标有资料审核提交简洁、农交所与地方政府机构配合水平、凭证管理规
范化程度、手续评估费用设置合理性。办理农地经营权抵押贷款环节涉及
地方政府、农交所、农信社三大机构互动配合，主要评价指标有银行与地
方政府机构配合水平，分支机构网点数量、位置设计科学性，业务办理速
度，工作人员服务水平。

2. 风险控制评价。根据管理学风险控制贯穿事前、事中、事后的
执行原则，设置 8 个主要评价指标，事前即贷款办理前由农交所、村集
体、地方政府协作对流入土地方资质审核以及鉴证书办理流程，包括政
府机构对于抵押贷款协助监控水平、农交所对于抵押物资信审核水平、
农地价值评估水平、农地权属清晰；事中指银行受理流入土地农户农地
经营权抵押申请并发放贷款过程，包括银行对于抵押人资信审核水平；
事后指贷款发放后执行机构对于贷款的监控以及贷款风险发生之后的处
理过程，包括贷款发放后监管水平、违约后追回贷款、违约无法追回贷
款损失弥补。

3. 贷款产品设计评价。本章根据贷款产品主要构成要素贷款期限、
贷款金额、还款方式设计 4 个评价指标，分别是贷款期限设计合理、抵押
物折扣率设计合理、贷款金额满足农民生产资金需求水平、还款方式
合理。

4. 政策评价。主要考察地方政策对于现行综合产权抵押贷款推广的
扶持力度以及地方农地抵押政策与国家法律协调水平。

5. 带动效果。带动效果直接反映了运行机制最终政策意义和机制存
在必要性。本章主要考察了农地经营权抵押贷款的推行对于当地解决农民
融资难效果、对规模农业发展作用、对健全现行农村金融体系效果。

根据以上分类建立一个三级指标体系并予以赋值。其中，农地经营权
抵押贷款综合评价得分为一级指标；贷款办理程序、风险控制、贷款产品
设计、政策、带动效果为具体细化的二级指标，再通过二级指标的方向设
立 25 个三级测评指标。（表 11 - 1）

表 11 - 1　　　　　东海农地抵押融资综合打分指标体系说明

一级指标	二级指标	三级指标
农地抵押融资综合打分	贷款办理程序	X1：材料审核提交简洁
		X2：银行与地方政府机构配合水平
		X3：农交所与地方政府机构配合水平
		X4：分支机构网点数量、位置设计科学性
		X5：业务办理速度
		X6：工作人员服务水平
		X7：凭证管理规范化程度
		X8：手续、评估费用设置合理性
	风险控制	X9：政府机构对于抵押贷款协助监控水平
		X10：银行对于抵押人资信审核水平
		X11：农交所对于抵押物资信审核水平
		X12：农地价值评估水平
		X13：农地权属清晰
		X14：贷款发放后监管水平
		X15：违约后追回贷款
		X16：违约无法追回贷款损失弥补
	贷款产品设计	X17：贷款期限设计合理
		X18：抵押物折扣率设计合理
		X19：贷款金额满足农民生产资金需求水平
		X20：还款方式合理
	政策	X21：对于现行综合产权抵押贷款扶持力度
		X22：地方政府农地抵押政策与国家法律协调水平
	带动效果	X23：对解决当地农民融资难效果
		X24：对带动当地规模农业发展作用
		X25：对健全现行农村金融体系效果

三　研究方法

本章利用因子分析进行降维及公因子分析，求出各项权数，最后利用权数求得各项得分及农地经营权抵押最终得分。

因子分析是一种通过降维、简化数据从而探求变量本质、科学分类的实用方法,通过测算变量间统计变化规律,将变量进行重新整合,用极少数抽象的变量来表示其基本的数据结构,这些抽象的变量被称为"因子",它的分析模型描述如下:

$X = (x_1, x_2, \cdots, x_n)$ 是可观测随机向量,均值向量 $E(X) = 0$,协方差阵 $Cov = \sum$,且协方差阵与相关矩阵 R 相等。$F = (F_1, F_2, \cdots, F_m)$ $(m < p)$ 是不可测的向量,其均值向量 $E(F) = 0$,协方差矩阵 $Cov(F) = I$ 即向量的各分量是相互独立的,$\varepsilon = (\varepsilon_1, \varepsilon_2, \cdots, \varepsilon_p)$ 与 F 相互独立,且 $E(\varepsilon) = 0$,ε 的协方差矩阵 $\sum$ 是对角矩阵,即各分量 ε 之间是相互独立的,则模型为:

$$\begin{cases} x_1 = a_{11}F_1 + a_{12}F_2 + \cdots + a_{1m}F_m + \varepsilon_1 \\ x_2 = a_{21}F_1 + a_{22}F_2 + \cdots + a_{2m}F_m + \varepsilon_2 \\ \cdots \\ x_p = a_{p1}F_1 + a_{p2}F_2 + \cdots + a_{pm}F_m + \varepsilon_p \end{cases} \quad (11-1)$$

式 (11-1) 称为因子分析模型,$F_1, F_2, \cdots, F_m$ 称为公共因子,$\varepsilon_1, \varepsilon_2, \cdots, \varepsilon_p$ 是特殊因子,指单个变量特有的因子,当主成分分析时特殊因子为 0。a_{jk} 称第 j 个变量在第 k 因子载荷量,载荷越大,则说明第 j 个变量与第 k 个因子的关系越密切,载荷越小,则说明第 j 个变量与第 k 个因子的关系越低,将矩阵中所有方差贡献都计算出来,使其按照大小排序,就可据此提炼出最有影响力的公共因子。如果求出主因子解后,各个主因子的典型代表变量不很突出,则还需要进行因子旋转,通过适当的旋转得到比较满意的主因子,常用的方法是最大方差正交旋转法 (Varimax)。因子分析模型构建以后应用其去评价每个样本指标在整个模型中的地位,即综合评价,设公共因子 F 由变量 x 表示的线性组合为:$F_j = u_{j1}x_{j1} + u_{j2}x_{j2} + \cdots + u_{jp}x_{j2p}$,$j = 1, 2, \cdots, m$,该式称为因子得分函数,由它来计算每个样品的公共因子得分。估计因子得分的方法较多,常用的有 Bartlett 估计法、Thomson 估计法、回归估计法。

因子分析法的最大优点在于各公因子的权重是由各自方差的贡献率大小决定而不是主观赋值,权重越大的变量对总体贡献率越高、重要性越强,反之则相反,这样可使主观评价结果求得的最终得分较为合理客观,较适用于对机构绩效的主观评价,同样适合本章研究的农地经营权抵押贷款运行绩效的评价。

第二节　描述性统计分析

为了量化隐变量，使指标量化得以进行分析，这里选用最为常用的 Likert 5 级量表，它的 5 级分别表示很不满意、不太满意、一般、满意、非常满意这样一个由低到高的递推过程，对应的数值赋值分别是 1、2、3、4、5，得分越高代表此指标的表现越好。各指标描述性分析结果见表 11 - 2。

表 11 - 2　　　　　东海农地抵押融资综合打分描述性分析

指标名称	打分频率					均值	标准差
	1	2	3	4	5		
$X1$：资料审核提交简洁	111	108	107	69	23	2.49	1.202
$X2$：银行与地方政府机构配合水平	77	121	100	78	42	2.73	1.243
$X3$：农交所与地方政府机构配合水平	69	119	94	82	54	2.84	1.279
$X4$：分支机构网点数量、位置设计科学性	81	121	113	73	30	2.64	1.184
$X5$：业务办理速度	98	108	106	69	37	2.61	1.253
$X6$：工作人员服务水平	43	96	114	115	50	3.08	1.180
$X7$：凭证管理规范化程度	31	88	120	133	46	3.18	1.112
$X8$：手续、评估费用设置合理性	50	98	112	103	55	3.04	1.220
$X9$：政府机构对于抵押贷款协助监控水平	51	86	122	107	52	3.06	1.203
$X10$：银行对于抵押人资信审核水平	44	97	93	115	69	3.16	1.251
$X11$：农交所对于抵押物资信审核水平	52	93	107	110	56	3.06	1.233
$X12$：农地价值评估水平	41	108	113	107	49	3.04	1.174
$X13$：农地权属清晰	63	87	115	105	48	2.97	1.235
$X14$：贷款发放后监管水平	60	115	90	103	50	2.92	1.254

续表

指标名称	打分频率					均值	标准差
	1	2	3	4	5		
X15：违约后追回贷款	39	65	84	126	104	3.46	1.273
X16：违约无法追回贷款损失弥补	64	81	106	96	71	3.07	1.309
X17：贷款期限设计合理	43	86	111	102	76	3.20	1.246
X18：抵押物折扣率设计合理	57	106	107	115	33	2.91	1.177
X19：贷款金额满足农民生产资金需求水平	64	107	127	68	52	2.85	1.229
X20：还款方式合理	43	98	110	99	68	3.12	1.234
X21：对于现行综合产权抵押贷款扶持力度	44	76	94	116	88	3.31	1.278
X22：地方政府农地抵押政策与国家法律协调水平	42	165	73	82	56	2.65	1.420
X23：对解决当地农民融资难效果	36	79	93	129	81	3.33	1.228
X24：对带动当地规模农业发展作用	42	81	83	119	93	3.33	1.289
X25：对健全现行农村金融体系效果	41	82	82	117	96	3.35	1.293

数据来源：根据调研结果整理。

从描述性统计结果来看，大部分地方农信社、乡镇政府、农村产权交易中心的给分都在 2~4 之间，标准差稳定在 1.1~1.4 之间，说明地方执行机构的意见差异性不大，数据具有一定可行性，得分均值稳定在 2~4 之间。从绝对数值来看，前三位得分最高的指标分别"违约后追回贷款"（3.46）、"对健全现行农村金融体系效果"（3.35）、"对带动当地规模农业发展作用"（3.33）和"对解决当地农民融资困难"（3.33）。除第一个指标属于风险控制外，其他三个指标都隶属于原设定的农地抵押贷款的带动效果这一、二级指标，说明执行人员对农地抵押贷款对当地的综合带动效果评价较高；得分排名在末尾三位的指标分别是"材料审核提交简洁"（2.49）、"业务办理速度"（2.61）、"分支机构网点数量、位置设计科学性"（2.64），这几个指标都分属贷款办理程序二级指标，说明当前东海地区农地抵押贷款办理程序设计可能存在潜在问题。

第三节　实证分析

一　主因子提取及分析

验证性因子分析在问卷分析中属于"再验"过程，即根据调查所得的样本，再次验证问卷中各题项是否从属于原设计的因子。主因子提取前必须对样本数据进行信度与效度分析，求得 *KMO* 值为 0.854，Bartlett 的球形度检验值为 8284.117，总体的信度系数 α 为 0.853，具有较强统计价值。而后对本章选取的 25 个评价指标进行主因子提取，结果见表 11 - 3。

表 11 - 3　　东海农地抵押融资主观评价的检验性因子分析结果

因子命名	因子组成	载荷	特征值	方差贡献率（%）	累计方差贡献率（%）
政策机构风险控制指标	X9：政府机构对于抵押贷款协助监控水平	0.899	4.089	16.356	16.356
	X10：银行对于抵押人资信审核水平	0.898			
	X11：农交所对于抵押物资信审核水平	0.849			
	X12：农地价值评估水平	0.854			
	X13：农地权属清晰	0.839			
产品设计指标	X8：手续、评估费用设置合理性	0.775	.955	15.820	32.176
	X17：贷款期限设计合理	0.898			
	X18：抵押物折扣率设计合理	0.846			
	X19：贷款金额满足农民生产资金需求水平	0.834			
	X20：还款方式合理	0.856			
程序规范化指标	X2：银行与地方政府机构配合水平	0.898	3.238	12.951	45.127
	X3：农交所与地方政府机构配合水平	0.874			
	X6：工作人员服务水平	0.884			
	X7：凭证管理规范化程度	0.832			
效应指标 综合带动	X23：对解决当地农民融资难效果	0.855	2.568	10.273	55.399
	X24：对带动当地规模农业发展作用	0.888			
	X25：对健全现行农村金融体系效果	0.881			

续表

因子命名		因子组成	载荷	特征值	方差贡献率(%)	累计方差贡献率(%)
便捷性指标	程序	X1:材料审核提交简洁	0.902	2.453	9.811	65.21
		X4:分支机构网点数量、位置设计科学性	0.88			
		X5:业务办理速度	0.898			
控制指标	银行风险	X14:贷款发放后监管水平	0.883	2.433	9.732	74.942
		X15:违约后追回贷款	0.896			
		X16:违约无法追回贷款损失弥补	0.892			
策指标	宏观政策	X21:对于现行综合产权抵押贷款扶持力度	0.948	1.823	7.293	82.235
		X22:地方政府农地抵押政策与国家法律协调水平	0.95			
结果检验		KMO(Kaiser - Meyer - Olkin) = 0.854				
		Bartlett 的球形度检验值(df) = 8284.117				
		p = 0.000				
		总体的信度系数 α = 0.853				

数据来源:根据实证结果整理。

通过主因子提取,可以发现原先的二级指标由 5 个细化为 7 个,部分三级指标归类发生变化,按照方差贡献率从高至低,分别可以按如下规则命名因子。

1. 因子 1 包含:政府机构对于抵押贷款协助监控水平、银行对于抵押人资信审核水平、农交所对于抵押物资信审核水平、农地价值评估水平、农地权属清晰,因子 1 主要与政府机构对于农地抵押贷款的协调配合控制风险有关,因此可以把因子 1 命名为政策机构风险控制指标。

2. 因子 2 包含:手续、评估费用设置合理性、贷款期限设计合理、抵押物折扣率设计合理、贷款金额满足农民生产资金需求水平、还款方式合理,因子 2 主要与农地抵押贷款产品具体设计有关,因此可以命名为产品设计指标。

3. 因子 3 包含:银行与地方政府机构配合水平、农交所与地方政府机构配合水平、工作人员服务水平、凭证管理规范化程度,因子 3 包含了原有农地抵押贷款中用于评价程序规范化的主要指标,因此可以把因子 3

命名为程序规范化指标。

4. 因子 4 包含对解决当地农民融资难效果、对带动当地规模农业发展作用、对健全现行农村金融体系效果，这些指标都反映了农地抵押贷款对于东海地区的综合带动效果，因此可以命名为综合带动效应指标。

5. 因子 5 包含材料审核提交简洁，分支机构网点数量、位置设计科学性，业务办理速度，这些指标都反映了农地抵押贷款流程的便捷性水平，因此可以把因子 5 命名为程序便捷性指标。

6. 因子 6 包含了贷款发放后监管水平、违约后追回贷款、违约无法追回贷款损失弥补，这些指标反映了银行对放款后的贷款风险监控水平，因此可以把因子 6 命名为银行风险控制指标。

7. 因子 7 包含了对于现行综合产权抵押贷款扶持力度、地方政府农地抵押政策与国家法律协调水平，用于测评东海农地抵押贷款获得的政策支持与现行法规协调，因此可以把因子 7 命名为宏观政策指标。

从各主因子的贡献率大小来看，因子 1 （16.356%） 即政策机构风险控制变量与因子 2 （15.820%） 即产品设计指标对总体指标的影响性最为显著，说明从执行机构角度来看风险控制与农地抵押贷款产品设计科学性对于其评价农地抵押贷款的综合绩效的影响最大。

二　农地抵押贷款综合绩效得分测算

通过对主因子的提取，运用方差最大化旋转法就可以得出 7 个主因子的成分得分系数矩阵，见表 11 - 4。

表 11 - 4　　　　　　　　　　成分得分系数矩阵

	成分						
	F1	F2	F3	F4	F5	F6	F7
X1：材料审核提交简洁	-0.030	0.013	0.037	-0.030	0.381	0.012	0.005
X2：分支机构网点数量、位置设计科学性	-0.007	-0.011	0.021	-0.031	0.369	-0.017	-0.008
X3：业务办理速度	-0.003	0.002	0.043	-0.037	0.380	-0.023	-0.018
X4：银行与地方政府机构配合水平	-0.019	-0.048	0.310	-0.027	0.036	-0.001	-0.006

续表

	成分						
	F1	F2	F3	F4	F5	F6	F7
X5：农交所与地方政府机构配合水平	−0.011	−0.022	0.300	−0.064	0.031	−0.020	0.004
X6：工作人员服务水平	−0.015	−0.030	0.303	−0.039	0.048	0.002	−0.014
X7：凭证管理规范化程度	0.003	−0.048	0.279	−0.014	0.006	0.037	0.012
X8：政府机构对于抵押贷款协助监控水平	0.253	−0.032	−0.009	−0.048	−0.023	0.037	−0.010
X9：银行对于抵押人资信审核水平	0.256	−0.033	−0.012	−0.062	−0.017	0.020	−0.006
X10：农交所对于抵押物资信审核水平	0.237	−0.022	0.001	−0.063	0.006	0.020	−0.021
X11：农地评估水平	0.241	0.002	−0.011	−0.070	−0.024	0.040	−0.004
X12：农地权属清晰	0.235	−0.008	−0.016	−0.065	0.004	0.028	−0.010
X13：贷款发放后监管水平	0.029	0.004	−0.005	−0.028	−0.016	0.373	−0.053
X14：违约后追回贷款	0.037	−0.027	0.003	0.009	−0.025	0.379	0.000
X15：违约无法追回贷款损失弥补	0.042	−0.015	0.018	−0.019	0.012	0.377	0.009
X16：手续、评估费用设置合理性	−0.007	0.226	−0.033	−0.045	−0.003	−0.023	−0.002
X17：贷款期限设计合理	−0.015	0.292	−0.059	−0.110	−0.003	−0.010	0.000
X18：抵押物折扣率设计合理	−0.028	0.244	−0.019	−0.040	0.004	−0.019	0.039
X19：贷款金额满足农民生产资金需求水平	−0.020	0.251	−0.027	−0.069	0.011	0.004	−0.003
X20：还款方式合理	−0.024	0.267	−0.025	−0.093	−0.005	−0.004	−0.022
X21：对于现行综合产权抵押贷款扶持力度	−0.030	0.007	0.002	0.030	0.006	−0.014	0.525
X22：农地抵押地方政府政策与国家法律协调水平	0.005	−0.002	−0.004	0.006	−0.020	−0.016	0.522
X23：对解决当地农民融资难效果	−0.041	−0.060	−0.032	0.403	−0.020	0.006	0.007
X24：对带动当地规模农业发展作用	−0.065	−0.070	−0.030	0.435	−0.022	−0.021	0.013
X25：对健全现行农村金融体系效果	−0.058	−0.065	−0.033	0.427	−0.030	−0.012	0.016

数据来源：根据实证结果整理而来。

　　将 7 个主因子命名为 $F1 \sim F7$，根据因子得分序数矩阵得到因子得分模型：

$$
\begin{aligned}
F1 = &-0.030X1 - 0.007X2 - 0.003X3 - 0.019X4 - 0.011X5 - 0.015X6 + \\
& 0.003X7 + 0.253X8 + 0.256X9 + 0.237X10 + 0.241X11 + 0.235X12 + 0.029X13 \\
& + 0.037X14 + 0.042X15 - 0.007X16 - 0.015X17 - 0.028X18 - 0.020X19 \\
& - 0.024X20 - 0.030X21 + 0.005X22 - 0.041X23 - 0.065X24 - 0.058X25 \\
F2 = & 0.013X1 - 0.011X2 + 0.002X3 - 0.048X4 - 0.022X5 - 0.030X6 \\
& - 0.048X7 - 0.032X8 - 0.033X9 - 0.022X10 + 0.002X11 - 0.008X12 + \\
& 0.004X13 - 0.027X14 - 0.015X15 + 0.226X16 + 0.292X17 + 0.244X18 + \\
& 0.251X19 + 0.267X20 + 0.007X21 - 0.002X22 - 0.060X23 - 0.070X24 - \\
& 0.065X25 \\
F3 = & 0.037X1 + 0.021X2 + 0.043X3 + 0.310X4 + 0.300X5 + 0.303X6 + \\
& 0.279X7 - 0.009X8 - 0.012X9 + 0.001X10 - 0.011X11 - 0.016X12 - \\
& 0.005X13 + 0.003X14 + 0.018X15 - 0.033X16 - 0.059X17 - 0.019X18 - \\
& 0.027X19 - 0.025X20 + 0.002X21 - 0.004X22 - 0.032X23 - 0.030X24 - \\
& 0.033X25 \\
F4 = &-0.030X1 - 0.031X2 - 0.037X3 - 0.027X4 - 0.064X5 - 0.039X6 - \\
& 0.014X7 - 0.048X8 - 0.062X9 - 0.063X10 - 0.070X11 - 0.065X12 - \\
& 0.028X13 + 0.009X14 - 0.019X15 - 0.045X16 - 0.110X17 - 0.040X18 - \\
& 0.069X19 - 0.093X20 + 0.030X21 + 0.006X22 - 0.020X23 - 0.022X24 - \\
& 0.030X25 \\
F5 = & 0.381X1 + 0.369X2 + 0.380X3 + 0.036X4 + 0.031X5 + 0.048X6 + \\
& 0.006X7 - 0.023X8 - 0.017X9 + 0.006X10 - 0.024X11 + 0.004X12 - \\
& 0.016X13 - 0.025X14 + 0.012X15 - 0.003X16 - 0.003X17 + 0.004X18 + \\
& 0.011X19 - 0.005X20 + 0.006X21 - 0.020X22 - 0.020X23 - 0.022X24 - \\
& 0.030X25 \\
F6 = & 0.012X1 - 0.017X2 - 0.023X3 - 0.001X4 - 0.020X5 + 0.002X6 + \\
& 0.037X7 + 0.037X8 + 0.020X9 + 0.020X10 + 0.040X11 + 0.028X12 + \\
& 0.373X13 + 0.379X14 + 0.377X15 - 0.023X16 - 0.010X17 - 0.019X18 + \\
& 0.004X19 - 0.004X20 - 0.014X21 - 0.016X22 + 0.006X23 - 0.021X24 - \\
& 0.012X25 \\
F7 = & 0.005X1 - 0.008X2 - 0.018X3 - 0.006X4 + 0.004X5 - 0.014X6 + 0.012X7 - \\
& 0.010X8 - 0.006X9 - 0.021X10 - 0.004X11 - 0.010X12 - 0.053X13 + 0.000X14 + \\
& 0.009X15 - 0.002X16 + 0.000X17 + 0.039X18 - 0.003X19 - 0.022X20 + 0.525X21 + \\
& 0.522X22 + 0.0027X23 + 0.013X24 - 0.016X25
\end{aligned}
$$

采用旋转平方和载入方差的百分比作为公因子的权重，则从执行机构角度东海农地抵押综合绩效得分公式可以表达为：

$$W = 16.356\% \times F1 + 15.820\% \times F2 + 12.951\% \times F3 + 10.273\% \times F4$$
$$+ 9.811\% \times F5 + 9.732\% \times F6 + 7.293\% \times F7$$

$$W = 0.038X1 + 0.030X2 + 0.035X3 + 0.030X4 + 0.028X5 + 0.032X6 +$$
$$0.033X7 + 0.031X8 + 0.029X9 + 0.030X10 + 0.032X11 +$$
$$0.031X12 + 0.033X13 + 0.038X14 + 0.043X15 + 0.023X16 +$$
$$0.024X17 + 0.029X18 + 0.027X19 + 0.023X20 + 0.037X21 +$$
$$0.035X22 + 0.0020X23 + 0.016X24 + 0.017X25$$

值得注意的是，实际计算中，因子分析获得的综合得分公式并不能直接代入计算东海农地抵押运行平均打分的最终结果，其获得的各指标系数权重并不是最终农地抵押运行机制指标的实际权重，只是绝对值权重，而实际代入计算得分需要通过相对权重来判断，认为各指标的实际权重应为：

$$X_i = \frac{W_i}{\sum_{i=1}^{7} W_i}$$

其中，W_i 为综合因子得分模型中 X_i 的系数，综合代入样本数据可以计算各个主因子得分以及实际得分，计算 7 个评价变量得分从高至低排列分别是：因子 4 综合带动效应变量得分 4.240，因子 7 宏观政策变量得分3.685，因子 6 银行风险控制变量得分 3.205，因子 1 政策机构风险控制变量得分 3.109，因子 2 产品设计变量得分 2.976，因子 3 程序规范化变量得分 2.835，因子 5 程序便捷性变量得分 2.661。

这几个主要因子变量中得分较高的分别是综合带动效应变量、宏观政策变量、银行风险控制变量。说明东海现行的农地抵押贷款机制运行绩效中，决策者普遍认为农地抵押贷款对于促进东海当地的金融体系健全、促进规模农业发展的作用是显著的，它的诞生对于东海农业产业化发展的影响是持续的。其次，现行的农地抵押贷款与国家政策法规的协调性较好，运行到目前为止并未发生较为严重的法律纠纷、社会问题，同时当地政府为激活土地流转市场做出的政策扶持较为显著；银行在发放贷款后对于贷款的监督较为严格，未发生欠款无法追回农民失地现象，东海农地抵押金融机制的风险控制较好。第三，执行机构一致认为东海现行的农地抵押贷款运行机制在运行程序便捷性、程序运行规范化、产品设计方面存在一定问题，这三个变量得分较低，现行的东海农地抵押贷款程序在操作上较为烦琐，广大农户在获取贷款经历过程漫长，一定程度上削弱了农户参与贷款的积极性；政府、农交所、银行之间在配合上存在芥蒂，工作人员服务水平有待提高；最后，产品设计方面集中表现在折扣率设计上存在不合理，造成农户对于农地抵押参与性不高。

农地抵押贷款综合运行水平得分为 3.069，换算为百分比形式为 61.4%，刚好达到及格，说明现行的农地抵押机制设计刚刚起步，虽然机制设计较为规范，但在实际操作上各项机制仍有待改进。

三　实证结论

本章针对东海农地抵押运行模式特点，设计一套衡量评分指标，通过运行机构执行主要负责人员进行指标评价打分，进行因子分析综合评分计算得出以下结论：

1. 按照执行机构人员对试点农地经营权抵押综合运行评价重视程度从高至低指标排序依次为：政策机构风险控制指标、程序规范化指标、综合带动效应指标、程序便捷性指标、银行风险控制指标、宏观政策指标。

2. 按照实际指标运行得分从高至低排序依次为：综合带动效应指标、宏观政策指标、银行风险控制指标、政策机构风险控制指标、产品设计指标、程序规范化指标、程序便捷性指标。

3. 整体而言，东海试点农地经营权抵押贷款运行良好。主要表现在农地经营权抵押贷款运行风险控制设计较为规范，"双证"制度的颁布能够有效将监督责任分散到村集体、农交所以及当地政府机构，降低了银行发放农地经营权抵押贷款面临的风险；其次，政府对于当地农信社、农交所的贷款推行发放工作给予了较好的支持；最后，其对规模农业发展、农村金融体系健全的潜在带动作用是显著的。

4. 综合得分暴露程序运行规范、程序运行便捷性、产品设计等实际运行中的问题，有待进一步完善。

第四节　试验区实际运行中经验、存在问题与原因分析

一　程序运行规范问题

1. 土地法规界定模糊仍是影响机制操作规范主要问题。现行关于农地相关法律的规定，对以土地承包经营权抵押及偿债有效性的态度仍是保守的，如《农村土地承包法》第49条、《担保法》第37条、《担保法司法解释》第52条、《物权法》第184条，以及最高人民法院《关于审理涉及农村土地承包纠纷案件适用法律问题的解释》第15条等的规定都禁止农地抵押。因此，在我国，农地抵押不具有法律层面上的合法性。而试点地区在政策层面上，对农地承包经营权抵押贷款是支持的，这就使整个运行机制各个部门在具体操作上存在差异与摩擦。譬如，试点地区发生农地流转项目在农交所获得审批后，由于后续交易双方出现矛盾，在法院进行司法处理，地方法院依然按照相关法律判处地权交易无效的案例，土地流入方的权益缺乏相应法律的保障，同时，交易中介机构农交所与保障和监督机构处理原则缺乏统一性，影响整个运行机制规范性。

2. 土地流转实际缺乏操作规范。土地承包经营权流转工作存在随意性、分散性也是整个土地抵押贷款体系中存在的一大问题，土地流转签订合同、统一确权登记并取得相应集体土地使用权证是土地流转"三步走"确权的基础步骤。在进行土地流转签订流转合同问题上，东海试点地区高达47.2%、37.5%样本农户存在未签订土地流转合同、仅仅达成口头协议现象；而在土地流转后是否在农交所进行登记注册问题上，仅仅19.1%的样本农户选择去农交所办理登记注册，实际土地流转规范执行状况较差。(表11-5)

表11-5　　　　　　　　　　**样本农户土地流转规范状况**

问题	选项	频数	百分比（%）	累计百分比（%）
您家进行土地流转是否签订流转合同？	未签订	858	47.2	47.2
	已签订书面合同	278	15.3	62.5
	口头协议	681	37.5	100

问题	选项	频数	百分比（%）	累计百分比（%）
您在土地流转后是否在农交所进行登记注册？	是	361	19.1	19.1
	否	1525	80.9	100

数据来源：根据调研结果整理。

3. 缺乏专业的土地价值评估机构和统一评估标准。东海试点地区农地流转由当地农村产权交易中心和农交所负责兼任评估机构，而实际操作中是由农户私下交易自行定价，缺乏科学合理、可行评估标准。与武汉农交所相比较，武汉采用引入专业第三方评估机构为交易产权提供价值评估工作，东海试点在服务性中介机构这一层面较为匮乏，从而造成金融机构在实际抵押贷款过程中可能出现压低土地价格降低贷款额度与信贷风险，降低规模农户参与土地抵押融通积极性，不利于农村土地金融市场健康发展。

4. 缺乏配套信贷补偿和农业补贴支持。现行农业类保险主要以政策性保险为主，以地方政府补贴 70%，农户个人负担 30% 原则进行交纳，而保险主要以"低保费、低保障、保大灾"为经营原则，对于农地规模经营出现一般风险缺乏金融机构方面的保障支持，农业经营风险与制造业、第三产业相比更大，保险公司缺乏开展相关市场的积极性。银行方面农地抵押贷款一旦出现还贷风险主要依靠地方财政与政府专项基金支持，而根据调研了解，省级担保基金数额极其有限，并且获偿主体条件限制严格，很难真正在偿还风险发生后得以落实，县一级地方财政有限，并未真正切实减小银行方面风险。在农业补贴上，虽然国家已开展种粮直接补贴、两种补贴等多种专项补贴支持规模农业经营，实际上种粮补贴的补给原则是随地不随人，流入土地从事规模经营的农户方并未得到相应补偿，在侧面未减轻土地流入方的资金负担。

二　运行程序便捷性问题

1. 抵押贷款程序较为烦琐。农地抵押贷款申请程序较为烦琐，阻碍农户办理手续积极性，根据图 9-4 所示，农户在申请抵押贷款前，须经过向农交所申请产权交易鉴证书，在所在村集体签字同意，并通过审批材料，获得鉴证书，凭借鉴证书和材料，经历经办银行审核→农户填写抵（质）押登记申请书并由乡、村盖章→产权交易中心对交易鉴证书进行质

押登记→农交所出具的交易鉴证书由经办银行保管过程才能成功办理贷款
手续，而属于村集体资产的，则需要通过村民大会形式获得2/3成员通过
并公报才可申请鉴证书，与传统银行联保和民间借贷相比，需通过多个产
权中介机构，增加更多时间和人力资本。在对样本农户调查中，分别有
24.33%和33.62%的受访者因"中间手续繁杂，审批时间较长"无意或
最终放弃选择农地抵押贷款，程序烦琐是农地抵押贷款运行阻碍重要原因
之一。(表11-6)

表11-6　　　　　　　　无意或放弃农地抵押原因分析

无意向申请农地抵押融资原因		有意向未取得（或放弃）农地抵押融资原因	
现有资金充足不需要申请借贷	43.29%	中间程序繁杂，审批时间较长	33.62%
中间手续繁杂，审批时间较长	24.33%	缺少相关证件材料，被拒绝	16.38%
缺少农信社或者农交所网点	14.77%	抵押折扣率高	36.23%
出于对国家现行法律政策的顾忌	3.36%	贷款利率高	8.62%
抵押折扣率高	7.05%	还款期限	2.40%
工作人员服务态度	1.17%	其他	2.75%
贷款使用范围有限	3.27%		
其他	2.77%		

数据来源：根据调研结果整理。

2. 地方宣传不足增加农地抵押贷款获取障碍。土地抵押贷款推行以
后，地方村集体、农交所和其分支机构并未落实相应宣传普及工作，造成
有切实抵押融资需要农户不能及时获知贷款获取方法及当地办理分支机
构，间接增加了农地抵押贷款的获取难度。从表10-8中可以看到，40%
以上的规模农户和60.2%的个体小农户完全不知晓农地抵押贷款需经农
交所进行办理，20%以上的规模农户和19.3%个体小农户仅仅听说过农
交所名字；23%以上的规模农户和52.6%个体小农户不知道农地抵押贷
款，仅仅20%以上的规模农户和12.2%个体小农户知晓农地抵押贷款办
理条件和程序。

三　产品设计问题

1. 农地承包权流转时间较短。从资金供给方角度来看，农信社是地

方农地承包经营权贷款主要发放方，根据表 11 - 7，样本农户土地流转状况中 70.9% 的农户按照一年一缴形式缴纳承包土地租金，仅仅 15% 的样本农户选择一次缴纳五年以上承包土地租金，土地抵押合同签订效用集中在五年以内；根据表 11 - 8，流转土地规模集中在 50 ~ 100 亩范围，则对于抵押权方金融机构而言，实际抵押的土地承包经营权价值十分有限，其承担由于经营亏损造成资金回收风险远高于放贷效益，造成农村金融机构参与试点农地抵押贷款积极性较低，迫于地方政府行政压力，短期行为明显。同时，地方政府风险补偿未能到位，导致现行农地抵押贷款产品难以长远发展。

表 11 - 7   样本农户土地流转状况（2014 年）

问　题	选　项	频　数	百分比（%）	累计百分比（%）
您目前支付平均土地租金水平是多少？	400 元/亩以下	684	37.6	37.6
	400 ~ 600 元/亩	496	27.3	64.9
	600 ~ 800 元/亩	412	22.7	87.6
	800 ~ 1000 元/亩	178	9.8	97.4
	1000 ~ 1500 元/亩	45	2.5	99.9
	1500 元/亩以上	2	0.1	100
您一般一次性按照什么形式缴纳土地租金？	一年一缴	1361	70.9	70.9
	三年一缴	271	14.1	85
	五年一缴	128	6.7	91.7
	其他	159	8.3	100

数据来源：根据调研结果整理。

表 11 - 8   样本农户经营规模（2014 年）

整体土地经营规模	家庭农场主		种植大户		专业合作社主要负责人		其他规模农户		小农户	
	数量（人）	比例（%）	数量（人）	比例（%）	数量（人）	比例（%）	数量（人）	比例（%）	数量（人）	比例（%）
10 亩以下	—	—	—	—	—	—	—	—	1113	55.1
10 ~ 30 亩	—	—	—	—	—	—	25	20.4	596	29.5
30 ~ 50 亩	—	—	5	1.5	—	—	39	31.9	311	15.4

续表

整体土地经营规模	家庭农场主		种植大户		专业合作社主要负责人		其他规模农户		小农户	
	数量(人)	比例(%)	数量(人)	比例(%)	数量(人)	比例(%)	数量(人)	比例(%)	数量(人)	比例(%)
50~100亩	36	42.4	229	67.6	20	27.0	20	16.4	—	—
100~200亩	33	38.8	70	20.6	28	37.8	18	14.7	—	—
200亩以上	16	18.8	35	10.3	26	31.1	20	16.6	—	—

数据来源：根据调研结果整理。

2. 贷款折扣率高。从资金需求方角度，试点抵押农地承包经营权价值根据抵押农地规模与交纳租金额度及年限综合进行测算，并参照一定比例折扣最终进行贷款发放。根据实地调研，东海试验区现行农地抵押贷款折扣率为60%~75%，小规模土地流转和一年一缴的土地租金缴纳形式普遍存在，导致农户最终获得农地抵押贷款远低于资金需求水平，造成农户参与农地抵押贷款意愿不高。

第五节　本章小结

本章首先根据第九章东海农地经营权抵押贷款运行模式建立了相关指标体系，根据政策执行机构人员评价打分对机制贷款办理程序、风险控制、贷款产品设计、政策、带动效果进行综合评价，利用因子分析方法对二级指标进行进一步调整和细分，确定了政策机构风险控制指标、程序规范化指标、综合带动效应指标、程序便捷性指标、银行风险控制指标、宏观政策指标6个指标，通过测算发现综合带动效应、宏观政策表现较好，产品设计、程序规范化、程序便捷性是现行机制存在的主要问题，在此之后分析了问题原因。

第十二章 非试验区新型农业经营主体对农村承包地经营权等农村综合产权抵押贷款金融产品潜在需求及影响因素实证分析

第一节 研究模型与数据来源

一 理论分析

本次调查以新型农业经营主体"贷款资金满足度"及"有意愿申请农村土地经营权抵押贷款"作为新型农业经营主体的融资需求和农地经营权抵押贷款的潜在需求的衡量标准,进而分析新型农业经营主体农地经营权抵押贷款潜在需求的影响因素。根据前文描述与文献归纳可以发现理论上主要有下面4类因素:

1. 农户禀赋。根据前文描述,农户家庭土地资源禀赋,以及农户自身特征对其是否参与农地抵押融资有较大的影响,农户资源禀赋是影响农户土地转入行为的主要因素(刘克春、池泽新,2008)。影响农户融资及土地流转行为的因素很多,包括农户的人口特征、能力特征、年龄、家庭收入、自有资金规模、学习和仿效能力、信息获得程度等,即一般研究农户借贷行为涉及个体特征变量以及家庭特征变量等,这里本章在非试验区的特征变量中选取了性别、年龄、受教育水平,家庭特征变量选取了固定资产总值、家庭毛收入、农业经营年限。

2. 贷款特征因素。样本的惯有行为习惯会对其经济选择行为产生影响。本章认为在贷款特征中对农户参与农地经营权抵押贷款行为产生显著影响的因素主要有:贷款的期限、正规信贷经历、获取贷款的难易程度以及现有资金的难易程度。一般而言,借款期限越高,拥有过正规信贷经历、获取贷款难度越高,现有资金满足率越低,对农地经营权抵押贷款需求越高。

3. 土地流转相关因素。由于土地经营权抵押与农村土地直接相关，因而土地流转的相关因素会直接影响农户对农村土地经营权抵押贷款的需求。本章认为土地流转因素中，土地经营的规模以及是否有过土地流转经历均影响着农户对农地经营权抵押贷款的需求。一般而言，土地规模越高，有过土地流转行为，农户抵押的意愿越高。

4. 区位因素。区位因素是影响非实验区农户对农地经营权抵押贷款的重要因素之一。其影响主要通过地区的二、三产业、经济条件等差异产生，对于二、三产业较为发达的地区其金融服务相对完善，农户的社会保障越完善，其对农地经营权抵押贷款的参与意愿越高，反之则可能越低。本章将区位因素划分为苏北地区、苏中地区以及苏南地区来分析。

二　模型构建

为了研究自变量即各预计的因素对异质性规模农户参与农地抵押潜在需求的影响程度，本模型的因变量是"对农地抵押贷款是否存在潜在需求"，其取值"是"或者"否"，是一个经典的离散型的二元选择问题，自变量并不属于时间序列类数据，因此采用二项逻辑回归模型进行回归分析。分别对种粮大户、家庭农场、专业合作社和龙头企业做二项逻辑回归分析，以考察各变量对不同类别规模农户潜在需求的影响程度，明确促进或者阻碍农地抵押推广的主要原因。

逻辑模型的一般形式是：

$$\mathrm{Logit}P = \beta_0 + \sum_{i=0}^{k} \beta_i x_i \tag{12-1}$$

称式（12-1）为逻辑回归方程，其中，$x_i(i=1,2,\cdots,k)$ 为模型的自变量，即影响回归结果的各个因素，在本章中表示影响参与农地抵押贷款潜在需求的各类变量；$\beta_i(i=1,2,\cdots,k)$ 为技术系数，逻辑回归值 $P \in (0,1)$ 是事件是否发生的概率值，本章中表示对农地抵押贷款存在潜在需求的概率值。换一个形式表达，逻辑二元选择模型发生时的概率可以表示为：

$$P = \frac{1}{1 + e^{-(\beta_0 + \sum_{i=1}^{k} \beta_i x_i)}} = \frac{e^{(\beta_0 + \sum_{i=1}^{k} \beta_i x_i)}}{1 + e^{(\beta_0 + \sum_{i=1}^{k} \beta_i x_i)}} \tag{12-2}$$

那么事件不发生时的概率可以表示为：

$$1 - P = 1 - \frac{e^{(\beta_0 + \sum_{i=1}^{k} \beta_i x_i)}}{1 + e^{(\beta_0 + \sum_{i=1}^{k} \beta_i x_i)}} = \frac{1}{1 + e^{(\beta_0 + \sum_{i=1}^{k} \beta_i x_i)}} \qquad (12-3)$$

由式（12-2）和式（12-3）可以得到事件发生时的概率和不发生时的概率之比：

$$\frac{P}{1 - P} = e^{(\beta_0 + \sum_{i=1}^{k} \beta_i x_i)} \qquad (12-4)$$

将两边同时取自然对数，得到线性函数：

$$\ln\left(\frac{P}{1 - P}\right) = \beta_0 + \sum_{i=1}^{k} \beta_i x_i \qquad (12-5)$$

于是有：

$$\frac{P}{P - 1} = \exp\left(\beta_0 + \sum_{i=1}^{k} \beta_i x_i\right) \qquad (12-6)$$

$$P = \frac{1}{1 + \exp\left[-\left(\beta_0 + \sum_{i=1}^{k} \beta_i x_i\right)\right]} \qquad (12-7)$$

式（12-7）是（0，1）型 Sigmoid 函数，很好地体现了概率 P 和解释变量之间的非线性关系，二项逻辑回归模型本质是一个二分类的线性概率模型。

二项逻辑模型考虑的自变量主要包括五个方面：一是户主特征因素，二是经营特征因素，三是产品特征因素，四是借贷特征因素，五是政策因素；其中户主特征因素以及经营特征因素都属于农户禀赋。

三 数据来源

本章使用的数据资料来源于 2015 年 9 月对江苏省南京市、徐州市、泰州市和淮安市四地的实地问卷调查，其中徐州市和淮安市作为苏北地区样本点，泰州市作为苏中地区样本点，南京市作为苏南地区样本点。

调查问卷主要分为四个部分：新型农业经营主体的基本信息、新型农业经营主体融资的需求意向、新型农业经营主体银行融资需求特征和满足情况、新型农业经营主体银行融资的障碍问题。调查内容包括：新型农业经营主体所在县（区）、家庭基本情况、受教育年限、家庭主要收入来源、家庭资产；对正规金融的了解程度、从正规金融及非正规金融途径借贷的情况；借款金额、利率和期限、融资满足度、借贷用途；农村金融环境、银行对于担保和抵押的要求、享受的金融产品和服务、是否参加信用评级；等等。

第二节　描述性统计分析

一　非试验区样本新型农业经营主体的基本情况

样本涵盖江苏省南京市、徐州市、泰州市、淮安市4个市，23个县（市、区），134个自然村。其中淮安市包括淮阴县、涟水县、洪泽县、淮安县和盱眙县，下属24个乡镇，39个村；徐州市包括丰县、沛县、邳州市、睢宁市、新沂市和贾汪区，下属31个乡镇，67个村；泰州市包括高港区、海陵区、靖江市、泰兴市、姜堰市和兴化市，下属17个乡镇，19个村；南京市包括溧水区、高淳区、浦口、江宁区和六合区，下属14个乡镇，37个村。最后，农户样本遵循随机原则从所选的地区中随机选出。本次问卷调查共发放问卷828份，回收并去除无效问卷后，最终获得有效问卷788份，有效比例为95.2%。共涵盖种粮大户95个，家庭农场236个，专业合作社406个，龙头企业50个。（表12－1）

表12－1　　　　　　　　　　　样本地区分布

调查市	县（市、区）	村数	农户总数	种粮大户	家庭农场	专业合作社	龙头企业
南京市	溧水区	8	43	0	5	32	6
	高淳区	8	46	1	2	38	5
	浦口区	8	42	0	6	30	6
	江宁区	6	40	0	8	25	7
	六合区	7	35	2	5	21	7
徐州市	丰县	8	29	5	15	8	1
	沛县	7	57	14	35	8	0
	邳州市	16	39	6	16	16	1
	新沂市	8	48	7	11	29	1
	贾汪区	10	28	0	5	23	0
	睢宁市	18	41	0	16	25	0

续表

调查市	县 （市、区）	村数	农户总数	种粮大户	家庭农场	专业合作社	龙头企业
泰州市	高港区	—	25	0	15	8	2
	海陵区	—	14	0	4	10	0
	靖江市	2	43	14	7	21	1
	泰兴市	4	61	5	20	32	4
	姜堰市	4	54	9	23	15	7
	兴化市	9	55	6	8	41	0
淮安市	淮阴县	7	17	2	5	10	0
	涟水县	12	12	0	6	6	0
	洪泽县	12	23	5	11	6	0
	淮安县	4	26	17	5	2	2
	盱眙县	4	10	2	8	0	0
合计		23	162	788	95	236	406	50

数据来源：根据调研数据整理。

　　调查问卷主要包括新型农业经营主体的基本信息、经营年限、固定资产总值、家庭年毛收入、承包经营的土地面积、2015 年新流入的土地、经营项目七个方面，其基本情况如表 12 - 2 所示。

　　基本信息方面：（1）参与调查的对象主要是男性，四类新型农业经营主体的户主或负责人 90% 左右都是男性，占比分别为 93.68%、88.55%、89.25% 和 89.58%。（2）年龄分布上，四类主体都集中在 31 ~ 60 岁，尤其是集中在 41 ~ 50 岁的年龄段上，分别占到 55.32%、54.09%、50.89% 和 51.06%。（3）受教育程度上，种粮大户和家庭农场主要集中在初中、高中和中专、中技，其次是大专及以上，种粮大户所占比例分别为 44.21%、44.21% 和 9.47%，家庭农场所占比例分别为 24.58%、57.20% 和 15.25%。专业合作社和龙头企业教育程度相对于种粮大户和家庭农场更高，主要集中在高中、中专、中技和大专以上。

　　经营年限方面：种粮大户和家庭农场的情况比较一致，经营年限在 1 ~ 3 年的主体所占的比例最大，分别是 32.63% 和 35.50%；其次是经营年限在 3 ~ 5 年的主体，分别占比 22.11% 和 19.91%。专业合作社经营年限总体上均匀分布在 1 ~ 3 年、3 ~ 5 年和 5 ~ 10 年；而龙头企业经营年限在 10 年以上的占比最大，达到 42.86%，然后是 5 ~ 10 年和 3 ~ 5 年，分别占 24.49% 和 20.41%。这说明新型农业经营主体仍处在初步发展阶段，特别是专业大户和家庭农场，经营年限并不长。

固定资产总值方面：从固定资产总值来看，种粮大户主要集中在 50 万元以下，其中 10 万元及以下占比最多，达到 45.05%，10 万 ~ 20 万元占比 23.08%，20 万 ~ 50 万元占比 19.78%；家庭农场主要集中在 10 万 ~ 20 万元、20 万 ~ 50 万元和 100 万 ~ 200 万元，分别占比 22.22%、24%、20.89%；专业合作社和龙头企业的固定资产总值比较大，50 万元以下占比重较小，专业合作社的固定资产总值主要集中在 100 万 ~ 200 万元和 200 万元以上，分别占比 25.39%、25.39%；龙头企业的固定资产总值主要集中在 200 万元以上，占到总体的 75.56%。

家庭年毛收入方面：从毛收入水平来看，种粮大户和家庭农场的毛收入水平主要分布在 100 万元以下，尤其是 50 万元以下的区间，家庭农场还有 11.16% 的主体收入在 100 万 ~ 200 万元。种粮大户年毛收入在 10 万元以下、10 万 ~ 20 万元、20 万 ~ 50 万元的比重分别为 27.38%、29.76%、21.43%；家庭农场年毛收入在 10 万元以下、10 万 ~ 20 万元、20 万 ~ 50 万元的比重分别为 11.16%、26.98%、27.91%。专业合作社的毛收入水平主要集中在 200 万元以上，占比 35.64%，10 万 ~ 200 万元的四个区间大体呈均匀分布，各占比 15% 左右。龙头企业的收入水平主要集中在 100 万 ~ 200 万元和 200 万元以上，分别占比 10.87% 和 84.78%。

承包经营的土地面积方面：新型农业经营主体总体承包的土地面积均值为 584.73 亩。种粮大户、家庭农场、专业合作社和龙头企业这四类主体平均承包经营的土地面积分别为 185.72 亩、272.04 亩、697.39 亩和 2023.88 亩（根据问卷数据计算确实有这么多，高于江苏省平均值。江苏省全省专业大户、家庭农场、专业合作社平均承包经营的土地面积分别为 40.1 亩、106 亩、863 亩），呈递增趋势，且均大于 100 亩。这也很好地说明了相对于自给自足的规模较小的普通农户，新型农业经营主体具有较大的生产经营规模。

在 2015 年新流入的土地方面，从整体来看，有 77.67% 的新型农业经营主体均在 2013 年新流入了土地，其中种粮大户、家庭农场、专业合作社和龙头企业的情况分别为 72.46%、85.37%、75.54% 和 50.00%。四类主体新流入的土地面积的均值分别为 103.21 亩、165.93 亩、254.70 亩和 410.59 亩。由数据可以发现，专业大户和家庭农场由于处在初步发展的阶段，2013 年流转土地的势头很足。

在经营项目方面，样本新型农业经营主体的经营范围较广，主要为粮食、果蔬、花卉、林业和养殖。在种粮大户、家庭农场这两类主体中，粮食类的经营所占的比重高于其他经营项目，分别为 80.85% 和 56.70%。专业合作社中果蔬类和养殖类所占的比重较大，分别为 25.66% 和 34.13%。龙头企业中果蔬类和其他类占比较大，分别为 25.58% 和 30.23%，其他类主要是农产品加工，如蚕品、豆制品、乳品、蜂产品、肉品和水产品的加工、销售。总体而言，样本新型农业经营主体的经营项目还是以粮食类为主，见表 12-2。

表 12-2　　　　　　　　　　样本新型农业经营主体基本情况　　　　　　单位:%

影响因素	分类	种粮大户	家庭农场	专业合作社负责人	龙头企业	合计
性别	男	93.68	88.55	89.25	89.58	89.47
	女	6.32	11.45	10.75	10.42	10.53
年龄	18~30 岁	0.00	6.82	4.30	4.26	4.31
	31~40 岁	19.15	16.82	18.73	29.79	18.15
	41~50 岁	55.32	54.09	50.89	51.06	54.31
	51~60 岁	23.40	20.00	23.54	12.77	20.94
	60 岁以上	2.13	2.27	2.53	2.13	2.28
文化程度	小学及以下	2.11	2.97	0.99	0.00	1.65
	初中、高中	44.21	24.58	12.35	2.00	19.42
	中专、中技	44.21	57.20	59.75	28.00	54.95
	大专及以上	9.47	15.25	26.91	70.00	23.98
规模经营年限	1 年及以下	15.79	17.75	3.03	0.00	8.76
	1~3 年	32.63	35.50	26.52	12.24	55.08
	3~5 年	22.11	19.91	33.59	20.41	32.99
	5~10 年	16.84	16.45	27.78	24.49	2.28
	10 年以上	12.63	10.39	9.09	42.86	0.89

续表

影响因素	分类	种粮大户	家庭农场	专业合作社负责人	龙头企业	合计
固定资产总值	10万元及以下	45.05	13.33	5.76	4.44	77.54
	10万~20万元	23.08	22.22	13.61	0.00	2.41
	20万~50万元	19.78	24.00	14.92	4.44	4.70
	50万~100万元	9.89	12.00	14.92	8.89	3.55
	100万~200万元	2.20	20.89	25.39	6.67	3.68
	200万元以上	0.00	7.56	25.39	75.56	8.12
家庭年毛收入	10万元及以下	27.38	11.16	8.51	0.00	88.58
	10万~20万元	29.76	26.98	15.16	0.00	1.27
	20万~50万元	21.43	27.91	13.56	2.17	2.28
	50万~100万元	16.67	18.14	14.10	2.17	1.52
	100万~200万元	2.38	11.16	13.03	10.87	2.03
	200万元以上	2.38	4.65	35.64	84.78	4.31
经营土地面积均值（亩）		185.72	272.04	697.39	2023.88	584.73
2015新流入土地面积均值（亩）		103.21	165.93	254.70	410.59	208.55
经营项目	粮食类	80.85	56.70	14.02	13.95	35.45
	果蔬类	10.64	24.55	25.66	25.58	23.41
	花卉	3.19	6.70	5.56	4.65	5.55
	林业	1.06	1.34	8.47	6.98	5.28
	其他经济作物	1.06	1.79	6.08	2.33	3.92
	养殖类	3.19	6.70	34.13	16.28	20.84
	其他	0.00	2.23	6.08	30.23	5.55

数据来源：根据调研数据整理。

二　非试验区样本新型农业经营主体金融需求特征

（一）整体借贷情况：规模农户资金需求旺盛

通过对 788 个样本新型农业经营主体的 2015 年借贷整体调查来看，共有 600 个样本农户在 2015 年发生向外界借款行为，占比 76.08%。整体而言，在存在借贷行为的样本新型农业经营主体中，15.56% 的样本农户存在 10 万元以内的借款行为，16.34% 的样本农户存在 10 万 ~ 20 万元的借款行为，23.14% 的样本农户存在 20 万 ~ 50 万元的借款行为，10.85% 的样本农户存在 50 万 ~ 100 万元的借款行为。从借款量来看，样本新型农业经营主体对资金的需求旺盛，仅有 23.92% 未发生借款行为。从大额借款项目来看，龙头企业的借款数额相比其他几类样本农户占有比例更大，34.04% 的龙头企业借款额度在 500 万元以上，分别有 12.77% 和 17.02% 的龙头企业借款额度在 50 万 ~ 100 万元和 100 万 ~ 300 万元；其次是专业合作社，融资规模在 100 万元以下，存在 10 万 ~ 20 万元借款的农户占专业合作社负责人总量的 15.05%，存在 20 万 ~ 50 万元借款的农户占专业合作社负责人总量的 26.79%，存在 50 万 ~ 100 万元借款的农户占专业合作社负责人总量的 12.50%；家庭农场和种粮大户的借款主要集中在 50 万元以内，家庭农场的借款额度在 50 万元以内的三个区间几乎呈均匀分布，见表 12 – 3。

表 12 – 3   **样本新型农业经营主体借款额度结构统计**   单位:%

	种粮大户	家庭农场	专业合作社	龙头企业	合计
没有借款	33.68	20.78	22.70	29.79	23.92
10 万元以下	28.42	20.35	11.48	0.00	15.56
10 万 ~ 20 万元	20.00	20.35	15.05	0.00	16.34
20 万 ~ 50 万元	8.42	26.84	26.79	4.26	23.14
50 万 ~ 100 万元	5.26	9.96	12.50	12.77	10.85
100 万 ~ 300 万元	3.16	0.87	7.40	17.02	5.49
300 万 ~ 500 万元	0.00	0.43	2.30	2.13	1.44
500 万元以上	1.05	0.43	1.79	34.04	3.27
合计	100.00	100.00	100.00	100.00	100.00

数据来源：根据调研数据整理。

（二）借贷用途：农业类生产存在潜在缺口

从借贷用途来看，在发生借贷行为的样本农户中，规模农户以农业类生产经营借贷为主（92.18%），其中种粮大户、家庭农场主、专业合作社主要负责人和龙头企业农业类生产经营借贷分别占有 94.59%、

95.48%、89.46%和94.59%，极少用于一般生活需要和非农类生产经营
需要。（表12-4）

表12-4　　　　　　样本新型农业经营主体借款用途状况　　　　单位:%

	种粮大户	家庭农场	专业合作社	龙头企业	总体
一般生活需要	4.05	1.13	1.92	0	1.83
农业类生产经营需要	94.59	95.48	89.46	94.59	92.18
非农类生产经营需要	1.35	3.39	8.63	5.41	5.99
合计	100.00	100.00	100.00	100.00	100.00

数据来源：根据调研数据整理。

细化到农业借贷用途来看，规模农户用于农业投资的借贷更趋向于分
散性，投资需求具有多样性，主要用于购置正常生产需要资料、购置租用
大型农具设备、基本设施建设。其中，种粮大户的借贷主要用于购置正常
生产所需生产资料（41.24%）、购置租用大型农具设备（25.77%）以及
土地租金（14.43%）；家庭农场主的借贷主要用于购置正常生产所需生
产资料（29.91%）、基本设施建设（29.91%）以及购置租用大型农具设
备（23.21%）；专业合作社主要负责人的借贷主要用于购置正常生产所
需生产资料（28.78%）以及基本设施建设（42.93%）；龙头企业的借贷
主要用于购置正常生产所需生产资料（18.00%）、基本设施建设
（36.00%）以及技术资金需要（16.00%）。（表12-5）

表12-5　　　样本新型农业经营主体借款农业类经营用途状况　　　单位:%

	种粮大户	家庭农场	专业合作社	龙头企业	总体
土地租金	14.43	10.27	6.20	8.00	8.53
购置正常生产需要资料	41.24	29.91	28.78	18.00	29.97
购置租用大型农具设备	25.77	23.21	8.93	8.00	15.12
基本设施建设	12.37	29.91	42.93	36.00	34.88

续表

	种粮大户	家庭农场	专业合作社	龙头企业	总体
农业观光等副产业建设	2.06	3.13	4.22	8.00	3.88
雇佣人工费用	4.12	2.68	4.22	6.00	3.88
技术资金需要	0.00	0.89	4.71	16.00	3.75
合计	100.00	100.00	100.00	100.00	100.00

数据来源：根据调研数据整理。

（三）借贷渠道倾向：传统金融机构仍是主流

从样本规模农户借款渠道选择来看，整体而言，农信社、农商行一类传统金融机构和民间借贷仍是农村地区最为普遍的两种借贷渠道，而以商业信用为代表的内源性融资并不受到从事单一农业生产的样本人群的青睐，除去龙头企业，剩余类规模农户的商业信用借贷比例均低于5%，以第二产业、第三产业为经营主体的涉农企业中商业赊购、预收贷款借贷比例较高（10.00%），农村借贷仍以外源融资为主要借贷来源。四类新型农业经营主体均更倾向于选择传统正规金融机构进行借贷，分别占有73.63%、72.17%、81.34%和70.00%，这是因为传统金融机构发放贷款额度相比其他几类渠道较高，更适应于从事规模生产、资金需求量较高的经营个体，见表12-6。

表12-6　　　　　　样本新型农业经营主体借款渠道选择　　　　单位:%

	种粮大户	家庭农场	专业合作社	龙头企业	总体
一般正规金融机构	73.63	72.17	81.34	70.00	76.92
商业信用	1.10	1.89	2.51	10.00	2.56
民间借款	25.27	25.94	14.21	12.50	19.09
新型金融机构贷款	1.10	0.00	1.95	7.50	1.57
合计	100.00	100.00	100.00	100.00	100.00

数据来源：根据调研数据整理。

（四）借贷缺口：现有借贷渠道满足程度较低，新型农业经营主体缺
口显著

从样本规模农户目前资金需求的满足程度来看，整体而言，现有的融
资渠道基本能满足半数以上样本农户的资金需要，但仍有 46.64% 的规模
农户存在资金缺口较大以及远不满足等现象，其中总体有 29.23% 的主体
认为有较大资金缺口，17.41% 的主体认为资金远远不能满足。85.16% 的
种粮大户认为现有资金需求能够基本满足，而家庭农场、专业合作社和龙
头企业分别有 53.33%、50.31% 和 50.00% 的比重认为存在资金缺口。分
别有 32.22% 和 21.11% 的家庭农场认为存在较大资金缺口和资金远远不
能满足的现象；31.17% 和 19.14% 的专业合作社认为存在较大资金缺口
和资金远远不能满足的现象；40.00% 和 10.00% 的龙头企业认为存在较
大资金缺口和资金远远不能满足的现象。说明新型农村个体规模农户对资
金的需求与实际融资取得资金量仍存在明显差距，见表 12-7。

表 12-7　　　　　　样本新型农业经营主体资金需求满足程度　　　　单位：%

	种粮大户	家庭农场	专业合作社	龙头企业	总体
基本满足	85.16	46.67	49.69	50.00	53.35
有较大资金缺口	9.90	32.22	31.17	40.00	29.23
远远不能满足	4.94	21.11	19.14	10.00	17.41
合计	100.00	100.00	100.00	100.00	100.00

数据来源：根据调研数据整理。

从样本农户的资金缺口程度来看，总体的资金缺口集中在 100 万元以
下，其中资金缺口在 10 万元以下、10 万~20 万元、20 万~50 万元、50
万~100 万元的样本分别为 15.90%、24.71%、32.57% 和 11.88%，资金
缺口在 100 万元以上的占 14.94%。种粮大户和家庭农场的资金缺口集中
在 50 万元以下，专业合作社的资金缺口集中在 100 万元以下，而龙头企
业资金缺口比较大，集中在 100 万元以上。其中种粮大户 10 万元以下的
资金缺口占 37.29%，10 万~20 万元的资金缺口占 33.90%，20 万~50
万元资金缺口占 23.73%；家庭农场 10 万元以下的资金缺口占
19.02%，10 万~20 万元的资金缺口占 29.46%，20 万~50 万元的资
金缺口占 37.42%；专业合作社主要负责人 10 万元以下的资金缺口占

12.54%，10 万～20 万元的资金缺口占 22.51%，20 万～50 万元的资金缺口占 33.58%，50 万～100 万元的资金缺口占 16.24%；龙头企业 20 万～50 万元资金缺口占 12.12%，100 万～300 万元的资金缺口占 30.30%，300 万～500 万元资金缺口占 15.15%，500 万以上的资金缺口占 33.34%。单独来看，家庭农场主、专业合作社主要负责人、龙头企业对资金需求迫切性相对强烈，家庭农场 50 万～100 万元、100 万～300 万元的资金缺口的人数分别占 7.36%、6.13%；专业合作社 50 万～100 万元、100 万～300 万元、300 万～500 万元的资金缺口的人数分别占 16.24%、9.59%、4.06%；龙头企业 50 万元以上的资金缺口占 84.85%。50 万元以上的资金缺口依靠一般亲友借贷难度较大，而传统的银行借贷产品额度较低，如联保一般最高限额在 30 万元左右，其次对于资质审核较为严格，农户在资金融通上存在一定困难，尤其是新型农业经营主体在成长初期步履艰难，扩大农民可抵押物范围、推广新型农村产权抵押贷款拓宽融资渠道是解决规模农户融资困难的切实手段，见表 12－8。

表 12－8　　　　　　　　样本新型农业经营主体资金缺口　　　　　单位:%

	种粮大户	家庭农场	专业合作社	龙头企业	总体
10 万元以下	37.29	19.02	12.54	0.00	15.90
10 万～20 万元	33.90	29.46	22.51	3.03	24.71
20 万～50 万元	23.73	37.42	33.58	12.12	32.57
50 万～100 万元	5.08	7.36	16.24	6.06	11.88
100 万～300 万元	0.00	6.13	9.59	30.30	8.81
300 万～500 万元	0.00	0.61	4.06	15.15	3.26
500 万元以上	0.00	0.00	1.48	33.34	2.87
合计	100.00	100.00	100.00	100.00	100.00

数据来源：根据调研数据整理。

三　非试验区样本新型农业经营主体农地抵押贷款潜在需求分析

新型农业经营主体在向银行融资的过程中，总体上，缺乏银行愿意接受的抵押、质押资产（15.43%），缺乏担保机构或合格担保人的担保（17.51%），申请手续繁杂、审批时间长（24.93%）和银行缺少针对性金融产品（11.87%）是遇到的最主要的困难。种粮大户未获得或者放弃抵押贷款的原因按比重依次是缺乏担保机构或合格担保人的担保（34.52%），不能提供完整的财务报表和信息资料（17.86%），缺乏银行愿意接受的抵押、质押资产（14.29%），申请手续繁杂、审批时间长（13.10%）；家庭农场和专业合作社未获得或者放弃抵押贷款的原因除了上面所述，还有银行缺乏适合经营主体需求的产品和服务，分别占比16.24%和12.61%；而龙头企业未获得或者放弃抵押贷款主要是由于缺乏银行愿意接受的抵押、质押资产（31.82%），申请手续繁杂、审批时间长（25.01%），不能享受到政府的贴息贷款（20.45%），缺乏担保机构或合格担保人的担保（11.36%）。（表12-9）

表12-9　样本新型农业经营主体申请贷款遇到最主要困难情况统计　　　单位:%

	种粮大户	家庭农场	专业合作社	龙头企业	总体
财务信息不完整	17.86	16.49	7.04	0.00	9.35
经营证件不齐全	3.57	0.51	1.76	0.00	1.48
缺乏抵押、质押资产	14.29	11.93	16.72	31.82	15.43
缺乏担保机构或担保人的担保	34.52	19.80	13.20	11.36	17.51
申请手续繁杂、审批时间长	13.10	19.80	31.37	25.01	24.93
银行缺少针对性产品	5.95	16.24	12.61	0.00	11.87
缺少共享的评级结果	3.57	1.52	2.05	2.27	2.07
无支农资金担保	1.19	5.08	7.92	9.09	6.23
无贴息贷款	5.95	8.63	7.33	20.45	11.13
合计	100.00	100.00	100.00	100.00	100.00

数据来源：根据调研数据整理。

在已享受到的金融产品中，联保占比最大，种粮大户、家庭农场、专业合作社和龙头企业享受到联保占比分别为72.83%、70.84%、80.39%和65.85%。（表12-10）

表 12 - 10　　样本新型农业经营主体已享受到的金融产品情况统计　　单位:%

	种粮大户	家庭农场	专业合作社	龙头企业	总体
联保	72.83	70.84	80.39	65.85	72.21
创新贷款	1.09	1.85	2.49	9.76	3.55
经营权抵押贷款	25.00	23.61	14.09	12.19	18.40
产业化发展贷款	1.08	0.00	1.93	7.32	3.30
基础设施贷款	0.00	3.70	1.10	4.88	2.54
合计	100.00	100.00	100.00	100.00	100.00

数据来源:根据调研数据整理。

　　四类新型农业经营主体选择希望享受到农村土地经营权抵押贷款的占比分别为 32.05%、40.99%、16.48% 和 20.69%,对于农地经营权抵押贷款存在不同程度的需求,总体上有 21.81% 的规模农户对农地经营权抵押贷款存在需求。种粮大户最希望享受金融产品前三依次为经营权抵押贷款 (32.05%)、基础设施贷款 (26.92%) 和产业化发展贷款 (19.23%);家庭农场最希望享受金融产品前三依次为经营权抵押贷款 (40.99%)、产业化发展贷款 (26.09%) 和创新贷款 (18.63%);专业合作社最希望享受金融产品前三依次为产业化发展贷款 (42.86%)、经营权抵押贷款 (16.48%) 和创新贷款 (16.12%);龙头企业最希望享受金融产品前三依次为产业化发展贷款 (51.72%)、经营权抵押贷款 (20.69%) 和创新贷款 (13.79%)。(表 12 - 11)

表 12 - 11　　样本新型农业经营主体最希望享受的金融产品情况统计　　单位:%

	种粮大户	家庭农场	专业合作社	龙头企业	总体
联保	10.26	6.21	15.02	6.90	11.28
创新贷款	11.54	18.63	16.12	13.79	16.08
经营权抵押贷款	32.05	40.99	16.48	20.69	21.81
产业化发展贷款	19.23	26.09	42.86	51.72	39.37
基础设施贷款	26.92	8.07	9.52	6.90	11.46
合计	100.00	100.00	100.00	100.00	100.00

数据来源:根据调研数据整理。

　　在回答"您是否有意愿将流转获得的农地经营权作为抵押,向金融机构申请抵押贷款"这一问题时,788 个新型农业经营主体中有 647 个新

兴农业经营主体选择有意向申请农地经营权抵押贷款，即占总体约
82.11%的新型农业经营主体对农地经营权抵押贷款有潜在需求。种粮大
户、家庭农场、专业合作社和龙头企业分别有 85.23%、88.00%、
80.79%和76.84%的主体对农地经营权抵押贷款有潜在需求。从表12-
12可以看出，虽然四个类型的新型农业经营主体对农地经营权抵押贷款
的潜在需求存在一些差异，种粮大户和家庭农场的潜在需求略强，但是四
个非试点市的新型农业经营主体对农地经营权抵押贷款都存在强烈需求，
存在潜在需求的新型农业经营主体占75%以上。（表12-12）

表12-12 样本新型农业经营主体对经营权抵押贷款潜在需求的统计

分类	样本数	占总数比例（%）	有潜在需求样本数	无潜在需求样本数	有潜在需求比例（%）	无潜在需求比例（%）
种粮大户	95	12.06	73	22	85.23	14.77
家庭农场	237	30.08	202	35	88.00	12
专业合作社	406	51.52	328	78	80.79	19.21
龙头企业	50	6.35	44	6	76.84	23.16
合计	788	100	647	141	100	100

数据来源：根据调研数据整理。

经过上面的统计分析，可以看出四个非试点样本地区的新型农业经营
主体现在获得资金的渠道比较单一，主要是通过正规金融机构贷款和民间
借贷，并且已获得的银行贷款并不能完全满足其融资需求，除了种粮大户，
其他三个类型的规模农户存在 50%以上的资金缺口。而贷款流程复杂，缺
乏银行愿意接受的抵押、质押资产，缺乏担保等因素造成了新型农业经营
主体的信贷约束。经营权抵押贷款在最希望获得金融产品中排名前三，四
市的新型农业经营主体对于农地经营权抵押贷款存在很大的潜在需求。在
四个样本点已享受到的金融产品中，联保占比最大，而放开土地经营权抵
押贷款能够让新型农业经营主体有充足的抵押资产向银行申请贷款，拓宽
其融资渠道，从而能满足其融资需求，解决融资难贷款难的问题。

四 变量选择与描述性统计分析

在代入模型进行检验前，先将因变量与自变量进行简单的描述统计分

析，从对农地经营权抵押贷款是否存在潜在需求来看，规模农户对农地经营权抵押贷款存在强烈需求。（表 12 - 13）

表 12 - 13　　　　　　　　**总体各变量含义及基本统计特征**

变量名称	名称	变量含义及赋值	均值	标准差	预期
抵押需求	经营权抵押贷款需求	0 = 没有需求；1 = 有需求	0.829	0.377	/
户主特征	性别	0 = 女；1 = 男	0.894	0.308	+
	年龄	实际年龄	45.487	8.031	−
	受教育程度	1 = 小学及以下；2 = 初中； 3 = 高中、中专、中技； 4 = 大专及以上	3.015	0.706	+
	农户类型	1 = 种粮大户；2 = 家庭农场； 3 = 专业合作社；4 = 龙头企业	2.522	0.786	/
经营特征	固定资产	1 = 10 万元及以下；2 = 10 万 ~ 20 万元； 3 = 20 万 ~ 50 万元；4 = 50 万 ~ 100 万元； 5 = 100 万 ~ 200 万元；6 = 200 万元以上	3.708	1.704	+
	毛收入水平	1 = 10 万元及以下；2 = 10 万 ~ 20 万元； 3 = 20 万 ~ 50 万元；4 = 50 万 ~ 100 万元； 5 = 100 万 ~ 200 万元；6 = 200 万元以上	3.727	1.735	+
	耕地面积	1 = 100 亩；2 = 100 ~ 200 亩； 3 = 200 ~ 500 亩； 4 = 500 ~ 1000 亩； 5 = 1000 亩以上	2.583	1.321	+
	经营年限	1 = 1 年及以下；2 = 1 ~ 3 年； 3 = 3 ~ 5 年；4 = 5 ~ 10 年； 5 = 10 年以上	3.01	1.197	+
	贴息贷款情况	0 = 无；1 = 有	0.590	0.493	−
	政策性农业保险情况	0 = 无；1 = 有	0.560	0.498	+
	征信系统信息录入情况	0 = 没有参与；1 = 参与	0.880	0.325	+

第三节　实证分析

在理论分析和统计分析的基础上，本章运用 stata11.0 软件对上文所建立的多元逻辑模型进行估计，得到结果见表 12－14。

表 12－14　　新型农业经营主体农地经营权抵押贷款需求模型回归结果

变量类别	名称	系数	标准差	Z 值	P > z
个体特征	性别	－0.300	0.881	－0.34	0.734
	年龄	－0.049	0.026	－1.87	0.062*
	受教育程度	1.175	0.352	3.34	0.001***
经营特征	固定资产	0.457	0.345	1.32	0.186
	毛收入水平	0.049	0.026	1.87	0.062*
	耕地面积	1.469427	0.59527	2.47	0.014**
	经营年限	0.299	0.201	1.48	0.138
产品特征	贷款期限	－0.330	0.259	－1.28	0.202
	利率水平	－0.697	0.186	－3.76	0.000***
	是否要第三方担保	－0.567	0.654	－0.87	0.386
	是否要提供抵押品	－0.541	0.512	－1.06	0.291
	是否允许多种方式抵押担保	0.314	0.333	0.94	0.345
	银行是否提供针对性金融产品	0.312	0.211	1.48	0.109
借贷特征	贷款经历	0.385	0.511	0.75	0.451
	借款主要用途	－0.782	0.677	－1.15	0.248
	申请其他贷款资金满足度	1.200	0.590	2.03	0.042**
	获得其他贷款难易程度	1.429	0.573	2.49	0.013**
	与信贷员熟悉程度	0.618	0.379	1.63	0.103
	对抵押贷款产品选择偏好	0.771	0.613	1.26	0.209
政策环境	支农资金财政担保情况	1.335	0.571	2.34	0.019**
	贴息贷款情况	－0.433	0.693	－0.62	0.532
	政策性农业保险情况	1.226	0.537	2.28	0.023**
	征信系统信息录入情况	0.396	0.468	0.85	0.398
	比卡方值：64.92 P 值：0.0000				
	伪 R 平方：0.4696				

注：*、**、***分别代表在10%、5%、1%水平上显著。

　　回归结果显示，似然比卡方值的观测值为 64.92，对应的概率 P 值为 0.0000，小于 95% 的显著性水平，因此可以认为模型所包含的所有解释变量与 Logit（P）之间具有显著的线性关系，通过检验。在本回归结果中，其中在 10% 水平下通过显著性检验的变量共有 2 个，分别是年龄和毛收入水平；在 5% 水平下通过显著性检验的变量共有 5 个，分别是耕地面积、申请其他贷款资金满足度、获得其他贷款难易程度、支农资金财政担保情况和政策性农业保险情况；在 1% 水平下通过显著性检验的变量共有 2 个，分别是受教育程度和利率水平。其中，银行是否提供针对性金融产品情况和与信贷员熟悉程度的 P 值分别为 0.109 和 0.103，可以接受为 10% 水平下通过显著性检验。模型所包含的部分解释变量的回归系数与 0 有显著的差异，各解释变量与 Logit（P）之间具有显著的线性关系，因此通过显著性检验。

　　总体来看：（1）规模农户自身影响因素方面。年龄越小，文化程度越高的新型农业经营主体对农地经营权抵押贷款的需求越大。（2）毛收入水平的提高和耕地面积规模的扩大，会强化新型农业经营主体对农地经营权抵押贷款的需求。（3）贷款利率水平越低，新型农业经营主体对农地经营权抵押贷款的借贷成本越低，对农地经营权抵押贷款的需求越强。（4）资金满足度越低，获得贷款越容易，新型农业经营主体更加倾向于申请农地经营权抵押贷款。（5）获得支农资金财政担保，参与政策性农业保险的新型农业经营主体更加倾向于申请农地经营权抵押贷款。

　　再分别对种粮大户、家庭农场、专业合作社负责人和龙头企业进行逻辑模型进行估计，进一步比较不同类型新型农业经营主体农地经营权抵押贷款需求及影响因素差异，得到如下结果：

　　表 12-15 种粮大户回归结果显示，似然比卡方值的观测值为 53.70，对应的概率 P 值为 0.0000，小于 95% 的显著性水平，因此可以认为模型所包含的所有解释变量与 Logit（P）之间具有显著的线性关系，通过检验。在本回归结果中，在 10% 水平下通过显著性检验的变量共有 2 个，分别是受教育程度和获得其他贷款难易程度；在 5% 水平下通过显著性检验的变量共有 5 个，分别是固定资产、毛收入水平、耕地面积、经营年限、对抵押贷款产品的偏好；在 1% 水平下通过显著性检验的变量共有 4 个，分别是利率水平、是否允许多种方式抵押担保、与信贷员熟悉程度、征信系统信息录入情况。其中，年龄的 P 值为 0.108，可以接受为通过显

著性检验。模型所包含的部分解释变量的回归系数与 0 有显著的差异，各
解释变量与 Logit（P）之间具有显著的线性关系，因此通过显著性检验。

家庭农场回归结果显示，似然比卡方值的观测值为 48.09，对应的概率
P 值为 0.0000，小于 95% 的显著性水平，因此可以认为模型所包含的所有
解释变量与 Logit（P）之间具有显著的线性关系，通过检验。在本回归结
果中，在 10% 水平下通过显著性检验的变量共有 4 个，分别是毛收入水平、
经营年限、借款主要用途和与信贷员熟悉程度；在 5% 水平下通过显著性检
验的变量共有 5 个，分别是受教育程度、耕地面积、利率水平、对抵押贷
款产品的偏好、征信系统信息录入情况；在 1% 水平下通过显著性检验的变
量共有 3 个，分别是固定资产、是否允许多种方式抵押担保、获得其他贷
款难易程度。模型所包含的部分解释变量的回归系数与 0 有显著的差异，
各解释变量与 Logit（P）之间具有显著的线性关系，因此通过显著性检验。

专业合作社回归结果显示，似然比卡方值的观测值为 46.90，对应的概
率 P 值为 0.0000，小于 95% 的显著性水平，因此可以认为模型所包含的所
有解释变量与 Logit（P）之间具有显著的线性关系，通过检验。在本回归
结果中，在 10% 水平下通过显著性检验的变量共有 2 个，分别是耕地面积、
经营年限；在 5% 水平下通过显著性检验的变量共有 5 个，分别是银行是否
提供针对性金融产品、申请其他贷款资金满足度、对抵押贷款产品的偏好、
支农资金财政担保情况、政策性农业保险情况；在 1% 水平下通过显著性检
验的变量共有 2 个，分别是受教育程度和利率水平。模型所包含的部分解
释变量的回归系数与 0 有显著的差异，各解释变量与 Logit（P）之间具有
显著的线性关系，因此通过显著性检验。见表 12 - 15、表 12 - 16。

由于龙头企业在样本中数据较少，并且存在大量变量的缺失，因此龙
头企业的回归结果并不具有显著的代表性，但是对研究样本所在地区的龙
头企业融资行为仍具有一定的意义。根据表中显示，似然比值卡方值为
43.64、P 值为 0.0006 以及伪 P 平方为 0.3842，因此可以认为模型比较显
著。根据回归结果，影响龙头企业的参与因素中通过 10% 显著水平检验
的有 3 个因素：银行是否有针对性产品，对抵押贷款产品的偏好以及支农
资金是否提供担保，并且除银行是否有针对性产品正向影响外，其他都为
负相关。此外，有 2 个因素通过 1% 水平的检验：利率水平与是否有政策
性农业保险。其中利率负向影响农户的参与行为，而政策性农业保险正向
影响农户的参与行为。

表 12 - 15　　　　种粮大户与家庭农场农地经营权抵押贷款需求模型回归结果

变量类别	经营权抵押贷款需求（y）	种粮大户				家庭农场			
		Coef.	Std. Err.	z	P > z	Coef.	Std. Err.	z	P > z
个体特征	性别	- 0.089	0.601	- 0.150	0.882	- 0.812	0.837	- 0.97	0.332
	年龄	- 2.099	1.306	- 1.61	0.108	0.051	0.037	1.38	0.166
	受教育程度	0.242	0.129	1.88	0.061 *	1.158	0.469	2.47	0.014 **
经营特征	固定资产	- 1.655	0.714	- 2.32	0.021 **	- 6.256	2.435	- 2.57	0.01 ***
	毛收入水平	0.449	0.229	1.96	0.05 **	1.135	0.665	1.71	0.088 *
	耕地面积	0.691	0.283	2.44	0.015 **	0.729	0.351	2.08	0.038 **
	经营年限	1.517	0.719	2.11	0.035 **	- 1.345	0.692	- 1.94	0.052 *
产品特征	贷款期限	- 0.567	0.654	- 0.87	0.386	- 0.384	0.241	1.59	0.112
	利率水平	- 1.435	0.523	- 2.74	0.006 ***	- 0.449	0.229	- 1.96	0.05 **
	是否要第三方担保	1.111	2.12	0.52	0.6	1.401	1.072	1.31	0.191
	贷款是否要提供抵押品	- 0.231	0.666	- 0.35	0.729	0.007	0.63	0.01	0.991
	是否允许多种方式抵押担保	2.688	0.986	2.73	0.006 ***	1.516	0.528	2.87	0.004 ***
	银行是否提供针对性金融产品	- 0.270	0.481	- 0.560	0.574	- 0.318	0.507	- 0.63	0.53
借贷特征	贷款经历	- 1.548	1.554	- 1	0.319	- 0.353	0.486	- 0.73	0.467
	借款主要用途	0.401	0.516	0.780	0.437	1.2	0.641	1.87	0.061 *
	申请其他贷款资金满足度	1.916	1.266	1.510	0.130	0.177	0.291	0.61	0.542
	获得其他贷款难易程度	0.367	0.208	1.76	0.078 *	1.499	0.465	3.22	0.001 ***
	与信贷员熟悉程度	6.578	1.971	3.34	0.001 ***	3.863	2.290	1.69	0.092 *
	对抵押贷款产品的偏好	1.875	0.956	1.96	0.05 **	0.278	0.363	2.390	0.017 **
政府政策支持	支农资金财政担保情况	0.503	1.017	0.490	0.621	1.771	1.037	1.71	0.088 *
	贴息贷款情况	- 3.542	2.577	- 1.37	0.169	- 0.903	0.973	- 0.93	0.353
	政策性农业保险情况	- 0.54	0.512	- 1.06	0.291	0.401	0.516	0.780	0.437
	征信系统信息录入情况	1.358	4.377	- 3.05	0.002 ***	1.517	0.719	2.11	0.035 **
		似然比卡方值：123.04				似然比卡方值：48.09			
		P 值：0.0000				P 值：0.0004			
		伪 R 平方：0.5370				伪 R 平方：0.5370			

注：*、**、***分别代表在10%、5%、1%水平上显著。

表 12 - 16　专业合作社和龙头企业农地经营权抵押贷款需求模型回归结果

变量 类别	经营权抵押 贷款需求（y）	专业合作社				龙头企业			
		Coef.	Std. Err.	z	P > z	Coef.	Std. Err.	Z	P > z
个体 特征	性别	0.859	1.200	0.720	0.474	—	—	—	—
	年龄	− 1.749	10.389	− 1.61	0.107	0.044	0.034	1.290	0.195
	受教育程度	1.459	0.544	2.680	0.007 ***	0.401	0.516	0.78	0.437
经营 特征	固定资产	0.252	0.219	1.150	0.250				
	毛收入水平	0.503	1.017	0.490	0.621				
	耕地面积	0.898	0.498	1.8	0.071 *				
	经营年限	0.551	0.333	1.650	0.098 *	0.476	0.363	1.310	0.190
产品 特征	贷款期限	− 1.548	1.554	− 1	0.319				
	利率水平	− 7.069	2.356	− 3	0.003 ***	− 0.650	0.248	− 2.620	0.009 ***
	是否要第 三方担保	− 0.556	0.785	− 0.71	0.479				
	贷款是否要 提供抵押品	− 0.806	0.73	− 1.1	0.27				
	是否允许多种 方式抵押担保	0.288	0.446	0.640	0.520				
	银行是否提供针 对性金融产品	1.037	0.518	2.000	0.045 **	1.200	0.590	2.03	0.042 *
借贷 特征	贷款经历	0.431	0.869	0.5	0.62				
	借款主要用途	− 0.713	0.806	− 0.88	0.376				
	申请其他贷款 资金满足度	6.186	3.031	2.04	0.041 **	2.068	1.851	1.12	0.264
	获得其他贷 款难易程度	0.545	0.341	1.600	0.110				
	与信贷员 熟悉程度	− 0.586	0.551	− 1.060	0.288				
	对抵押贷款 产品的偏好	− 2.050	0.813	− 2.52	0.012 **	− 0.898	0.498	− 1.8	0.071 *
政府 政策 支持	支农资金财 政担保情况	2.162	0.970	2.230	0.026 **	− 2.799	1.515	− 1.85	0.065 *
	贴息贷款情况	− 1.916	1.266	− 1.51	0.13	− 0.446	1.403	− 0.32	0.751
	政策性农业 保险情况	1.127	0.540	2.090	0.037 **	4.179	1.447	2.890	0.004 ***
	征信系统信 息录入情况	− 0.258	0.237	− 1.09	0.276	− 0.761	0.757	− 1.000	0.315
	似然比卡方值：46.90					似然比卡方值：43.64			
	P 值：0.0004					P 值：0.0006			
	伪 R 平方：0.5370					伪 R 平方：0.3842			

注：*、**、*** 分别代表在 10%、5%、1% 水平上显著。

第四节　估计结果分析

一　个体特征因素

包括性别、年龄、受教育程度，四类规模农户在户主特征方面存在共性。（1）性别对四类新型农业经营主体经营权抵押贷款的潜在需求影响均不显著，可能是随着社会的进步和教育的普及，农村地区妇女的文化素质也得到了提高，不再是局限于传统的男性当家作主的观念，女性对于新事物的接受能力也在提高。（2）年龄对种粮大户和专业合作社的抵押贷款的潜在需求是有一定影响的。一般认为，年龄越大的人保守思想观念越强，还款能力和风险承受能力越弱，因此经营权抵押贷款需求意愿也越弱。（3）都表现为受教育程度与农地经营权抵押贷款需求呈显著正相关关系。通常文化程度较高的农户有较强的经营意识与能力，视野会更开阔，接受新事物和新知识的速度越快，还款能力越强，对制度创新所蕴含的盈利机会的认识和把握会更准确，对土地经营权抵押贷款的预期会更高，从而会增加土地承包经营权抵押贷款需求。

二　经营特征

包括固定资产总值、毛收入水平、耕地面积和经营年限，可以看出在经营特征方面，种粮大户和家庭农场农地经营权抵押贷款需求的影响因素存在一些共性。（1）固定资产总值对种粮大户和家庭农场申请农地抵押贷款的潜在需求有显著负向影响，然而对于专业合作社和龙头企业影响不显著。对于农户而言，固定资产抵押贷款某种程度上来说是农地经营权抵押贷款的替代品，固定资产抵押贷款如房屋、厂房、机械设备作为抵押品，是比较常见的抵押贷款品种。经营权抵押贷款只是在全国的部分试点地区进行中，调研的地区为非试点地区，这些地区的农户在具备抵押品的条件下还是会首选固定资产抵押贷款来满足资金需求。（2）毛收入水平会强化种粮大户和家庭农场的抵押贷款的潜在需求，然而对于专业合作社和龙头企业影响不显著。随着收入的增加，规模农户扩大生产规模的需求随之增加，产生流动资金的需要，会增加对贷款的潜在需求。专业合作社和龙头企业组织规模更大、收入更高、负债能力更强，虽然大规模的经营需要更多资金购置生产资料、进行基本设施建设，但是其自有资金相比于种粮大户和家庭农场要更加充足。（3）土地规模的增加会促进种粮大户、家庭农场和专业合作社抵押贷款的潜在需求。一方面土地规模越大，对农业生产资金的需求也越大；另一方面土地评估值和获得贷款的额度也会越高，承担风险的能力也越强，从而能够增强农户的贷款意愿。（4）经营年限对种粮大户和专业合作社的抵押贷款意愿有显著正向影响，对家庭农场抵押贷款意愿有显著负向影响。根据数据统计，种粮大户、家庭农场和专业合作社申请抵押贷款的意愿分别是在经营年限10年以上、1年以下和10年以上最大。农户刚刚开始经营时需要购置设备、采购原材料、基本设施建设等，资金需求大，而此时未必有合适的抵押品，可能其抵押贷款需求意愿就大。而随着经营年限的增加，由于维持经营或者扩大生产的需要，购置和更新设备、雇用员工、技术投入使得其资金需求会更加旺盛，也可能其抵押贷款的需求意愿更大。

三　产品特征

包括贷款期限、利率水平、是否允许多种方式的抵押担保、银行是否提供针对性金融产品。（1）贷款期限（还款期限）对四类新型农业经营主体无显著影响。根据统计，四类规模农户的贷款期限分布在1年内的占97%。短期季节性资金需求主要用于购买化肥、农药、种子等生产资料支出和雇用员工的工资性支出，一般借款期限在1年以内。（2）对于四种类型新型农业经营主体来说，利率水平与农地承包经营权抵押贷款需求呈显著负相关关系。贷款利率越高则农户借贷的资金成本越大，农户就越不倾向于申请经营权抵押贷款。（3）随着银行对抵押贷款限制的逐步放开，允许多种方式的抵押担保，种粮大户和家庭农场抵押贷款的潜在需求逐渐增强。对于专业合作社和龙头企业来说，无显著影响。由于专业合作社和龙头企业的资金来源和融资渠道相较于种粮大户和家庭农场要更广泛，其资金需求量大，可供选择的融资渠道多。（4）银行提供针对性金融产品的种类越多，专业合作社和龙头企业农地经营权抵押贷款需求意愿越大。金融机构提供的针对农地抵押贷款的产品越多，农户可享受的服务越多，越倾向于抵押贷款。然而目前来看，银行所提供的专业性农地抵押贷款产品和服务很有限，主要还是由于银行的积极性不高，由于是非试点地区，当地银行也缺乏农地抵押贷款相关的产品。

四 借贷特征

包括借款用途、申请贷款资金满足度、获得贷款难易程度、对信贷员的熟悉程度和对贷款产品的偏好。（1）借款主要用途对家庭农场农地承包经营权抵押贷款需求有正向影响。传统农户的贷款需求主要是季节性和周期性强的生产性支出，而家庭农场实现了土地收益的规模化，具备了改造传统农业的基础和条件，贷款用途不再局限于传统的种养领域，开始向农产品的加工、储藏、销售等环节倾斜，逐步向生产、加工、销售的纵向一体化方向发展，由此带来了家庭农场贷款用途由单一的生产性支出向生产性和经营性双重支出的方向发展。（2）资金需求满足度强化专业合作社的潜在需求。统计分析可以看出现在农户倾向于可以获得的融资渠道单一，主要是正规金融和民间借贷，融资额度较少，现有的贷款不能满足农户资金的缺口，农户的资金匮乏，因此资金满足度的降低会强化农户申请综合产权抵押贷款的意向。而种粮大户和家庭农场资金缺口较小，主要集中在 50 万元以下，其资金缺口在 50 万元以下所占比例分别为 94.92% 和 85.89%，资金缺口在 20 万元以下所占比例分别为 71.19% 和 48.74%，一般的正规贷款和民间借贷等方式基本可以满足其资金需求了。（3）农户在银行获得其他常规贷款难度也会强化种粮大户和家庭农场农地抵押贷款的潜在需求，但是对专业合作社和龙头企业影响不显著。（4）与信贷员的熟悉程度会影响种粮大户和家庭农场的抵押贷款意愿，但是对专业合作社和龙头企业影响不显著。种粮大户和家庭农场获得贷款的难易程度还依赖于人际关系，与信贷员越熟悉，对于抵押贷款的相关流程和政策越了解，越倾向于申请农地经营权抵押贷款。（5）对贷款产品的偏好。种粮大户和家庭农场偏好于获得农地经营权抵押贷款，而专业合作社和龙头企业相比于农地经营权抵押贷款，更偏向于获得其他类贷款。根据统计，32.05% 的种粮大户更希望得到综合产权抵押贷款；家庭农场中 40.99% 希望获得综合产权抵押贷款，26.09% 希望获得农业产业化发展类贷款；专业合作社中 42.86% 希望获得农业产业化发展类贷款，分别有 16.12% 和 16.48% 希望得到针对担保问题的创新贷款和综合产权抵押贷款；龙头企业有 51.72% 希望得到农业产业化发展类贷款，20.69% 希望得到综合产权抵押贷款。

五　政策和环境变量

包括支农资金财政担保情况、政策农业保险情况和征信系统信息录入情况。（1）支农资金财政担保对抵押贷款潜在需求有显著正向影响，享有政府支农资金财政担保的农户在向银行申请抵押贷款时能够提供有利的第三方担保。（2）是否享受政策性农业保险与抵押贷款潜在需求呈显著正相关关系。当农户享受政策性农业保险，可以分散农业风险，促进农民收入可持续增长；另一方面农户有了农业保险的保障，其还款能力也得到了一定保障，违约风险降低，能增加银行进行抵押贷款的积极性。（3）参加征信系统录入与产权抵押贷款需求呈显著正相关关系。虽然调查的样本地区均不是农村综合产权抵押贷款的试点地区，所以农民从未参与过农村土地承包经营权抵押贷款，但是近年来对于农村土地承包经营权抵押贷款的政策支持较多，农民或多或少也听说过甚至接触过这一类贷款产品，因此没有参加征信系统信息录入的农户对于它的实施是比较期待的。

第五节　本章小结

1. 个体特征、经营特征、产品特征、借贷特征和政策环境对于新型农业经营主体农地抵押贷款的潜在需求存在不同程度的影响。受教育程度、收入水平、耕地规模、银行提供的金融产品种类、申请贷款资金满足程度、与信贷员熟悉程度、获得支农资金财政担保和政策性农业保险，会强化其申请经营权抵押贷款的意愿，而年龄、利率水平和获得贷款资金难度会降低其潜在需求。

2. 针对不同类型的新型农业经营主体，其农地经营权抵押贷款的潜在需求影响因素存在差异。（1）四类主体均受到教育程度、利率水平和对抵押贷款产品偏好的影响，受教育程度和利率水平对四类主体的影响一致。（2）对于种粮大户和家庭农场，其农地经营权抵押贷款的潜在需求主要受到经营特征如固定资产总值、毛收入水平、耕地规模、经营年限、银行对于抵押贷款担保方式的放开、获得其他贷款难易程度、与信贷员熟悉程度和征信系统参与情况的影响。可以看出，种粮大户和家庭农场对经营权抵押贷款的潜在需求主要是受到自身经营状况、主观的认知和人际关系的影响。主要是由于这两类规模农户与专业合作社以及龙头企业相比，以家庭为单位而规模较小，在与银行发生借贷关系时，更多的还是要考虑自身的经济因素和社会因素。（3）对于专业合作社，其农地经营权抵押贷款的主要影响因素是经营特征如耕地规模、经营年限，产品特征如银行提供针对性金融产品，借贷特征如贷款资金满足度，政府政策支持情况如财政资金担保情况和农业保险情况。其农地经营权抵押贷款的潜在需求更多受到了客观因素的影响。（4）龙头企业对于农地经营权抵押贷款潜在需求，主要受到客观因素的影响，考虑产品特征如银行提供针对性金融产品，借贷特征如贷款资金满足度，政府政策支持情况如财政资金担保情况和农业保险情况。

3. 异质性规模农户对于贷款产品的偏好不同。种粮大户和家庭农场相比于其他类贷款更希望获得农地经营权抵押贷款，而专业合作社和龙头企业则更希望获得其他类贷款。可能的原因是种粮大户和家庭农场均是以家庭为单位，在有资金需求时，仍然会存在抵押物缺乏的情况，因而会更加倾向于综合产权抵押贷款。专业合作社和龙头企业则更希望获得农业发展类贷款，这类贷款包括农产品套期保值贷款、特色产业基地建设贷款、特色资源开发贷款、农业生产资料购买贷款、购货方担保季节性收购贷款、科技农业生产推广贷款等。主要是由于专业合作社和龙头企业是一个规模性的组织，远远超过种粮大户和家庭农场，其涉及的环节多，经营的范围广，资金需求也大，在非实验区还未开展农地经营权抵押贷款的前提下，会更加青睐于农业产业化发展类贷款。

4. 目前新型农业经营主体申请抵押贷款仍在存在一些制约因素，24.93%的农户认为申请手续繁杂、审批时间长，17.51%认为缺乏担保机构或合格担保人的担保，15.43%认为缺乏银行愿接受的抵押、质押资产，11.87%则认为银行缺乏适合农户需求的产品和服务，是其在融资时遇到的最主要的困难。

第十三章 农村土地流转中农地金融创新机制优化设计

第一节 农地股份合作组织机制优化设计

一 海内外实践经验与教训

传统的合作社引入股份制。虽然合作社能够加强生产经营者之间的互惠互助，减少交易费用等，但是，随着资本主义市场经济深入发展，传统合作社逐渐出现资金短缺、效益增长缓慢、社员"搭便车"、管理方式滞后等一系列难题。现代市场经济与合作社之间的矛盾日益加大。传统合作社只有通过不断改革创新，突破原有的发展模式，才能适应社会经济发展。一些西方发达国家的合作社突破原有的合作社框架，引入某些股份制企业的做法，或者直接变成股份制。

20 世纪中叶以后，许多传统合作社逐渐转型，向兼具股份制与合作制特点的"股份合作社"发展。如 1991 年成立的西班牙"蒙德拉贡合作社"是合作经济组织引进股份制做法的典型代表。现今股份合作社这种新型企业组织形式已在西方国家非常普遍，如美国的农场主合作社属于股份合作社。20 世纪 90 年代初，在美国北部和加拿大的一些地区出现一种新的农业合作经济组织——"新一代合作社"。"新一代合作社"实现了社员权利与资本权利的联结、社员权利与义务的对等，被认为是在新的经济社会技术条件下合作社制度组织创新的出路和典范，是合作社生命周期中的最高或较高阶段。股份制引入合作制。西方国家股份制经济发展中出现合作化倾向始于 20 世纪 50 年代以后，其中在股份公司内部实行的"职工持股计划"影响最大。它是将股份制企业中融入一些合作制因素，企业以职工持股为主，采取"本厂职工—管理委员—经理—工人"的运行机制。即企业所有权归职工所有，职工选举产生的管理委员会为最高权力机构，管理委员会聘任的经理负责企业运营管理，企业决策强调成员的"一人一票"制，并采取"按劳分配"和"按股分红"相结合的收益分配方式。从运行机制和内部管理体制来看，与我国现行的股份合作制类似，也是一种股份合作制。

总的来说，二战以后，具有现代意义的西方国家股份合作社具有以下显著特点：突破了资金瓶颈，股份合作制的规模日益扩大；入社者的条件限制不断放宽，非本社区的其他成员也可以入社；实行"一人一票"民主管理，企业管理方式更加合理；实行按劳分配与按股分红相结合的利润分配方式。

在实践中，随着资本主义经济的发展，合作经济在各国农业领域的作用和影响越来越大，农业合作经济思想与实践也在不断拓宽和深入。理论上，新制度经济学者对合作经济制度研究的贡献最为突出。国外农村合作经济的实践经验及国外学者研究合作经济所使用的理论、方法及研究视角为研究中国农村土地股份合作制提供重要借鉴与启示。

二　机制优化设计

（一）改进农村土地股份合作制企业产权安排

根据内生交易费用理论，最有效率的制度安排是能够最大限度地节省内生交易费用的制度安排。我国现行农村土地股份合作制的内生交易费用的节约极为有限，制度效率没有得到充分发挥。我国农村土地股份合作制产权结构联合性、封闭性特征决定了其内生交易费用的降低，必须进行产权结构的明晰，这也是进一步提升我国农地股份合作制制度绩效的起点。

农村土地股份合作制的产权可分解为非土地集体资产产权和土地集体资产产权两支。而非土地集体资产产权又可分解为共有所有权（国家所有权与村集体经济组织或村委会所有权）和经营权；土地集体资产产权又可分解为部分共有所有权（归村集体经济组织或村委会所有）、农民身份土地承包权和经营权。此外，社会资金、技术等资产产权也同样可分解为所有权与经营权。由此可知，农村土地股份合作制的产权包括一个所有权束（即完整的所有权）和一个经营权束（即完整的经营权），实现了资本联合与劳动联合。这样，完整的经营权与完整的所有权进行联合，就形成农村土地股份合作制完整的产权关系；劳动联合与资本联合进行再联合，最终共同形成农村土地股份合作制的制度框架。具体表现如下。

1. 所有权和使用权的界定。对农村土地所有权和使用权进行界定。只有理顺农村土地所有权和使用权产权关系，其他财产才可以以此为依据进行界定。我国宪法规定，土地所有权归集体所有。为体现这一产权关系，将集体所有的土地数量化、货币化并体现到现有符合规定的集体的成员身上，该所有权（或占有权）坚持不能继承和转让的原则，集体应收回转移出去或正常死亡者的土地所有权。考虑到我国农村经营政策法规的稳定性与连续性和农民心理及农业生产投资的长期性，对集体所有土地的使用权（现已明确到户的承包经营权），应允许其入股、抵押、转让以及有条件地继承。这是一种较为稳妥的方案，在实践中应予以规范。对属于集体的其他财产的界定，均可按此方式来进行处理。

2. 入股土地使用权权属界定。即农民以承包地使用权入股后的相应股份归谁所有问题。农地股份合作制是家庭承包制的发展而不是替代。在农村土地股份合作制流转过程中，原有的土地的承包关系依然存在，农民拥有土地的有限期经营权。农民以承包地经营权入股，是在自愿、互利的原则下进行的，而不是强制的。入股土地不是集体收回承包土地统一集中以集体名义入股。因此，农民以承包地经营权入股土地股份合作组织，也应拥有土地股所有权。

3. 无形资产的界定。无形资产主要包括商标权、专利权、非专利权和商誉等，它没有实体形态，以技术知识或某种特殊权利等形式存在并发挥作用。现实中由于无形资产不是实物形式，在企业资产评估中往往被遗漏，导致企业评估价值小于实际价值。在农村土地股份合作制流转中，应把无形资产考虑在内，并坚持"谁投资，谁拥有资产"的原则，采用现行市价法、重置成本法、收益现值法等方法对其进行评估。

4. 劳动力资本的界定。劳动力资本就是用资本所有权界定的人力资本，是参与企业所有权分割的人力资本，是转化为对财产权的人力资本。农村土地股份合作制中也存在劳动力资本的特征，关于个人劳动力资本的量化，可参照企业职工劳动力资本量化方法进行计算。

（二）优化农村土地股份合作制流转的法律环境

1. 用法律确保土地经营权的物权性和组织的规范性。要通过相关立法，规定农民拥有完全自主的土地经营权，任何单位和个人不得对它的经营使用进行干预。这就实现了土地的法定化、长期化、固定化与可继承化，使土地经营权具有直接支配性、收益性、排他性等特征。建立土地银行，允许将土地经营权进行抵押。虽然新《物权法》对于土地承包经营权的物权性质已进行明确规定，但还不够，还需进一步完善。虽然《农民专业合作社法》对农民专业合作社的法人地位进行了明确，但农村土地股份合作组织的特殊法人地位还没有从法律上予以明确，这不利于农村土地股份合作制企业的发展及相关权益的保护。因此，要加快制定、颁布关于农村土地股份合作组织的法律法规文件，对农村土地股份合作制企业进行明确的定性与定位。要通过立法，进一步明晰农村土地股份合作制的合作经济性质，建立股份合作组织是农村土地股份合作制的未来发展方向。在坚持合作制基础上，吸收股份制的股权设置与组织治理结构等因素的农村土地股份合作制企业，是一种新型特殊的法人实体组织。

2. 加强土地经营权股权化的立法。土地经营权股权化作为一种较新的农地利用方式，是我国农民群众根据实际创造出来的。由于各地的经济发展不平衡，人们的思想认识和承受能力不一样，各地的股份合作组织不是很规范，在权利、内部组织、分配关系等方面也不是很完善。因此，合理规范土地经营权股权化是其发展完善的重要条件。

首先是关于土地经营权的规定，土地经营权是土地承包经营权股权化的权利基础，农民以土地经营权入股必然要求农民拥有一定期限的排他性的权利。这要求稳定土地承包经营制度，强化农民的土地承包经营权。所以，应在承包期限内稳定承包关系，确实做到"增人不增地，减人不减地"，这对通过土地经营权入股实行农地规模经营的改革至关重要。为了保证农民拥有稳定的、排他性的土地承包经营权，应稳定已经形成的承包关系，赋予农民长期且有保障的土地承包经营权，并且允许农民在承包期限内，在不改变农地用途的前提下自由地进行土地承包经营权流转。现行法律对土地承包经营权流转有所限制，尤其是本集体经济组织以外的个人或组织受让土地承包经营权受到了严格的限制。这些规定大大提高了土地承包经营权流转的成本，不利于土地资源的充分市场化配置，使土地承包经营权在股份合作组织中无法发挥最大效益。土地承包经营权股权化要求克服封闭性，逐步突破集体经济组织限制，向更广阔的市场寻求资源的优化配置。所以，应当取消土地承包经营权流转的限制，使土地承包经营权在符合法律规定的情况下可以按承包人的意志自由流转。

其次，现行法律虽然明确规定了土地经营权的入股，但是没有关于股份合作组织的具体规定。这主要表现为以下两个方面：其一是股份合作组织法律地位不清。除了股份合作制农业企业可以借鉴《公司法》《合伙企业法》等法律规定之外，其他两种模式都没有相关法律规范，仅有少数地区制定了地方性法规或政府、部门规章加以规范。这造成在实践中，很多股份合作组织不能得到行政机关的认可，工商管理部门也不给予登记注册。原因是企业登记机关认为，入股农民持有的"股权证"只是集体经济组织内部制发的分配凭证，由于国家与政府相关部门未予以认定，因而没有法律效力，也不能作为股东出资证明。其二是股份合作组织的组织形式和管理制度有待进一步规范和完善。农村土地承包经营权股权化后，实际的土地资产经营者和管理者为股份合作组织，入股农民持有土地股份而成为股份合作组织的股东。目前虽然土地股份合作组织普遍设立了"三会"的经营管理模式，但董事长等比较重要的职务基本上是由乡镇政府官员或村干部兼任，造成政企不分，而且企业管理者的经营素质参差不齐，对农民利益的损害不可避免。鉴于此，应当尽快通过立法，明确土地股份合作组织的法律地位，并对土地股份合作组织的管理运作进行规范。

3. 确立农地股份合作组织的特殊法人地位。农村土地股份合作制企业的法律地位（即法人地位），包括土地股份合作企业的财产制度、股份合作企业的利益和责任等。作为农村经济合作组织的一个重要类型，农村土地股份合作制企业的法律地位仍未被明确。《农村土地承包法》明确规定土地经营权可以入股从事农业合作生产，但新出台的《农民专业合作社法》却未涉及相关条款，造成土地股份合作社在注册登记、土地资产的评估量化以及税费征缴等方面仍缺乏必要的法律依据。实际中，由于农村土地股份合作制企业不能以工商法人或专业合作经济组织登记，只能以社团法人登记，法人组织定位与法律地位的不明晰，给农村土地股份合作制企业的经营活动带来种种不便，且难以有效保护农民的合法权益。鉴于农民专业合作社与土地股份合作社相比有一定的特殊性，建议尽快出台登记管理办法或相关管理条例，对土地股份合作组织的法人地位进行明确，并依法予以登记。

我国目前《民法通则》规定了四类法人：事业单位法人、机关法人、企业法人和社会团体法人。机关法人和事业单位法人不需要登记，要求必须办理法人登记的是社会团体法人和企业法人。而社会团体法人登记由民政部门负责办理，企业法人登记由工商行政管理部门负责办理。作为合作经济的一种形式，农地股份合作组织承担着增加农民收入、发展集体经济的职能，不同于工商法人、行政事业单位法人，更不同于社团法人。由于《农地股份合作组织法》尚未出台，各地在推行农地股份合作制流转过程中，无法可依。

我国规定的公司类型有股份有限公司和有限责任公司两种，它们都承担有限责任，但有最低注册资本额的要求，其中股份有限公司为500万元，而有限责任公司为3万元；其他企业形式如合伙企业则是承担无限责任的。由于参与农村土地股份合作制的成员绝大多数为当地农民，承担风险能力弱，传统的保守经营观念使大部分农民成为风险厌恶者，因此，为了减少入股农民的风险，提高农村土地股份合作制的吸引力，我国农村土地股份合作制应采取有限责任制。参照新颁布实施的《农民专业合作社法》中的规定，"农民专业合作社成员以其账户内记载的出资额和公积金份额为限对农民专业合作社承担责任，而且没有规定最低出资额"，应该明确农村土地股份合作制是合作经济性质，建立农地股份合作组织是其未来发展方向。在坚持合作制基础上，吸收股份制因素的农村土地股份合作制企业，是一种新型的合作经济组织，其特殊的法人地位应该通过相关立法予以规定。

4. 完善土地立法以确保农民土地收益权。农民以土地经营权入股参与合作经营，可获得土地集中所带来的规模经济收益，但很难分享到土地增值的收益，尤其是农地转化为城市建设或二、三产业经营的增值收益。现行《土地管理法》规定，农地转用一级市场是由政府控制，农民最多只能获得被征用土地三十年农业产出的征用补偿费，而基层政府则获得绝大部分农地转用的增值收益。为保障农民的基本权益，建议对《土地管理法》等法律法规进行修订，明确农民的土地权利，特别是要明确农民土地的收益权和处分权。依法支持农民以土地经营权入股参与农业合作经营。

（三）完善农村土地股份合作制企业治理结构

1. 优化与设计治理合约。一种企业制度安排是否节约交易成本且富有绩效，取决于该制度的企业治理结构的性质，而各利益相关方参与企业权利争夺的合约设计是企业治理的本质。在内生交易费用理论分析框架下，治理合约的遴选是提升我国农村土地股份合作制制度绩效的核心，其根本标准就是在各种不同合约中内生交易费用的节约程度。

合约可分为两类，即相机合约与价格合约，它们在解决农村土地股份合作制"道德风险"方面各有利弊。相机合约是对激励提供与风险分担之间两难选择的一种有效折中，其关键在于委托人是否能够对代理人进行有效的监督。当委托人监督较容易且成本较小时，委托人支付代理人固定的报酬，能保证代理人最大限度地努力工作，从而节约了内生交易费用；但当无法监测代理人的努力水平时，委托人与代理人又重新陷入激励提供与风险分担的两难困境。因此，相机合约需要对代理人行为进行事前的估计与精确测度，是对剩余索取权的一种预支，不是就代理人努力水平定价，虽然能部分地解决代理人的后顾之忧，但其"道德风险"不可避免，造成节约内生交易费用的空间比较有限。

而价格合约对代理人的激励是通过持股计划实现的，这样委托代理关系被大大弱化，有效地减少了代理成本，降低了内生交易费用。与相机合约相比，价格合约将相机合约中对代理人的工资薪酬激励转化成股票的分红激励，在解决"道德风险"问题上具有优势，比相机合约更节约内生交易费用。虽然价格合约也存在缺陷，但对于我国农村土地股份合作制企业而言，可将价格合约算作是一项次优选择的合约设计。

2. 改革与创新分配制度。在内生交易费用理论分析框架下，分配制度的创新是提升我国农村土地股份合作制制度绩效的归宿。到目前为止，股份合作制的分配制度共经历了三种典型范例，即内部资本账户制度、利润共享制度和职工股权计划制度。最早采用内部资本账户制度的股份合作制企业是西班牙的蒙德拉贡合作联合公司，它将净利润在初次分配时设立两个账户，即个人账户与集合内部账户，前者占净利润的 50% ~ 70%，后者占 30% ~ 50%。个人账户的设立有利于体现股份制原则，集合内部账户的设立有利于体现合作制原则，该制度优点是用集合内部账户有效地解决了集体积累问题，缺点是集合内部账户由于从不分配到个人而显得形同虚设。为克服这一缺点，美国经济学界创新出利润共享制，在该制度中，任何职员的工资都被划分为固定工资与共享利润两个部分，其中共享利润属于变量，能随产品市场和劳动力市场供求变动而变动，从而它的施行既可能将经营风险分摊给企业职工，又可能将经营者的卓越贡献"无偿赠送"给职工，任何一种情况的发生对对方都构成损害，这无异于二者之间的道德风险行为，同样会增加内生交易费用。作为改进，美国大多数企业又创造出了职工股权计划制度，它将公司股份分割出一部分，或直接拿出现金，转交给一个专门设立的职工信托基金会，购进股票，然后，该基金会会根据职工相应的工资水平或贡献大小将股票分配给每个职工，职工按工资水平配股有利于提高其对工资的欲望，要想提高工资，必须加倍努力，无疑它的激励作用是很大的，然而这种制度设计的缺点是没有考虑到风险分担问题。

能够很好地解决风险分担与激励提供两难困境的分配制度应该是有效率的分配制度，而解决的重要途径是通过消除或减少机会主义动机。如果机会主义行为能在新分配制度下得到控制，避免道德风险，节约内生交易费用，那么这项分配制度创新是有效率的。职工股权计划制度便是这样一种有效率的分配制度创新。

在设计农村土地股份合作制企业的职工股权计划制度时，仍然将公司股份分割成激励部分与分担风险部分。由于我国农村就业与社会保障体系尚未建立，对分担风险部分股份，允许其收益权买卖、抵押和转让。因此，在实际发行股权证明时设计证明股权所有和作为分红依据的两份证明书，证明股权所有的证明书不得流通，而证明作为分红依据的证明书可以转让、流动。这样一来，就有效地解决了农村土地股份合作制企业"用脚投票"监督机制的缺失，农民小股东也能够影响经营者。总之，建立农村土地股份合作制职工股权计划制度，使企业内生了一套激励与约束机制，能够较好地规避企业内部各利益主体的道德风险行为，对提高农村土地股份合作制制度绩效具有重要作用，因而是农村土地股份合作制分配制度的一项创新。

3. 建立和完善监督机制。目前我国农村土地股份合作制企业的法律地位仍不明确，监督管理存在诸多困难，应尽快建立和完善农村土地股份合作制的外部与内部监督机制。

一是外部监督机制的建立和完善。利用国家现有的法律与法规对农村土地股份合作制企业的各项经营管理尤其是在财务管理方面进行监督，做到"有法必依，违法必究"的原则；地方政府应出台相应的规范措施，适度、积极地利用行政手段对农村土地股份合作制企业进行监督管理；党支部、村委会与农村土地股份合作制企业董事会关系要理顺，明确董事会的职能，防止其权力独大；地方政府和村党支部对农村土地股份合作制企业董事会（特别是董事长）、监事会成员的确定，应积极干预，严格把好关。

二是内部监督机制的建立与完善。充分发挥好股份合作制"一人一票"决策机制的作用，尤其是在一些重大决策上，使每一位股民都有参与企业经营管理的决策权；根据各地实际情况，将股东（代表）大会的权力进一步明确与细化，充分发挥股东（代表）大会最高权力机构的作用；注重股民代表选取，建立与健全股民代表联系制度；明确监事会的职能与地位，发挥监事会的作用，对监事会成员进行财务、审计等方面的业务培训。

4. 利用非正规制度的影响力。传统文化、环境以及人际关系等非正规制度对农村土地股份合作制企业的治理结构产生重要影响。农村社会是传统文化影响较为广泛的地方。我国儒家文化较为强调长幼有序的等级观念，人们比较容易顺从、接受长辈的权威，这种内涵的文化对控制农村土地股份合作制企业的控制成本产生重要影响。农村土地股份合作制企业的发起人往往是农村社会中具一定能力和权威的人，由这些人控制企业，其控制成本将大大降低。农村土地股份合作制是通过人的联合来带动土地等资本的联合，一般在乡镇之间、邻里之间产生，这种制度创新的方式，由于较好地利用了人际关系，从而降低了农村土地股份合作制企业的组建成本和协调成本。农村土地股份合作制的参与者之间原已存在的人际关系对于解决企业管理中的各种冲突、减少资源聚集和达成一致赞同过程中的交易成本、弥补正规约束的不足具有积极作用。但是，现有农村人力资源的匮乏阻碍农村土地股份合作制规模效应的实现，规模经营所需要的高效率管理服务对企业经营人员提出了新的更高的要求，在农村还没有形成一个规范的经理人市场的情况下，农村土地股份合作制宁愿牺牲企业的规模，也不愿把企业委托给一个没有保证的外来者经营。

非正规制度中的传统文化、人际关系、道德习惯等对农村土地制度改革创新具有重要的影响力，再加上农村的不易流动性和封闭性，使农村具有"信息共享"的特点，人们彼此之间清楚自己在对方及群体中的地位和作用，相互之间存在着一种遵守某种共同规范的默契和自觉性。因此，农村土地股份合作制改革，应该充分发挥这些非正规制度的作用，以解决企业治理结构中存在的监督不够、激励不足等一系列治理问题。

第二节　农村承包地经营权等农村综合产权抵押贷款机制优化设计

一　海内外实践经验与教训

1. 美国实践。以联邦土地银行为主体的美国农地金融体系建立于20

世纪初期。当时，美国农业发展面临以农产品过剩为特征的农业危机频繁爆发，而且持续时间长，对农业生产破坏巨大。1916 年建立的联邦土地银行作为政府农业信贷体系的主要组成部分，将政府干预引入农业领域，以促进恢复经济危机后的农业发展。为求贷款实施便利，全国划分为 12 个农业信用区，每区设一个联邦土地银行，并在各乡村推动农民组织农地抵押合作社。1933 年，罗斯福总统上任后更加重视农业金融制度建设，设立了农业金融管理局来统筹管理所有联邦农业贷款机构，制定了《紧急农业抵押贷款法案》和《农业信用法》。1934 年，国会又通过了《联邦农业抵押公司法》，设立联邦农业抵押公司，来协调资金供需。1935 年，美国政府重新组建了复兴管理局，主要负责农业灾区救济贷款、农户重建贷款和贫困农家复原，以扶植农业生产。1953 年又专门成立针对小企业提供信贷的小企业管理局。至此，美国完善的农村金融格局基本形成。美国的农地金融制度有效解决了农村长期资金来源不足问题，对农业的资本化和现代化起到了促进作用，推动了美国农业生产的大发展。

2. 德国实践。19 世纪初期，随着德国开始土地改革运动，农民成为土地抵押信用合作社的主体，土地抵押贷款成为农民可利用的主要长期信用工具，土地抵押信用合作社成为服务于土地改革运动的长期金融机构。现在，以土地抵押信用合作社为主体的德国农地金融体系以贷款协助农民开发利用土地，成为促进土地改革与农业发展的重要措施。抵押土地债券化是德国土地金融制度的最大特点之一。愿意用土地作抵押而获得长期贷款的农民或地主，可联合组成合作社，将各自的土地交给合作社作为抵押品，合作社以这些土地为保证发放土地债券，在市场上换得资金供给社员。德国土地金融制度对解决农业资金短缺，促进其土地改革与农业的发展起到了非常重要的作用。

通过对美国、德国农地金融制度的构建演变、组织形式、主要特点等基本情况的考察分析，不难发现，农地金融制度对于保护土地投入，迅速发展农业生产，推行有关农业土地政策起到了非常重要的作用。各国农地金融制度的建立遵循土地金融的一般要求而逐步发展和完善，在政府支持、政策优惠、组织机构、合作形式、法律制度等方面有着相近的模式。但由于各国土地制度、金融制度的差异，各国农地金融制度又各具特色，在组织方式、运作形式上差异较大。这对我国农地金融制度的创建具有明显的借鉴意义。

二　机制优化设计

不管是理论推断还是实践经验都表明，在现阶段农地抵押贷款不可能完全通过市场机制就能实现，它需要借助于组织创新以应对农地资产专用性及贷款中的不确定性。根据威廉姆森社会研究的层次分析理论，处在第二层次的产权制度变迁需要 10 年甚至 100 年（Williamson，2000），所以提出类似于地权私有化的建议并不能有效解决当下面临的现实问题。本章认为可遵循"营造适宜的制度环境、设计有效的治理结构"的方针为农地抵押贷款创造有利条件。具体而言：

1. 适度细分产权。所谓适度就是顺应农业生产效率提升（至少不降低）的趋势，以及农业规模化、现代化的要求，对集体土地制度做出适应性调整，如沿着"权利从无到有、权利期限由短变长、权能由少到多"的脉络（郭忠兴、罗志文，2012），推动农地产权细分（张曙光、程炼，2012）。如同改革开放初期分割所有权创设土地承包经营权，推动基于土地承包经营权的"两权分离"（即土地承包经营权进一步细分为土地承包权和土地经营权），以土地经营权实现抵押。其实，"两权分离"在提倡农地流转时就已被提出，但政策层面认可土地经营权却是在推行农地抵押的时候，如东海市在实践中为贷款农户颁发土地经营权证。

2. 放松法律限制。法律需要保障产权的可实施性，但法律的明确限定往往约束了资产的价值。在法律不支持土地经营权抵押的前提下，土地经营权抵押的成功运作表明了它的有效性。因为转让土地经营权不受产权主体的约束（也就无须在集体内部处置担保物），这在一定程度上弱化了薄市场的影响。所以，在这种意义上土地经营权抵押具有更大的发展空间。甚至不少地方在司法层面上都承认土地经营权抵押的法律效力。虽然短期内修改《物权法》《担保法》的成本过高，但最高人民法院可对涉及农地抵押贷款的条例做出重新解释，如在规定集体土地经营权抵押须不改变家庭承包关系的前提下，按照"稳定土地承包权、放活土地经营权"的原则放松对土地产权的管制。

3. 形成多方风险共担机制。（图 13 - 1）现有的机制中大多缺少担保、评估以及保险公司的引入，使得风险大多由银行来承担，大大地降低了银行在抵押贷款供给方面的积极性，因此应该采取如下措施：

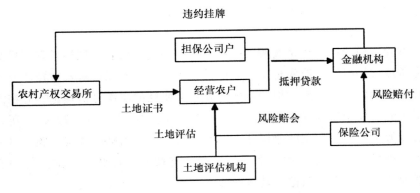

图 13 - 1   农村土地抵押贷款风险共担机制

（1）引入土地评估机构，对土地的价格以及附着物的价值进行评估，使得银行可以根据土地的评估价值给予贷款与拍卖；（2）引入担保机构与保险机构，使得形成保险、担保以及银行三方共担违约风险的机制，从而提高银行放贷的积极性，提高农户的贷款可获性；（3）还应该设立征信体系，对农户的信用进行评价，从而给予不同的贷款可获性。

第三节   农地流转中农村产权交易市场的构建

一   农地直接金融产品、机构、体系的构建

市场机制是资源配置的最优手段。我国当前农村土地流转以农户间自愿、集体组织推动等形式为主，土地资源市场化配置机制尚未形成，导致土地资源达不到最优利用。因此，农村土地流转要以经济手段为主，尊重客观经济规律，建立土地经营权流转市场机制，发挥市场机制在土地资源配置中的调节作用。而土地流转市场机制作用的充分发挥需要一系列的制度体系做保障，包括土地流转中介组织体系、地价评估体系、土地登记制度以及土地资源信息管理制度等。

（一）要建立多层次土地股份合作制股权交易市场

企业股权的转让方式主要采用集中转让（集中柜台交易）和证券或产权市场上转让等方式。但现阶段我国农村土地股份合作制企业规模较小，很难达到上市要求，而实际中企业的股份又有流通的需要，因此，必须建立多层次的资本市场，以促进企业股权的合理流动。一是组建农

村土地股份合作制企业股权流动中心。该中心专门从事农村土地股份合作制企业股权证的交易与转让，在组织机构上与股份制的股票流动区别开来，但股权流动的范围在一定程度上得到了限制。二是由证券交易所代理农村土地股份合作制企业股权流动的组织工作。由证券交易所代理可以大量节省设立新交易机构的成本与费用。三是促进地方性的小股票市场的建立。作为一种有益尝试，建立地方性的小股票市场来促进农村土地股份合作制企业股权流动需要满足一系列的条件，比如，司法制度完善、交易成本较低、评估市场发达、成熟的投资群体、规范的市场，等等。目前我国农村离这些条件还较远，但可以作为完善农村资本市场的一个长远目标。

（二）要培育农村土地股份合作制流转中介组织

中介组织是农村土地流转市场化发展中极其重要的服务组织，土地流转离不开中介服务组织的作用。这些中介组织主要包括土地流转信托中心、土地流转仲裁机构、技术咨询服务机构、会计事务所、土地评估机构以及金融中介机构等。农村土地流转中介组织的发展，有利于土地流转市场信息的有效流动，弥补农民在市场信息分析处理能力方面的不足，有利于为土地流转提供技术、资金等多方面支持，有利于保护农民的根本利益。

进一步加强农村土地流转仲裁机构的建设。在农村土地流转过程中，不可避免地会发生各种纠纷，如果没有一个合法的仲裁机构及时处理土地流转过程中出现的各种纠纷，势必会阻碍土地流转的进程。因此，必须加强土地流转仲裁机构的建设。建立土地流转的中介服务组织或职能部门，健全管理和仲裁体系，其主要职能是登记、汇集可流转的土地数量、区位、类别等情况，接受土地供求双方的咨询；对土地经营者进行经营资格或能力的审查评估；发布土地流转信息，推介开发项目；指导主体双方签订土地流转合同并协助有关部门处理合同纠纷等。除此之外，国家应制定出台配套的有关土地流转纠纷仲裁的法律法规，加快土地仲裁立法进程，建立起较为完善的、适合当前农村经济发展需要的法律法规体系；地方政府作为解决土地流转纠纷的最基层，在土地流转仲裁体制建设方面进一步完善，从经费、编制等方面给予保障。

金融中介机构的服务质量和业务水平是土地证券化能否成功运作的关键。而我国目前金融中介的发展水平和层次仍然难以满足证券化发展的要求。例如，农村土地证券化操作中的一个重要环节是信用提升和信用评级，而我国目前还缺乏相应的担保机构为土地证券化提供担保，同时也缺乏比较权威的资信评级机构以及信用评估制度。

（三）要培育农村土地股份合作制流转"领头人"

农村土地股份合作制企业的现代企业特征对管理者素质提出了更高的要求，在市场意识、经营理念、内部治理、财务管理等方面，需要具备很好的专业素质与能力要求。但现阶段农村经济发展水平较低，大多数有能力的"农村能人"转移到城镇从事非农产业，剩下的农村劳动力一般不具有现代农业生产经营与管理知识，很难胜任土地股份合作制企业运营和管理工作；而大多数具有较高素质的职业经理人偏向发展二、三产业，不愿意从事农业生产经营。因此，发展土地股份合作制并不难，难的是缺乏好的"领头人"。

要大力培育育农民企业家，因为农民企业家是当前推动农村土地股份合作制发展的核心人力资源，是"领头人"的最佳人选。重点培养农民企业家带动发展能力和市场驾驭与经营能力，以确保农村土地股份合作制能够取得良好的经营效益。农村土地股份合作制的成功的关键在于取得良好的经济效益，否则就会失去吸引力。良好的经济效益只有通过市场经营才能实现，要真正面向市场、走市场经营道路，这就需要农民企业家具备较强的市场驾驭能力。此外，农村土地股份合作制实行"风险共担、利益共享"的经营机制，面临较大的经营风险，而规避风险，需要具有"领头人"的智慧，这对农民企业家的经营管理能力提出了更高的要求。

（四）要建立土地资源信息管理平台

农村土地资源信息包括农村土地地理位置、面积大小、土地质量、承包权到期信息等基本信息，这些信息的提供有助于农村土地流转价格的合理确定以及土地流转市场效率的提升。而目前我国农村地区在土地流转过程中尚未建立起便捷、有效的信息服务平台，制约了农地流转规模的扩大以及农地使用权的科学、合理定价。因此，必须设立农村土地资源信息的提供机构来对这些信息资源进行有效管理，建立并不断更新、完善信息资料库，促进信息质量的提高，促进农村土地的跨区域流动。

农村土地资源信息管理平台建设是农村土地资源优化配置的有效手段。因我国农村地区经济发展水平不高，构建农村土地资源信息化管理平台要注重以下几个环节：

1. 对农村土地资源信息进行进一步全面核实。针对本地的实际情况，对本地区的农地承包面积与承包主体、土地质量、土地经营状况等作进一步调查和整理，分层次、分区域、分用途、分期限将这些信息进行汇总，并统一录入到本地区土地资源信息管理系统。这对及时了解、掌握土地资源现状和土地资源翔实信息提供了方便，也为进一步推动农村土地跨区域流动和发展农业适度规模经营提供第一手珍贵基础资料数据。

2. 对土地资源信息实施动态管理。为及时掌握土地资源的最新状况，给土地经营主体提供便捷、实时的信息服务，需要对土地资源信息实施动态管理。因此，承包农户的土地流转意愿、拟采取土地流转方式等土地资源利用的动态情况应及时反映在土地资源信息管理平台，为土地经营主体提供实时、有效的土地资源信息。

3. 对土地资源信息进行绩效管理。构建土地资源信息管理平台的根本目的，是合理配置农村土地资源，从而实现农村土地资源利用效率的最优化。土地资源信息管理平台要全面体现农地区域优势条件状况、土地利用投入状况以及农地利用的最优方式等信息，以更好地为从事农业生产的土地经营主体提供决策依据。同时，土地资源信息管理平台要为农民土地承包现状以及变动情况提供佐证，对农户土地承包经营权进行合法保护，防止侵害农民土地承包权益、非法调整农地行为的发生，以达到农村土地资源绩效管理的基本要求。

（五）要完善地租地价评估制度

农村土地流转中最重要的一环是对土地使用权进行科学、合理的评估，维护农民的根本利益。我国目前建设用地的价格评估已有规可循，但农村土地的价格评估比较混乱，尚未制定统一、规范的评估制度，必须加快此项工作进程，促进农村土地流转的顺利进行。

农村土地股份合作制的发展，对农地估价中介服务组织的发展、农地估价理论的建立与完善、农地价格体系和评估方法体系的构建提出了更加迫切的要求。我国农村土地估价中介服务机构缺乏，价格评估的专业人才不足，对这类中介服务机构要从准入制度、财税金融政策等方面加大支持力度，同时要注重对专业评估人才的培育。现阶段农地的价格与价值理论研究还比较薄弱，应进一步深化农地价值来源于价格形成机理的研究，建立适合于我国国情的统一的价值与价格理论体系，为农地土地入股价值的合理确定提供坚实的理论基础。建立农村土地流转价格评估制度，包括农村土地流转价格评估机构资质认证和收费标准，农村土地流转价格评估资格认证制度，农地流转价格评估的基本原则、程序和操作方法等。现有价格体系是基于土地价格评估目的形成的，对农地市场主体的参考意义不大，应尽快按照交易农地的流转用途、交易产权类别、农地流转的形势和操作方式等指标，构建我国农地流转市场价格体系和评估方法体系。

二　农地间接金融产品、机构、体系的构建

（一）发展多种融资形式，兼顾小农户借贷问题

通过对异质性农户资金需求特征及农地抵押贷款设计针对性研究发现，试点及其他农村地区仍存在较大的资金缺口，而单单依靠农地承包经营权流转融资并不能切实解决农户资金困难问题，应因人制宜、因地制宜，创新农村金融机构、金融产品，兼顾规模农户与小农户借贷问题。一方面，增加抵押物范围，根据农户拥有资产特征，推广养殖类抵押贷款、农机具抵押贷款、林业贷款、农业知识产权抵质/押贷款等新型农业产权融资产品，根据农户生产特征建立新型金融产品；另一方面，对于个体小农户一般生活性、非农业类资金需求，央行和各地政府应控制政策导向，保障金融机构对农村地区扶贫贷款、联保贷款等传统贷款的投放水平。

（二）完善征信体系

信息不对称、农业经营主体资信材料提供不足是阻碍农业经营主体获取借贷的障碍之一。政府部门作为金融市场监管与引导者，需要构架好农业经营个体与金融机构连接桥梁，建立良好的信用环境。一方面，对于抵押贷款方面，试点地方政府应需要普及地方产权登记以及后续确权颁证工作，实现土地承包经营权及其他允许流转产权的规范性，减少农户与银行工作阻力；另一方面，建立健全农村征信系统，建立自上而下的农户资信信息搜集工作小组，构建全面的数字化个人信息库并与金融机构实现连接，为推广农村个人信用贷款打下基础。

（三）营造良好的土地流转、资金融通市场环境

一方面规范好土地流转行为，加强对农业经营主体土地流转行为的监督和引导，规范流转土地的确权登记，制定产权管理办法与农地非法非农流转处置办法，避免由于产权不明晰引发的法律纠纷问题，避免流转土地转作非农化使用。另一方面，防止地方村集体经济组织、农村基层政府的过分介入，坚持农户参与土地流转的自主选择，地方基层政府、产权机构

只能充当中介服务引导者的角色，不能从中牟利，不能阻碍土地合理流转。深化服务意识，对于居住地偏远、出行不便的农户可以灵活执行方式，安排上门办理鉴证手续。

第四节　本章小结

本章分别对农村土地股份合作社的机制优化以及农地抵押贷款的机制优化进行了阐述，具体为：

1. 对农村土地股份合作社进行机制优化时，必须要改进农村土地股份合作制企业产权安排；优化农村土地股份合作制流转的法律环境以及要完善农村土地股份合作制企业治理结构；对以农村土地经营权等综合产权抵押贷款的机制优化中，必须做到细分产权、完善法律的保护以及引入担保、保险以及评估机构行为三方风险共担机制，从而降低银行的风险赔付，以提供银行贷款的积极性。

2. 在农地流转中农村产权交易市场的构建时，也分为农地直接金融产品和间接金融产品两个方面，其中在直接金融产品的市场构建时应该建立多层次土地股份合作制股权交易市场；培育农村土地股份合作制流转中介组织；培育农村土地股份合作制流转"领头人"；建立土地资源信息管理平台以及完善地租地价评估制度。而在间接金融产品的金融市场构建时应该做到发展多种融资形式，兼顾小农户借贷问题，营造良好的土地流转、资金融通市场环境以及建立完善的征信体系。

第十四章　研究结论、对策建议与后续深入研究的思考

第一节　研究结论

一　农村土地股份合作社方面

（一）关于农村土地股份合作社绩效评价研究

1. 社员对农村土地股份合作社综合评价水平一般。除组织治理略低于一般水平外，其他各层次指标以及综合评价值均略高于一般水平的评价值。

2. 农村土地股份合作社在盈利能力、运营风险、宣传普及、组织治理以及综合评价值上呈现地区差异：综合评价值依南京、泰州、徐州和淮安顺序递减；南京、泰州盈利能力与宣传普及评价明显高于徐州和淮安的评价；运营风险的评定中泰州较低，其他3市水平相当；组织治理水平4个城市普遍较低。

3. 存在共同因素影响不同区域农民对农村土地股份合作社综合评价：农民特征变量中，农民的年龄与农民对农村土地股份合作社的综合评价同向变动；农户家庭经营特征中家庭收入水平和养老保险比率与综合评价值呈正相关，而家庭非农就业比例与其呈负相关；在农民入社情况中，农民入社自愿程度、入社后分红是否增加以及社员对社员的熟悉程度均正向影响着农民对农村土地股份合作社的综合评价值。

4. 是影响农民对农村土地股份合作社综合评价的因素存在地区差异性：徐州受教育水平与农户的综合评价呈正相关；家庭劳动力人口数，入社是否拿到补贴与入社的方式正向影响泰州的农户评价；入社土地规模正向影响淮安农民对农村土地股份合作社的综合评价；徐州和泰州，越是风险规避的农户对农村土地股份合作社的评价越低。

（二）关于未入股农户入股响应意愿研究

1. 农户入股成为社员有利于实现纯农业户、兼业农户与非农业户各自的比较优势，并有可能实现家庭内部劳动分配的再优化；社员的入股自愿程度、是否获得了在合作社中工作的机会、是否为复合型入股、对股份分红的满意程度、对股份合作社经营状况的了解程度均是影响社员对农地股份合作社依存性的正向因素。

2. 农户对土地股份合作制的相关政策越了解，其越倾向于入股，这是影响农户入股最为显著的因素；年龄越大的农户越倾向于对土地股份合作组织做出消极的决策响应，而具有养老保险与非农化职业倾向的农户则更易做出积极的决策响应；农户会随着家庭非农工作比例的提高而提高入股的概率，但也会随着家庭承包土地规模的扩大而降低入股的概率；而农户的受教育程度、家庭人数与是否流转过土地不是影响农户响应的显著变量。总体来说，土地股份合作组织的创设更需要相关部门的宣传引导，其适应了如今农村非农化倾向的整体趋势，有利于集约弱势农户的零散土地，为改善土地细碎化实现规模经营开辟了又一路径。

二　农地经营权等综合产权抵押方面

（一）东海县农地抵押运行机制是现行产权改革试点模式的一大突破

本书通过对农地产权交易系统运行机制分析，分别比照了土地金融公司主导模式、土地信用社主导模式、政府直接担保模式运行原理，发现引导农村土地流转融资市场需要建立完善的产权交易中介，制定规范法律，投入较大资金、人力、技术资本。现行农村土地金融市场具有弱质性，私人营利组织无法承担和协调基础、服务、保障与监督多方面运行中间介质职能，仍需要采取以政府主导为主的运行模式。东海模式是武汉模式基础上在县一级运行的突破，以自上而下农村综合产权交易所体系作为土地流转融资运行机制核心，通过集体土地使用证和农村产权交易鉴证书两证的颁布实现土地的集中确权，为流转融通打下基础。县政府、农交所、村集体、银行共同支持、形成多元农地金融体系，降低金融机构放贷风险，增强中间机构的专业化，提高农地抵押融资市场性。

（二）关于农户对东海县农地抵押贷款响应研究

第一个实证部分证实了不同经营规模农户对农地抵押贷款响应存在显著差异性；并证实了农户参与农地抵押贷款意愿性主要受到农户个人特征

因素、农户家庭特征因素、土地流转特征因素、社会保障因素四大因素的影响，不同因素对于规模农户和传统小农户影响具有差异，结合前文分析可以得到以下结论：（1）农户参与农地抵押融资受到多重因素的影响。经济因素是影响农地抵押贷款参与意愿的主要因素；区位因素是影响参与农地抵押借贷的重要因素，区位因素直接影响农户对于融资渠道的选择行为，获取方式是否便捷决定农户是否采取农地抵押进行融资；农地流转特征因素决定农户借贷选择是否与农地抵押贷款设计相"对口"，实证证明大规模持有土地，承担较高土地成本存在资金流转困难的农业生产经营人群对农地抵押借贷抱有较高的兴趣；农户年龄、性别、受教育程度等非经济特征因素对农户对农地抵押融资的认知和选择作用较小。（2）规模农户和个体小农户对于农地抵押融资选择基准具有差异性。小农户参与农地抵押融资行为较为侧重凭借传统借贷个体禀赋因素，社会人际关系、借贷耗费的成本、个人经济条件都是其较为重视的因素，小农户选择农地承包经营权抵押贷款的依据倾向于"农地经营权抵押贷款这种借贷方式是否合算"；规模农户选择参与农地抵押融资侧重于凭借农业规模生产和土地流转特征因素，土地经营面积、自有固定资产水平、土地成本等是对其参与积极性重要影响因素，规模农户更关注"农地经营权抵押贷款是否能满足其现行规模经营资金需求"。（3）规模农户是新型农村产权抵押贷款的主要受众人群。规模农业需要持续稳定的资金流予以支持推动，规模农户的主要组成群体家庭农场、专业大户、专业合作社、涉农企业在资金需求上不同程度地暴露出农业生产投资资金缺口的存在，农民普遍存在筹措资金困难成为不争的事实；规模农户由于筹措农业经营资金存在期限长、额度高、风险大的特点，增加了资金获取的难度，在融资渠道的行为选择上更倾向于尝试新型产权抵押融资，甘愿为获得大额的贷款承受损失土地使用权风险；农地抵押贷款将原先牢固捆绑在村集体个人名头的固定资产盘活，将经营权与所有权、承包权相剥离开，增加土地流入方财产权限，保障土地成为农村地区有效抵押物成为事实，其额度、期限设计正是迎合规模土地流转经营的特点。

（三）关于执行机构对农地抵押贷款运行机制评价研究

东海试点农地抵押贷款运行机制由农交所、地方政府、村集体、农信社四个主要机构组成，为了研究整体运行机制状况，第二个实证部分通过邀请四个机构组织对运行细节指标进行评价。共找出 25 个关系试点农地抵押贷款运行状况的影响因素，通过主因子提取法将 25 个因子归类于政策机构风险控制因素、程序规范化因素、综合带动效应因素、程序便捷性因素、银行风险控制因素、宏观政策因素，通过因子分析得出以下结论：（1）试点农地抵押贷款综合带动效应显著。综合带动效应因子得分为 4.240，是得分最高因子。说明东海现行的农地抵押贷款机制运行绩效中，决策者普遍认为农地抵押贷款为东海当地的金融体系健全、促进规模农业发展产生的作用是显著的，它的诞生对东海农业产业化发展的影响是持续的。（2）试点农地抵押贷款运行中银行控制风险表现较好。银行风险控制因子得分为 3.205。表明农地经营权抵押贷款运行风险控制设计较为规范，"双证"制度的颁布能够有效将监督责任分散到村集体、农交所以及当地政府机构，降低了银行发放农地经营权抵押贷款面临的风险。（3）现行农地抵押贷款程序运行仍存在规范问题；程序规范化因子得分仅为 2.835，表明现阶段农地抵押贷款在程序运行中存在一定规范问题。具体表现在以下四方面：试点地区在政策层面上，对农地承包经营权抵押贷款是支持的，而现行法律对农地承包经营权流转仍是限制的，这导致整个运行机制各个部门在具体操作上存在差异与摩擦；土地经营权流转工作存在随意性、分散性，土地流转确权登记完成质量较低；缺乏专业的土地价值评估机构和统一评估标准，土地评估价值较低；缺乏配套信贷补偿和农业补贴支持。（4）农地抵押贷款运行表现烦琐，降低农户办理积极性。程序便捷性因子得分为 2.661，表明农地抵押贷款程序运行较为烦琐，对农户参与农地抵押贷款热情产生负面影响。这主要有两方面原因：农地抵押贷款申请程序较为烦琐，阻碍农户办理手续积极性，分别有 24.33% 和 33.62% 的样本农户以"中间手续繁杂，审批时间较长"原因无意或最终放弃选择农地抵押贷款，是农地抵押贷款运行阻碍重要原因之一；土地抵押贷款推行以后，地方村集体、农交所及其分支机构并未落实相应宣传普及工作，造成有切实抵押融资需要农户不能及时获知贷款获取方法及当地办理分支机构，间接增加了农地抵押贷款的获取难度。（5）产品设计与实际农户需求资金和银行需求抵押权益价值水平相差较大。产品设计因子得分为 2.976，表明农地抵押贷款在产品设计上并未得到评价者完全肯定，表现在：从资金供给方角度，低承包年限和低土地流转规模导致实际抵押的土地承包经营权价值十分有限，而回收资金风险大，造成农村金融机构参与试点农地抵押贷款积极性较低，迫于地方政府行政压力，短期行为明显；从资金需求方角度，贷款折扣率高、小规模土地流转和一年一缴的土地租金缴纳形式普遍存在，导致农户最终获得的农地抵押贷款远低于资金需求水平，造成农户参与农地抵押贷款意愿不高。

（四）关于非试点地区经营主体农地经营权抵押贷款意愿及影响因素

（1）个体特征、经营特征、产品特征、借贷特征和政策环境对于新型农业经营主体农地抵押贷款的潜在需求存在不同程度的影响。受教育程度、收入水平、耕地规模、银行提供的金融产品种类、申请贷款资金满足程度、与信贷员熟悉程度、是否获得支农资金财政担保和政策性农业保险，与其申请经营权抵押贷款的意愿呈正相关，而年龄、利率水平和获得贷款资金难度与其申请经营权抵押贷款的意愿呈负相关；（2）针对不同类型的新型农业经营主体，其农地经营权抵押贷款的潜在需求影响因素存在差异。四类主体均受到教育程度、利率水平和对抵押贷款产品偏好的影响，受教育程度和利率水平对四类主体的影响一致；对于种粮大户和家庭农场，其农地经营权抵押贷款的潜在需求主要受到经营特征如固定资产总值、毛收入水平、耕地规模、经营年限、银行对于抵押贷款担保方式的放开、获得其他贷款难易程度、与信贷员熟悉程度和征信系统参与情况的影响。可以看出，种粮大户和家庭农场对经营权抵押贷款的潜在需求主要是受到自身经营状况、主观认知和人际关系的影响。主要是由于这两类规模农户与专业合作社以及龙头企业相比，以家庭为单位而规模较小，在与银行发生借贷关系时，更多的还是要考虑自身的经济因素和社会因素。对于专业合作社，其农地经营权抵押贷款的主要影响因素是经营特征如耕地规模、经营年限，产品特征如银行提供针对性金融产品、借贷特征如贷款资金满足度，政府政策支持情况如财政资金担保情况和农业保险情况。其农地经营权抵押贷款的潜在需求更多受到了客观因素的影响。龙头企业对于农地经营权抵押贷款潜在需求，主要受到客观因素的影响，考虑产品特征如银行提供针对性金融产品、借贷特征如贷款资金满足度，政府政策支持情况如财政资金担保情况和农业保险情况。（3）异质性规模农户对于贷款产品的偏好不同。种粮大户和家庭农场相比于其他类贷款更希望获得农地经营权抵押贷款，而专业合作社和龙头企业则更希望获得其他类贷款。可能的原因是种粮大户和家庭农场均是以家庭为单位，在有资金需求时，仍然会存在抵押物缺乏的情况，因而会更加倾向于综合产权抵押贷款。专业合作社和龙头企业则更希望获得农业发展类贷款，这类贷款包括农产品套期保值贷款、特色产业基地建设贷款、特色资源开发贷款、农业生产资料购买贷款、购货方担保季节性收购贷款、科技农业生产推广贷款等。主要是由于专业合作社和龙头企业的规模远远超过种粮大户和家庭农场，其涉及的环节多，经营的范围广，资金需求也大，在非试验区还未开展农地经营权抵押贷款的前提下，会更加青睐于农业产业化发展类贷款。（4）目前新型农业经营主体申请抵押贷款仍存在一些制约因素。24.93%的农户认为申请手续繁杂、审批时间长，17.51%的认为缺乏担保机构或合格担保人的担保，15.43%的认为缺乏银行愿意接受的抵押、质押资产，11.87%的认为银行缺乏适合农户需求的产品和服务，是其在融资时遇到的最主要的困难。

第二节　对策建议

一　对农村土地股份合作社

1. 在满足区位条件的前提下尽可能提高"自主经营型"农地股份合作社的比例。虽然"内股外租型"农地股份合作社更易于推广，能够在短期实现规模经营与农民增收的效益，可从长期来看，"自主经营型"农地股份合作社尽管前期投入较高，但其更能够保证入股农户分享到"二次分红"，并发挥出更好的社会效应。

2. 加大宣传力度，合理引导农户有序入股。土地股份合作组织的创设虽然有利于唤醒土地这一"沉睡资源"，拓宽土地流转渠道并使得入股农户分享到更多增值收益，但土地入股与传统的土地流转毕竟存在差异，此时更需要对其相关政策及运作模式向广大农户做充分的阐释。土地入股不仅是经营方式的选择，更是农户经营理念的变革，相关部门可通过电视、广播、墙报、宣传单等多种形式进行立体化宣传，使农户深入了解土地股份合作制的内涵与优越性。

3. 农地股份合作制的推广应充分尊重农户自身的意愿。土地股份合作社本身即为一种自下而上的诱致性制度创新，是农村经济组织自觉追求制度利润的结果，如果政府的干预替代了农民的意愿，就会降低制度的外部利润，减少土地股份合作社所能带来的制度红利。

4. 进一步完善农村社会保障体系。土地对于农户来说不仅是生产资料，还具有就业与社会保障的综合功能。"手有余粮，心中不慌"是农户的风险理念，土地所承载的保障功能使得农户不愿进行土地流转，更遑论接受土地入股这一新的经营理念，这不但禁锢了农村广大劳动力，更使得土地的价值没能充分实现。因此，只有切实构建一套完备的农村社会保障体系，通过各种渠道筹集保障基金，为进城农户提供与市民同等的工伤保险、失业保险与生活救济，才能稳妥地推进土地股份合作制。

5. 加大农村第二、第三产业的发展力度，拓宽农户的非农就业渠道。实证结果显示，土地股份合作制更易于在具有非农职业倾向的农户与较高非农工作比例的家庭中开展。土地股份合作组织的创设一定程度上可以解决"谁来种地"的问题，其一方面集中了转入非农就业领域农户手中的闲散土地，并给予农户一份稳定的股份分红；另一方面一些原本自己经营的农户在入股后也减轻了土地的束缚，获得了去非农领域就业的机会。但这一切都需要有稳定的非农工作岗位，否则即使吸引农户入股也无法真正做到农村劳动力的有序转移。因此，只有加大农村第二、第三产业的发展力度，拓宽农户的非农就业渠道才能真正让多数农民摆脱土地的束缚，使得土地股份合作组织发挥应有的作用。

6. 提高农地股份合作社中复合型入股比例并充分保证入股社员在合作社中的工作机会。土地虽然是土地股份合作社最重要的生产要素，但合作社的良好运行却不仅仅需要土地，复合型入股不但能提高合作组织中农民的地位权重，更好调动社员的参与性，也能一定程度上缓解资金短缺问题。相比外来雇工，入股社员在合作社中工作不但更加轻车熟路，还可以在股金分红收益之外额外获得工资性收入，也免去了外出打工或自主经营的风险，是合作社与社员之间的双赢选择。

7. 提高农地股份合作社经营情况的信息透明度，加强内部控制。社员在入股期间将失去对所承包土地经营权的控制，而土地作为农户最主要的财产之一，农户必然对其实际运作与经营给予十分关注，此时如果能够提高相关信息的透明度，则不但可以提高社员的依存性，也将降低很多潜在矛盾发生的可能。从实证结果来看，社员对股份合作社相关政策的了解程度越高，入股土地越多，其依存性反而下降，这说明在实际运行过程中土地股份合作社可能存在与创设初期所做宣传不符的现象，没有达到入股社员原本的预期，土地股份合作社兼具合作制与股份制的特点，那么在保留合作制优点的同时，也应引入股份制的长处，如今大多土地股份合作社均"三会"（股东会、董事会、监事会）齐全，但更应发挥实际的作用而不是徒有其表，这样才能将相关政策充分落到实处，长远来看也将助力于土地股份合作社的发展。

二　对农业经营主体

1. 加强财政支农效用，扶持新型农业经营主体发展。农业发展与当地农业经营主体成长紧密相连，只有当地农业规模化产业化机械化起来，带动农业经营主体成长起来，才能真正带动当地整体金融体系发展。所以必须保持农业政策性补贴的持续性与稳定性，疏通自中央到省到县乡财政支农补贴渠道，使农民真正能享受到财政资金给予他们的帮助。坚持普惠性和特惠性补贴共同推进，在继续执行种粮农户直接补贴、农资综合补贴、良种补贴等基本政策时，地方应重视对新型农业经营主体的扶持，为新型农业经营主体提供特惠性补贴，譬如加大大型农机具购置租赁补贴、规模农业生产补贴、先进技术措施推广性补贴、土地流转性补贴，减少其资金需求压力，以带动一批新型农业经营主体迅速成长起来。

2. 发展多种融资形式，兼顾小农户借贷问题。通过对异质性农户资金需求特征及农地抵押贷款设计针对性研究发现，现今试点及其他农村地区仍存在较大的资金缺口，而单单依靠农地承包经营权流转融资并不能切实解决农户资金困难问题，应因人制宜、因地制宜，创新农村金融机构、金融产品，兼顾规模农户与小农户借贷问题。一方面，增加抵押物范围，根据农户拥有资产特征，推广养殖类抵押贷款、农机具抵押贷款、林业贷款、农业知识产权抵质押贷款等新型农业产权融资产品，根据农户生产特征建立新型金融产品；另一方面，对于个体小农户一般生活性、非农业类资金需求，央行和各地政府应控制政策导向，保障金融机构对农村地区扶贫贷款、联保贷款等传统贷款的投放水平。

3. 完善征信体系。信息不对称、农业经营主体资信材料提供不足是阻碍农业经营主体获取借贷的主要障碍。政府部门作为金融市场监管与引导者，需要构架好农业经营个体与金融机构连接桥梁，建立良好的信用环境。一方面，对于抵押贷款方面，试点地方政府应需要普及地方产权登记以及后续确权颁证工作，增强土地承包经营权及其他允许流转产权的规范性，减少农户与银行工作阻力；另一方面，建立健全农村征信系统，建立自上而下的农户资信信息搜集工作小组，构建全面的数字化个人信息库并与金融机构实现连接，为推广农村个人信用贷款打下基础。

三　对农地抵押贷款运行系统

1. 营造良好的土地流转、资金融通市场环境。一方面规范好土地流转行为，加强对农业经营主体土地流转行为的监督和引导，规范流转土地的确权登记，制定产权管理办法与农地非法非农流转处置办法，避免引发由于产权不明晰引发的法律纠纷问题，避免流转土地转作非农化使用。另一方面，防止地方村集体经济组织、农村基层政府的过分介入，坚持农户参与土地流转的自主选择，地方基层政府、产权机构只能充当中介服务引导者的角色，不能从中牟利，不能阻碍土地合理流转。深化服务意识，对于居住地偏远、出行不便的农户可以采取灵活执行方式，安排上门办理签证手续。

2. 明晰法律产权流转权限，逐步放开土地流转限制。良好的法律和政策环境是推广农地金融的重要外部条件，通过调查表明，现行《物权法》《担保法》《农村土地承包法》中关于宅基地、土地承包经营权界定模糊和相关限制是导致地方司法部门、国土部门和确权颁证部门执行中产生摩擦的主要原因之一。因而为了做好试点推广工作，需要在明确现有土地承包关系保持稳定长久不变基础上，完善立法和统一土地产权界定口径，一定程度放开对土地流转法律限制是必要的步骤。

3. 优化基础设施建设，提升基层服务队伍质量。首先，农村地区长期简陋的基础设施构建和金融机构配置不足降低了农户对于新兴农村产权产品的响应力度。为此，需要财政进一步向农村公共设施倾斜，加快对试点地区尤其是经济较为落后试点地区农村公路建设以及公路养护管理资金投入机制创新，深入对农户信息网络普及；引导社会资本投入农村基础设施项目，鼓励其投入农村公益性工程项目；鼓励更多新型金融机构和传统银行在广大试点地区增加网点，参与到农地抵押贷款及其他新型贷款项目中去。

其次，基层产权交易中心及村集体加强人员的培训，对于农地抵押贷款相关工作需求定期进行业务培训，及时进行政策普及；通过争取地方财政对于基层工作人员的补贴，鼓励村官多下乡与当地农户尤其是新型农业经营主体负责人员面对面交流，提升农地抵押贷款在农户群体普及程度。

4. 完善规模农业生产融资保障制度。为降低金融机构投放资金风险，提高金融机构参与新型农村产权抵押贷款产品积极性，需要构建完善的规模农业生产融资保障制度。第一，需要对农地承包经营权抵押贷款风险补偿基金进行革新。根据东海试点的调研发现，现有试点多存在地方财政拨付农地抵押贷款补偿资金不足，上级补偿资金限制门槛高，不能到位现象。为此，一方面省一级政府可以根据实际试点运行情况科学降低补偿经营个体限制，设置专门人员监督基金使用效率和安全性，另一方面可以鼓励社会资金进入补偿基金，增加容量。第二，鼓励保险机构提高参与力度，设计开发针对农地抵押贷款相应保险产品，健全试点金融环境。第三，人民银行可以以适度定向降低特定类别存款准备金率、提高贷款贴息的方式降低参与农地抵押贷款金融机构负担，增加金融机构参与积极性。

第三节　后续进一步研究的思考

1. 将继续跟踪省内外农地金融创新的经验总结，特别是在有利于农村土地流转和农地产权市场交易的市场建设方面实践经验总结，从理论上完善有利于农村土地抵押资产评估、违约处置的市场机制等相关内容。

2. 农地抵押担保后产生的风险以及相关的风险规避问题在未来的几年实践可能出现，因此其潜在风险识别、监管、控制研究将成为本课题后续深入研究的重点，也将成为我国农地抵押担保法律制度障碍解除的重要参考依据，为政府决策部门相关政策制定提供理论依据。

3. 农业保险在农地金融创新中的具体作用值得进一步研究。

4. 如何科学地评估农地以及土地上附作物的价值值得深究。

参考文献

[1] 卞琦娟、朱红根：《农村土地股份合作社发展模式、动因及区域差异分析——以江苏省为例》，《江西农业大学学报》（社会科学版）2011 年第 9 期。

[2] 陈会广：《分工演进与土地承包经营权股份化——一项土地股份合作社的调查及政策启示》，《财贸研究》2011 年第 3 期。

[3] 陈卫东、卫功奎：《破解新型农业经营主体融资难的实践与思考——以安徽省金寨县、凤阳县、埇桥区为例》，《农村工作通讯》2013 年第 2 期。

[4] 陈锡文：《集体经济、合作经济与股份合作经济》，《中国农村经济》1992 年第 11 期。

[5] 程飞等：《农地流转综合绩效评价体系构建及应用》，《西南大学学报》（自然科学版）2015 年第 1 期。

[6] 丁莹：《新型农业经营主体金融服务探析》，《农村金融研究》2014 年第 6 期。

[7] 方斌、陈健、蒋伯良：《农村土地股份合作制发展模式及路径分析》，《上海国土资源》2012 年第 4 期。

[8] 付景林：《金融支持新型农业经营主体发展存在的问题与建议》，《吉林金融研究》2014 年第 4 期。

[9] 傅晨：《农地股份合作制的制度创新》，《经济学家》1996 年第 5 期。

[10] 傅晨：《社区型农村股份合作制产权制度研究》，《改革》2001 年第 5 期。

[11] 高建中、武林芳、程静：《以土地承包经营权入股的农民专业合作社农户意愿分析》，《西北农林科技大学学报》（社会科学版）2012 年第 1 期。

［12］ 葛立成、解立平：《市场化进程中的制度创新——浙江农村股份合作经济研究》，浙江人民出版社 2000 年版。

［13］ 郭剑雄、苏全义：《从家庭承包制到土地股份投包制——我国新型土地制度的建构》，《中国农村经济》2000 年第 7 期。

［14］ 郭晓鸣、董欢：《西南地区粮食经营的现代化之路——基于崇州经验的现实观察》，《中国农村经济》2014 年第 7 期。

［15］ 郝迎灿：《助力空壳村"脱壳"》，《人民日报》2014 年 12 月 31 日第 14 版。

［16］ 何一鸣、罗必良：《赋权清晰、执法博弈与农地流转——基于法律经济学的分析范式》，《贵州社会科学》2013 年第 1 期。

［17］ 衡阳市农业局：《培育新型主体，发展现代农业》，《衡阳通讯》2013 年第 8 期。

［18］ 胡冬生等：《农业产业化路径选择：农地入股流转、发展股份合作经济——以广东梅州长教村为例》，《中国农村观察》2010 年第 3 期。

［19］ 胡振红：《量与质：不同实现形式下农村集体经济发展中的要素构成分析——以山东东平土地股份合作社为例》，《山东社会科学》2014 年第 12 期。

［20］ 黄少安、王怀震：《从潜产权到产权：一种产权起源假说》，《经济理论与经济管理》2003 年第 8 期。

［21］ 黄天柱、夏显力、崔卫芳：《我国农地金融制度构建的几点思考》，《软科学》2003 年第 5 期。

［22］ 黄增付：《农民合作社村庄整合的实践与反思——基于闽赣浙湘豫土地股份合作社案例的分析》，《农业经济问题》2014 年第 7 期。

［23］ 黄祖辉、傅夏仙：《农地股份合作制：土地使用权流转中的制度创新》，《浙江社会科学》2001 年第 5 期。

［24］ 冀县卿：《企业家才能、治理结构与农地股份合作制制度创新——对江苏渌洋湖土地股份合作社的个案解析》，《中国农村经济》2009 年第 10 期。

［25］ 蒋省三、刘守英：《土地资本化与农村工业化——广东省佛山市南海经济发展调查》，《管理世界》2003 年第 11 期。

［26］ 解安：《新"两权分离"——论农地股份合作制的产权分析与政策

建议》,《中国社会科学院研究生院学报》2005 年第 4 期。

［27］晋中市委政研室、市农委:《着力培育新型经营主体,加快推进农业经营体制机制创新》,《晋中日报》2013 年 6 月 3 日。

［28］孔庆乐:《日照市新型农业经营主体发展的特点、问题与对策》,《青岛农业大学学报》2013 年第 2 期。

［29］李红梅:《农村土地股份合作制的几个理论问题综述》,《农业经济问题》1996 年第 3 期。

［30］厉以宁:《中国经济改革与股份制》,北京大学出版社 1992 年版。

［31］林岗、张宇:《生产力概念的深化与马克思主义经济学的发展》,《教学与研究》2003 年第 9 期。

［32］林乐芬、王军:《农户对农地股份合作社满意认可及影响因素分析——以浙江余姚市瑶街弄村昌惠土地股份合作社为例》,《南京农业大学学报》(社会科学版)2010 年第 12 期。

［33］林乐芬、金媛、王军:《农村土地制度变迁的社会福利效应——基于金融视角的分析》,社会科学文献出版社 2015 年版。

［34］林毅夫:《制度、技术与中国农业发展》,上海三联书店,上海人民出版社 2008 年版,第 16—43 页。

［35］刘承礼:《农地股份合作制的过渡性质:一种基于内生交易费用理论的评说与前瞻》,《农业经济问题》2003 年第 11 期。

［36］刘季芸:《南海市农村土地股份合作制促进了土地资本化》,《农村研究》1999 年第 10 期。

［37］刘秀娟、许月明:《完善农地股份合作制的构想》,《中国土地》2001 年第 9 期。

［38］卢学锋:《劳动力资本参与土地股份合作收益分配探析》,《江苏大学学报》(社会科学版)2008 年第 3 期。

［39］孟丽萍:《我国土地金融制度的建设与基本设想》,《农业经济》2001 年第 2 期。

［40］倪美丹、张亿钧、刘从九:《探析土地股份合作社"固定收益 + 浮动分红"利益分配机制》,《长沙大学学报》2011 年第 11 期。

［41］钱忠好、曲福田:《农地股份合作制的制度经济解析》,《管理世界》2006 年第 8 期。

［42］钱忠好:《外部利润、效率损失与农地股份合作制度创新》,《江海

学刊》2007 年第 1 期。

[43] 上海农村土地流转研究课题组：《上海市农村集体土地股份合作制模式的研究》，《上海综合经济》2001 年第 7 期。

[44] 史金善：《社区型土地股份合作制：回顾与展望》，《中国农村经济》2000 年第 1 期。

[45] 苏小艳、马才学：《农户参与农地股份合作制意愿的影响因素研究——基于湖北省三汊镇的农户调查》，《农业展望》2013 年第 4 期。

[46] 孙中华等：《关于江苏省农村土地股份合作社发展情况的调研报告》，《农业经济问题》2010 年第 8 期。

[47] 田代贵、陈悦：《农村新型股份合作社改革的总体框架：一个直辖市例证》，《改革》2012 年第 7 期。

[48] 汪丁丁：《社会科学及制度经济学概论》，《社会科学战线》2003 年第 3 期。

[49] 王建华：《苏州市农村土地股份合作制的实践与思考》，《农村经营管理》2005 年第 8 期。

[50] 王权典、陈利根：《土地股份合作的法经济学分析与实践规制检讨——以广东南海模式为例》，《农村经济》2013 年第 2 期。

[51] 王小映：《土地股份合作制的经济学分析》，《中国农村观察》2003 年第 6 期。

[52] 吴玲：《中国农地产权制度变迁与创新研究》，中国农业出版社 2007 年版。

[53] 谢金峰：《土地股份合作中集体土地权利实现的障碍及其对策研究》，《经济法论坛》2012 年第 1 期。

[54] 谢启超、郑华：《发达地区土地股份合作社社员满意度影响因素分析——基于苏州吴中区 21 家合作社 331 个农户的调查》，《西部论坛》2011 年第 9 期。

[55] 谢玉洁：《破解新型农业经营主体融资困局》，《中国农村金融》2013 年第 16 期。

[56] 徐汉明、杨择郡：《推进土地股份合作制实施中的民意考量》，《管理世界》2012 年第 5 期。

[57] 徐朴、王启有：《农村土地股份合作社的实践与探索》，《四川行政

学院学报》2008 年第 3 期。

[58] 严冰:《农地长久确权的现实因应及其可能走向》,《改革》2014 年第 8 期。

[59] 杨富堂:《基于制度利润视角的农地产权制度演进研究》,《农业经济问题》2013 年第 8 期。

[60] 杨珊:《土地股份合作社中农民土地利益实现的法律探讨》,《西南民族大学学报》(人文社会科学版)2011 年第 11 期。

[61] 杨扬:《在社会主义新农村建设中稳步推进土地适度规模经营》,《中国农村经济》2007 年第 3 期。

[62] 张道明:《于破解新型农业经营主体融资难问题的几点思考》,《河南农业》2013 年第 11 期。

[63] 张贵友:《安徽省新型农业经营主体培育研究》,博士学位论文,安徽农业大学,2013 年。

[64] 张兰君、赵建武:《农村土地股份合作制模式研究》,《农村经济》2013 年第 6 期。

[65] 张晓萍:《金融支持新型农业经营主体的问题与思考》,《淮南职业技术学院学报》2014 年第 6 期。

[66] 张晓山:《有关土地股份合作社的评论》,《中国农民合作社》2010 年第 5 期。

[67] 张笑寒、蒋金泉:《农户土地入股意愿的影响因素分析——以江苏省调研实证为视角》,《现代经济探讨》2009 年第 4 期。

[68] 张笑寒、张瑛:《效率与公平视角下的农村土地股份合作制绩效分析》,《农村经济》2009 年第 1 期。

[69] 张笑寒:《农村土地股份合作制的农户收入效应——基于江苏省苏南地区的农户调查》,《财经科学》2008 年第 5 期。

[70] 张照新、赵海:《新型农业经营主体的困境摆脱及其体制机制创新》,《区域经济》2013 年第 2 期。

[71] 浙江省财政厅农业处:《加大财政扶持力度,培育农业新型经营主体》,《农村财政与财务》2012 年第 8 期。

[72] 中国人民银行天津分行:《金融支持新型农业经营体系发展的调查与思考》,《华北金融》2013 年。

[73] Bourgeon, J. M., Chambers, R. G., "Producer Organizations, Bar-

gaining, and Asymmetric Information", *American Journal of Agricultural Economies*, 1999.

[74] Emelianoff, *Economic Theory of cooperation: Economic Structure of Cooperative Organizations*, Michigan: Edwards Brothers, Inc. 1942, reprintedby the Center for Cooperatives, University of California, 1995, p. 47.

[75] Turner, Matthew A., L. Brandt, and S. Rouell, "Property Rights Formation and the organization of Exchange and Production in Rural China." William Daridson Institute Working Papers, 1998, pp. 1 – 48.

[76] Helmberger, P. G., Hoos, S., "Cooperative Enterprise and Organization Theory", *Journal of Farm Economies*, 1962.

[77] Huang Xianjin, Nico Heerink, Ruerd. Ruben, Qu Futian. "Rural Land Markets and Economic Reform in Main Land China", Agricultural Markets Beyond Liberalization, Spnng us, 2000, pp. 95 – 114.

[78] Kung, J. K. Chapter, "The Role of PropeRty rights in China's Rural Land and Development", *The Chinese Economy*, 2002, pp. 52 – 70.

[79] Mcpherson, M. F., Land Fragmentation, "A Selected Literature Review", Development Discussion Papers, Harvard Institute for International Development, Harvard University, 1982, pp. 4 – 8.

[80] Shouying Liu, Michael Carter, and Yang Yao, "Dimensions and Diversity of the Land Tenurein Rural China: Dilemma oh the Road to Further Reform", World Development, Vol. 26, No. 10, 1998. pp. 1789 – 1806.

[81] Feder, Gershon Land Pocicies and Farm. Productivity in Thailand. Johns Hopkin University Press, 1988.

[82] Zusman, P., "Constitutional Selection of Collective Choice Rules in a Cooperative Enterprise", Journal of Economic Behavior and Organization, 1992.

本专著已公开发表的学术论文

1. 农户对土地股份合作组织的决策响应研究——基于 744 户农户的问卷调查 农业经济问题，2015．8

2. 农地经营权抵押贷款制度供给效果评价——基于农村金融改革试验区基于农村金融改革试验区 418 名县乡村三级管理者的调查 经济学家，2015．10

3. 异质性农户对农地抵押贷款的响应意愿及影响因素——基于东海试验区 2640 户农户的调查 财经科学，2015．4

4. 农地股份合作组织发育与内部依存性实证分析——基于 40 个农地股份合作社的问卷调查 学海，2015．2

5. 新型农业经营主体银行融资障碍因素实证分析——基于 31 个乡镇 460 家新型农业经营主体的调查 四川大学学报（哲学社会科学版），2015．11

6. 新型农业经营主体融资难的深层原因及化解路径 南京社会科学，2015．7

7. 生态移民区农户借贷行为及影响因素分析——以宁夏 576 户农户的调查数据为例 学术论坛，2015．1

8. 农户土地流转满意度及影响因素分析——基于宁夏南部山区 288 户农户的调查 宁夏社会科学，2015．3

9. 银行业竞争提升了金融服务普惠性吗？——来自江苏省村镇银行的证据 金融论坛，2015．11

10. 农村产权市场化创新机制效应分析——来自全国农村改革试验区东海农村产权交易所的实践模式 华东经济管理，2014．9

11. 土地股份化进程中农户行为选择及影响因素分析——基于 1007 户农户调查 南京农业大学学报（社会科学版），2014．6

12．地方政府出让被征农地行为的经济学分析——基于 30 个省份的面板数据农业技术经济，2014．4

13．市场分割与土地财政行为研究——来自中国省际的经验数据上海财经大学学报，2014．1

14．规模经营、农地抵押与产权变革催生：598 个农户样本 改革，2012．9

15．农地流转方式福利效应研究——基于农地流转供求方的理性选择南京社会科学，2012．9

16．征地补偿政策效应影响因素分析——基于江苏省镇江市 40 个村 1703 户农户调查数据 中国农村经济，2012．6

17．农村金融机构开展农村土地金融的意愿及影响因素分析农业经济问题，2011．12

18．失地农民土地权益可持续保障机制研究经济纵横，2011．12

19．农户对农地股份合作社满意认可及影响因素分析南京农业大学学报（社会科学版），2010．4

20．推进农村土地金融制度创新——基于农村土地承包经营权抵押贷款 学海，2009．5

本专著作为研究报告已获两个奖项

1．《农村土地流转中农地金融创新研究——以江苏省为例》，获江苏省社科联 2015 年度"省社科应用研究精品工程"奖优秀成果一等奖。

2．《江苏农村土地流转中农地金融创新研究》获得 2016 年江苏省教育科学研究成果（高校哲学社会科学研究类）二等奖。